A SEGUNDA MORTE DA ÓPERA

Slavoj Žižek e Mladen Dolar

A SEGUNDA MORTE DA ÓPERA

EDITOR

José Nazar

cia. de Freud

Título Original
Opera's Second Death

Editoração Eletrônica
FA studio

Tradução
Mônica Baña

Editor Responsável
José Nazar

Rio de Janeiro, 2014

CIP-BRASIL. CATALOGAÇÃO NA FONTE
SINDICATO NACIONAL DOS EDITORES DE LIVROS, RJ

Z72s Žižek, Slavoj, 1949-
A segunda morte da ópera / Slavoj Zizek e Mladen Dolar ; tradução Manuella Assad Gómez ; editor José Nazar. – Rio de Janeiro : Cia de Freud, 2014.
288p.

Tradução de:Opera's second death
Inclui bibliografia
ISBN 978-85-7724-049-4

1. Mozart, Wolfgang Amadeus, 1756-1791 – Temas, motivos. 2. Mozart, Wolfgang Amadeus, 1756-1791 – Óperas. 3. Wagner, Richard, 1813-1883 – Temas, motivos. 4. Wagner, Richard, 1813-1883 – Operas. 5. Ópera – Análise, apreciação. 6. Ópera – Aspectos psicológicos. I. Dolar, Mladen. II. Título.

08-1900. CDD: 782.1
CDU: 782.1

---

cia de Freud

Endereço para Correspondência
Rua Barão de Sertório, 48 – casa
Tel.: (21) 2273-9357 • (21) 2293-5863
Rio Comprido – Rio de Janeiro
e-mail: ciadefreud@gmail.com
www.ciadefreud.com.br

ÍNDICE

INTRODUÇÃO

POR AMOR À ÓPERA

Nos últimos tempos, a abordagem psicanalítica da ópera tem angariado uma merecida má fama; o que é produzido normalmente é uma leitura desconstrucionista do libreto ou, o que talvez seja pior, uma denúncia freudiana bastante primitiva de seus vieses (patriarcais, anti-semitas e/ou antifeministas). O ponto de vista deste livro é que a ópera merece algo melhor. A própria conexão histórica entre ópera e psicanálise pede uma reflexão; o momento do nascimento da psicanálise – o começo do século XX – é também considerado, em geral, como o momento da morte da ópera. É como se, depois da psicanálise, a ópera, pelo menos em sua forma tradicional, não fosse mais possível. Não causa espanto, portanto, que as ressonâncias freudianas sejam abundantes na grande maioria das candidatas ao posto de última ópera (poderia ser Lulu, de Berg).

No entanto, a consciência dessa conexão histórica não equivale à contextualização que permeia os estudos culturais da época atual. Em uma passagem famosa da introdução ao seu manuscrito *Grundrisse*, Marx menciona como é fácil explicar a poesia de Homero a partir de seu contexto histórico único; é muito mais difícil explicar seu apelo universal, isto é, por que a obra continua a nos proporcionar deleite artístico muito tempo depois do desaparecimento de seu contexto histórico. Se reduzirmos uma grande obra de arte ou da ciência ao seu contexto histórico, estaremos ignorando sua dimensão universal. Com respeito a Freud, também é fácil descrever suas raízes na Viena do fim do século. É muito mais difícil, porém, demonstrar como essa situação específica permitiu que ele formulasse *insights* teóricos universais. Essa historicidade é especialmente problemática no caso de Wagner. É fácil demonstrar como *Parsifal* surgiu do anti-modernismo e do anti-semitismo, para enumerar todos os detalhes penosos e de mau gosto dos compromissos ideológicos de Wagner nos últimos anos de sua vida (suas obsessões com a pureza do sangue e o vegetarianismo, Gobineau e Houston Chamberlain, e muitos outros). No entanto, para compreender a verdadeira grandeza de *Parsifal,* deve-se desconsiderar as ideias dessas circunstâncias específicas. Só assim será possível discernir como e por que *Parsifal* exerce ainda hoje semelhante poder. Assim, paradoxalmente, o contexto *ofusca* a verdadeira realização de Wagner.

A ideia subjacente deste livro, um exercício de interpretação lacaniana, é simplesmente que Mozart e Wagner são as duas figuras chave na história da ópera e que cada um deles segue, em um nível diferente, a mesma trajetória da obra, que, de certa forma, postula a matriz básica do compositor (*Seraglio* de Mozart, *O Navio Fantasma* de Wagner) através das séries de variações que atingem seu ápice em um trabalho de desesperança letal (*Così fan tutte, Tristan*) para o reverso em um êxtase ambíguo de conto de fadas no seu trabalho final (*A Flauta Mágica, Parsifal*). Nos dois compositores, o componente elementar de seu universo é o gesto de *súplica* (o apelo ao mestre em Mozart, apelo ao que o mestre responde com cortesia; o desejo de morte do herói wagneriano, que é concedido no final da ópera). As duas partes do livro se concentram no trabalho que define o ponto mais baixo da desesperança (*Così, Tristan*). A primeira parte, escrita por Mladen Dolar, culmina em uma análise detalhada sobre por que o final de *Così fan tutte* é tão ambíguo (não apenas em seu conteúdo narrativo, mas também em termos puramente musicais), sem a resolução clara e a reconciliação das outras óperas de Mozart. Já a segunda parte (escrita por Zlavoj Žižek) se concentra em uma interpretação cuidadosa daquela que pode ser considerada a maior realização musical e dramática de Wanger, o terceiro ato de Tristão e a paz longamente postergada que Tristão encontra na morte.

Por que, então, por amor à ópera? Para explicar sem rodeios: porque, desde seu começo, a ópera estava morta, um filho natimorto da arte musical. Uma das reclamações padrão sobre a ópera hoje em dia é que se tornou obsoleta, não mais realmente viva, e, além disso (outro aspecto da mesma crítica), a ópera não é mais uma arte totalmente autônoma e sempre precisa se apoiar, de forma parasitária, em outras artes (na música pura, no teatro). Em vez de negar a acusação, deve-se debilitá-la radicalizando-a: a ópera *nunca* esteve em conformidade com o seu tempo --- desde seus primórdios foi considerada como algo ultrapassado, uma solução retroativa para uma certa crise inerente à música e como uma arte impura. Em boa linguagem hegeliana, a ópera é algo ultrapassada em seu próprio conceito. Como, então, pode-se não amá-la?

Um dos membros da Vienna Philharmonic relata um estranho incidente que aconteceu em algum momento do começo da década de 1950, quando a orquestra estava ensaiando regida por um maestro medíocre. De repente, de forma inexplicável, a orquestra começou a tocar muito melhor. Surpreso, o músico olhou em volta e percebeu que Wilhelm Furtwaengler (*O* maestro por excelência do século XX) havia entrado no local por uma entrada lateral. Quando os músicos detectaram sua presença, espontaneamente se esforçaram muito mais ao tocar para não desapontá-lo. Os dois autores acalentam uma esperança atrevida de que um efeito similar seja perceptível neste livro: que o amor pelo seu tema tenha deixado ao menos alguns rastros em sua escrita.

SE A MÚSICA FOR O ALIMENTO DO AMOR

Mladen Dolar

Os filósofos não iam à ópera com muita frequência. O glamour da ópera – o esplendor dos espetáculos da corte, a pompa dos mitos nacionais, os melodramas sentimentais – pareciam sumamente distantes de suas atividades e desde sua posição de vantagem, a ópera podia parecer bastante lamentável. A famosa máxima do dr. Johnson que afirmava que a ópera era "um passatempo exótico e irracional" dava o tom geral, junto com a afirmação de Schelling de que a ópera era a pior caricatura da maior forma de arte, o teatro grego [1]. Durante três séculos, a ópera procurou fascinar, seduzir através da imaginação, enfeitiçar através das fantasias. A tarefa da filosofia era, ao contrário, o desencanto – a desconstrução – desse fascínio e desse glamour. Que ironia que a ópera e a filosofia moderna coincidam cronologicamente, atravessando o período que vai do século XVII ao século XX.

Se a ópera é estranha aos filósofos, Rousseau, Kierkegaard e Nietzsche são exceções que confirmam a regra. Rousseau, um homem com duas almas em um só peito, chegou até mesmo a escrever uma ópera. Sua obra *Le Devin du Village* ainda continua a ser montada ocasionalmente em nossos dias. Kierkegaard se deixou fascinar completamente pelo encantamento da ópera. Para ele, o gênero se tornou um paradigma da fascinação sensual estética, mas apenas para ser superado pelo aspecto ético e religioso. E durante algum tempo, Nietzsche realmente viu a realização de seu projeto filosófico nas óperas de Wagner, só para rejeitar essa abordagem de forma espetacular mais tarde (e se baseando em outro tipo de ópera, a *Carmen* de Bizet).

A ópera é, de qualquer modo, um tema bizarro para a análise filosófica. Seu glamour talvez esteja ligado à sua estranha temporalidade. A ópera representa um corpus que é historicamente fechado, terminado. Como gênero musical, tem seu começo, sua ascensão e seu declínio, portanto pode ser delimitada e discutida como uma entidade independente. A noção da ópera com um claro começo e final pode não ser tão evidente, porque a ideia de combinar uma narrativa com música é, eu imagino, tão antiga quanto a humanidade. E seu final não parece estar à vista porque a ópera vem experimentando algo parecido com um renascimento nas últimas décadas. Quase todos os pais fundadores da música moderna sucumbiram em algum momento ao irresistível apelo de coroar suas carreiras com um trabalho operístico. Pode-se pensar em Stockhausen, Berio, Ligeti, Penderecki e até mesmo em Cage e Messiaen, sem esquecer as tentativas mais antigas de Henze, Zimmermann, Kagel, Nono e muitos outros. Antes ou depois, eles não conseguiram resistir à tentação irrefreável de testar sua capacidade nesse gênero musical fundamental.

No entanto, eu compartilho a opinião sustentada por muitos de que a ópera está terminada de modo enfático. Existem várias candidatas para a data de sua morte e, se o melodramático *grand finale* do gênero deve se igualar à grandeza de sua ascensão, então sem dúvida a favorita para essa data é sem dúvida alguma o dia 26 de abril de 1926, a primeira récita de *Turandot*, de Puccini, quando o famoso gesto de Toscanini – interrompendo a apresentação no ponto onde o trabalho de Puccini foi interrompido pela morte do compositor – também interrompeu a tradição majestosa da ópera e marcou seu falecimento. Um funeral mais íntimo havia ocorrido alguns anos antes: a *Erwartung* de Schönberg, escrita em 1909, foi encenada pela primeira vez em junho de 1924, graças a uma estranha coincidência como uma espécie de réquiem para Kafka[2]. Existem outras candidatas adequadas para o título de "última das óperas": a *Daphne* de Strauss (1938) oferece uma saída agradavelmente simétrica, já que seu tema repete o tema da primeira ópera, a *Dafne* de Peri (1597-1598), uma conclusão satisfatória para um gênero tão obcecado com o problema de uma conclusão satisfatória[3]. A *Lulu* de Berg, produzida pela primeira vez postumamente em um formato reduzido em 1937 e em versão completa somente em 1979, é outra grande concorrente, já que proporciona à diva, a verdadeira deusa da ópera, uma morte espetacular. No decorrer da longa vida da ópera, pode muito bem ter parecido que a morte espetacular era a principal função de uma diva e que depois de sofrê-la tantas vezes em tantas obras, ela era imune à morte. Mas o falecimento de Lulu era a morte da morte mesma, nenhuma outra diva exalaria seus últimos suspiros diante dos soluços da plateia depois disso. Lulu é a anti-Turandot. Mas talvez seja melhor não questionar os méritos das várias candidatas e manter uma postura ecumênica. É importante posicionar os desenvolvimentos que vieram após essa época em um horizonte diferente, um contexto determinado pela consciência de que a grande tradição da ópera – junto com suas pressuposições, as condições sociais e culturais que fizeram da ópera um todo coerente apesar do grande número de manifestações individuais – desapareceu de modo irrecuperável.

Se a ópera estivesse simplesmente acabada, poderia ser atribuído a ela um lugar claro na arqueologia cultural para que dessa forma ela fosse adequadamente enterrada. O assombroso é a persistência, no melhor estilo zumbi, da enorme instituição operística após o seu falecimento. Ela não apenas se mantém viva, mas continua crescendo continuamente. Quanto mais a ópera está morta, mais ela floresce. Novos teatros líricos estão sendo construídos e as récitas estão se tornando cada vez mais caras e sofisticadas, acompanhadas por pródigas transmissões de televisão e pelas indústrias de vídeo, CD e DVD, de forma que a escala e o avanço tecnológico de todo o processo fazem com que, por comparação, tudo o que veio antes disso pareça pouco. A ópera possui um glamoroso *star system* comparável ao do mundo do cinema, da música pop ou do esporte. O glamour da ópera mantém as sempre renovadas novas elites. A nata da nata se encontra no Scala ou no Met, igual ao que acontecia em tempos de Louis XIV, mas os meios de comunicação de massa fazem com que esse glamour seja acessível a todos e o retransmitem diretamente para dentro de nossas salas. Apesar disso, o repertório essencial dos teatros líricos modernos é muito limitado e abrange cerca de cinquenta óperas, de Gluck a Puccini. AS obras criadas antes e depois deles, assim como as obras e os compositores menos conhecidos da era clássica ainda são destacados como curiosidades, ainda que essa atitude tenha mudado consideravelmente nos últimos anos [4]. A ópera permanece como uma imensa relíquia, um enorme anacronismo, um *revival* persistente de um passado desaparecido, um reflexo da aura perdida, um autêntico tema pós-moderno por excelência.

O segredo deste sucesso póstumo e desta popularidade crescente pode muito bem estar em algo que poderíamos chamar de uma fantasia redobrada ou pactada Ao longo de três séculos, a ópera era o lugar privilegiado onde se representava a fantasia de uma comunidade mítica, e em virtude dessa representação, a "comunidade imaginada" (para usar o termo de Benedict Anderson) transbordava para a comunidade "real", até certo ponto. Primeiro, como a fantasia que sustentava a monarquia absoluta e depois como o mito fundador da nação-Estado – a ópera da corte evoluiu para a "ópera do Estado" [5]. A comunidade mítica foi capaz de oferecer a pitada de fantasia necessária para constituir a comunidade real, não apenas como sua substituta ou como seu reflexo mítico, mas como sua força motriz. As óperas sempre eram situadas em tempos distantes e lendários e em lugares distantes e míticos (se, de forma excepcional, lidassem com o presente, era necessário que passassem por um processo sutil de mitificação dupla onde, por exemplo, a vida operística de trabalhadores espanhóis na indústria do tabaco termine sendo mais distante da vida cotidiana do que as intrigas dos deuses do Olimpo). Certamente, hoje ninguém acredita nessa fundação mitológica da comunidade, mas acredita-se nos tempos em que as pessoas ainda acreditavam nisso. Acredita-se nos heróicos tempos dourados da ascensão da ordem burguesa, quando os mitos ainda tinham seu prestígio e seu domínio, representada no esplendor de seu apogeu pela ópera. Não é tanto o nosso próprio fascínio que está em jogo, mas é o fascínio de nossos ancestrais que, supostamente, viam a ópera com a seriedade que ela merece, que eram intimados por ela a serem sujeitos e formavam uma comunidade que dependia disso. Então, somos capturados precisamente por essa fascinação mediada e delegada e que, justamente por isso é mais persistente. Obviamente, se a ópera fosse avaliada pelos padrões realistas (o que quer que se decida que isso quer dizer), então pareceria totalmente absurda, mas quando mais absurda parece, mais prova sua autenticidade [6]. Enquanto os antropólogos precisam viajar para as florestas virgens da América do Sul e para as ilhas do Pacífico para encontrar restos de rituais sociais antigos, nós apenas precisamos ir à ópera. É lá que os nossos próprios estranhos ritos, os míticos começos de nossa sociedade, suas origens perdidas, porém ainda persistentes são apresentadas e reconstruídas, tanto em sua forma mais elevada quanto em sua forma mais trivial. (No quesito trivialidade, só precisamos pensar em Os Três Tenores. Não importa o quanto estejamos inclinados a detestar esse fenômeno desagradável, ele está, não obstante, em sintonia com uma certa parte da história da ópera, que se desenvolveu com força na pompa kistch e na ostentação.) Quanto mais suas origens estiverem perdidas e forem puramente míticas, mais elas persistem e mais extravagante e pródiga será sua repetição compulsória. No momento em que entramos na ópera, começamos a agir como nossa própria população aborígine [7]. A ópera recria retroativamente o passado mítico no qual ninguém acredita, mas que no entanto é muitíssimo necessário e piedosamente recriado.

Então, quando entramos na ópera, temos que lidar com algo que é ridículo e tolo demais para ser abordado pela filosofia, mas que ao mesmo tempo é algo que a psicanálise colocou na ordem do dia: a lógica de uma fantasia. E talvez não seja coincidência que a queda da ópera coincida com o surgimento da psicanálise.

Mozart será tomado aqui como uma figura paradigmática. Paradigmática porque ele representa o pináculo e o ponto culminante dos primeiros duzentos anos da ópera, sua primeira grande época. Época, aliás, que em grande medida caiu no esquecimento nos repertórios atuais, salvo por algumas exceções. Uma amnésia poderosa se estabeleceu e Verdi – ai de mim! – superou Monteverdi [8] com muita diferença. Mozart estabelece o ponto final dessa tradição reunindo suas pressuposições e ampliando suas consequências. Ao fazer isso, ele, ao mesmo tempo e com o mesmo gesto, inaugura a segunda grande época da tradição operística, uma época coroada com a fama e associada com o seu maior glamour. Ele marca o ponto de intersecção entre dois mundos, duas épocas –sociais, históricas, filosóficas e musicais –, e apresenta talvez o mais exaltado pátio recreativo de fantasias e suas mudanças.

O nascimento da ópera a partir do espírito do absolutismo

Para ser capaz de discutir as óperas de Mozart e de discernir o programa filosófico subjacente, vamos determinar – seguindo a velha e boa regra de ouro dos filósofos ou sua velha e equivocada regra, como cada um preferir – o que é ópera de acordo com o seu conceito. Pode ser possível fazer com que as óperas de Mozart remontem à própria origem ou à definição de ópera, em seus termos estruturais mínimos, para mostrar até que ponto elas correspondem a esse conceito ou mais bem até que ponto esse conceito teve que ser alterado com a ampliação das implicações desses traços estruturais. Poderia-se dizer que a lealdade dessas óperas à tradição fica provada pelo fato de que essas obras, em última análise, viraram essa tradição de cabeça para baixo.

Os livros didáticos inequivocamente afirmam que o gênero ópera começou com *Dafne*, composta por Jacopo Peri, mesmo que o ano de sua primeira apresentação não esteja determinado (provavelmente 1597 ou 1598). Embora a ópera tenha tido inúmeros predecessores e parentes – peças de mistério da era medieval, dramas pastorais e litúrgicos do Renascimento, madrigais, entreatos musicais em diferentes peças, e assim por diante – nenhum desses gêneros teve nunca uma consistência adequada para a formação de uma estrutura suficientemente forte. Essa estrutura surgiria somente na virada do século XVII, com a Camerata de Florença, uma sociedade de músicos florentinos, poetas, filósofos e membros eruditos da nobreza, que, no espírito da época, pretendiam recriar a tragédia antiga em sua forma original, partindo da pressuposição de que o drama grego antigo era cantado do começo ao fim. A confiança no formato original proporcionou uma ampla exposição de temas antigos, junto com o pano de fundo da estrutura dramática clássica. Um novo estilo de música se desenvolveu a partir dessa ideia – a monodia, cujo programa era descrito pelo lema *parlar cantando* ou *recitativo* (com suas muitas variações; para conferir a lista, veja Sternfeld, 1993, págs. 38-40). Era o "discurso cantado", uma "recitação musical" de voz solo com suporte harmônico do acompanhamento (o *basso continuo* barroco evoluiu a partir daí). Como o lema deixa claro, a linha musical devia estar estreitamente ligada ao texto, a quem cabia mostrar o caminho. A função da música era enriquecer seus poderes expressivos; um novo estilo surgiu, chamado de *stile recitativo, stile rappresentivo*, ou *stile espressivo* ou *parlando*. A ação monódica era interrompida, nos pontos propícios, por ritornelos instrumentais e por coros, que na maior parte das vezes assumiam a forma de introduções orquestrais e finais corais. Menos de uma década depois desses primeiros passos, a ópera encontrou seu primeiro grande mestre no compositor Claudio Monteverdi e seu primeiro paradigma na sua *L'Orfeo*, encenada pela primeira vez em 1607. Com essa obra, a ópera começou com a maior importância possível e estabeleceu um alto nível que todas as obras posteriores tiveram que trabalhar duro para alcançar.

O conceito do suposto renascimento da tragédia antiga é um paradoxo em si mesmo. A ideia humanística de retorno ao ideal antigo como uma forma de renovar o presente viu-se envolvida na dialética das repetições históricas. Porque, se se pretende recriar o suposto padrão e o ideal do passado, se se quer repetir algo que já passou há muito tempo, só é possível chegar a isso criando algo completamente novo. É regra geral: os maiores conservadores são os maiores revolucionários. O original que devia ser repetido havia desaparecido de qualquer modo – havia apenas suposições de que as tragédias antigas eram cantadas, ou pelo menos interpretadas com declamação melódica. Portanto, para reconstruí-las, um novo estilo precisava ser inventado para produzir uma ruptura com o contraponto e com a tradição madrigal da música renascentista. Ainda em seus primórdios a ópera se viu presa entre a demanda de renascimento de um passado mítico, a lealdade a um padrão ideal e a necessidade das inovações exigidas para esse renascimento [9]. Essa dialética influenciaria muito toda a história da ópera. Por um lado, apresenta um passado fabuloso que transcende o tempo, vai além do tempo, um passado alçado à temporalidade da fantasia; por outro lado, inventa novas formas através das quais o mito pode conseguir uma realização dramática e uma nova função social correspondente e a partir daí, graças à sua natureza de estar acima do tempo, introduzir uma nova temporalidade [10].

A virada do século que coincide com o nascimento da ópera também representa uma transição das mais dramáticas entre duas épocas diferentes. A diferença entre os estilos de música e arte em geral do Renascimento e do Barroco pode parecer um tema relativamente menor em comparação com o demais, já que essa era a época de Galileu e de Descartes (o pai de Galileu, aliás, Vincenzo Galileu, era músico e foi um dos fundadores da monodia, um dos co-autores da ideia do renascer da tragédia antiga), era a época do surgimento da ciência moderna, da ascensão das estruturas fundamentais da subjetividade moderna e do surgimento e da ascensão concentrada e enfática da sociedade burguesa, cujos elementos haviam começado a se formar alguns séculos antes. A ópera oferecia uma nova forma de fantasia para essa nova época e não demorou muito para que todos tomassem consciência de sua tremenda força. O mecanismo da fantasia do teatro, poderoso em sua simplicidade (por que o que é o palco se não o gesto mínimo de formar uma estrutura para aquilo que Lacan chamou de "janela da fantasia"), cresce muito graças ao elemento da música, o elemento que nos alça diretamente para um mundo fora do mundo, para um lugar de transcendência e de reconciliação utópica. A música, a mais atada ao tempo de todas as artes, é ao mesmo tempo "uma máquina para suprimir o tempo", como escreveu Lévi-Strauss, exatamente como o mito (Lévi-Strauss, 1964:24). Se, para resumir, tomamos Lévi-Strauss como testemunha neste aspecto – a conexão entre mito e música – então podemos ver que a ópera, que foi o casamento entre os dois, foi realmente um casamento feito nos feito nos céus.

No entanto, o aparecimento da ópera nesse momento dramático não significa que ela representasse a nova ordem em ascensão, um mensageiro da ruptura com o velho e da ascensão do novo. Ao contrário, a consolidação da ópera está completamente ligada ao paradoxal período do absolutismo. Duzentos anos tiveram que se passar antes que acontecesse a Revolução Francesa. As óperas eram encenadas nas cortes reais, e só gradualmente iriam ganhando uma audiência mais ampla. No seu núcleo essencial, seu destinatário primeiro era a aristocracia, em última instância o rei, que sozinho constituía o público ideal: "O Rei é ao mesmo tempo o espectador privilegiado e o herói central da tragédia" (Salazar, 1980:29). A ópera se tornou o lugar privilegiado para apresentar e mostrar as condições do poder. No momento de seu nascimento, nobres e monarcas embalaram seu berço para niná-la. Ela cresceu infundindo o absolutismo, e, portanto, é um modelo em miniatura desse sistema político, é sua fantasia cultivada em casa.

O paradoxo do absolutismo – para colocar a questão de forma rápida e em termos simplificados – é que é uma formação de concessão mútua presa à contradição entre forma e conteúdo. No que diz respeito à forma, o absolutismo incorporava o último florescer do mundo feudal – soberanos grandiosos adentram o palco, dando a impressão de que são as únicas personificações verdadeiras do mestre feudal, reunindo o sol e o Estado no mesmo emissário divino. Esse era o tempo da cavalaria da corte e da pompa magnífica, como se o mundo feudal que estava desaparecendo quisesse mostrar-se na sua luz mais fascinante antes de seu declínio e morte. É a grandeza e o luxo de um mundo mortalmente ferido. Já no que se refere ao conteúdo, esta época coincide com o tempo do Iluminismo, caracterizado pela ascensão da subjetividade autônoma junto com a escalada irrefreável da ordem burguesa, a formação de todas as estruturas burguesas: sociais, econômicas e culturais. A revolução que ocorre dois séculos mais tarde só precisará descartar a forma, desfazer-se do esqueleto, uma vez que a batalha verdadeira já terá sido vencida dentro dos limites do brilhantismo do Estado absolutista. "E então, 'uma bela manhã dá ao seu companheiro um empurrão com o cotovelo e zás! o ídolo jaz caído no chão'", citação de Hegel (1977: 332) de *O sobrinho de Rameau*, de Diderot.

Forma feudal e conteúdos burgueses – nessa contradição, a ópera, no momento de seu surgimento, ficou do lado da forma. Acima de tudo, proporcionou um apoio para essa forma, a legitimação da estrutura feudal, de sua base ideológica e de sua representação da fantasia.

Agora, de que é constituído o núcleo dessa fantasia?

Acheronta movebo

Há um acordo geral de que a primeira grande ópera à altura de seu conceito foi o *Orfeo* de Monteverdi. Embora tenha sido escrita menos de uma década após o nascimento oficial da ópera, Monteverdi já era o terceiro compositor a usar esse mito para criar uma obra no novo gênero musical. Foi precedido por Jacopo Peri e por Giulio Caccini. Esses dois autores usaram o libreto de Rinuccini para criar duas óperas batizadas de *Eurídice* em 1600 (sem contar *Eumelio*, de Agazzari, produzida em 1606, em Roma, uma versão do mesmo mito adaptada para um elenco totalmente masculino em um seminário jesuíta). E isso foi só o começo: podemos enumerar, somente no século XVII, nada menos do que vinte óperas baseadas no mito de Orfeu, (referência à lista em Sternfeld 1993: 2). É avassaladora a evidência de que existe uma afinidade especial entre o mito de Orfeu e a recém criada estrutura operística.

Podemos perceber à primeira vista que, como um tema de ópera, o mito de Orfeu tem muito a oferecer. Porque a música não está lá apenas para ilustrar a trama, mas é um agente imediato da ação dramática. Encenar este mito não significa apenas colocar uma história na música, mas transformar a música em si em uma força motriz por trás dos acontecimentos. Orfeu desce aos infernos para recuperar sua amada Eurídice e ele tem apenas uma ferramenta, um instrumento para conquistar seu objetivo: sua música. *A música é o que move a deidade a se render, a música pode desafiar até mesmo a morte.* O misterioso poder da música é mostrado exemplarmente quando ela se torna *pianto, lamento* – lamento, imploração, rogo, pedido, humildade, súplica, prece. Em um dos textos programáticos de Monteverdi, encontramos a fórmula *humiltà o supplicatione*, que para ele define uma das posturas básicas a serem expressas pela música (citado em Nagel 1985: 9, 57-58). Dessa maneira, a música se torna um apelo feito ao Outro divino; dirige suas súplicas e lamentos para o Outro e finalmente o Outro não pode resistir: precisa ceder e demonstrar piedade. Esse dispositivo mínimo oferece um paradigma simples da ária operística: um apelo ao Outro, uma tentativa de fazê-lo se render. Neste dispositivo, o Outro pertence inerentemente a uma categoria diferente da categoria do sujeito – é onipotente, uma deidade, ou, na figura de um monarca, o representante secular do poder divino. O gesto do Outro respondendo ao apelo do súdito é um gesto de misericórdia – *grazia, clemenza, pietà*. Na história de Orfeu, Plutão, deus dos infernos, se rende ao lamento e à súplica do cantor. Ele mostra compaixão e ressuscita Eurídice da morte.

Outro tema, que também é uma parte essencial da iconografia de Orfeu, mostra o poder da música em seu espetáculo mais extraordinário: através do charme irresistível da sua canção, Orfeu consegue domar animais selvagens e também a natureza [11]. Monteverdi não usa esse tema diretamente (embora a relação entre música e natureza esteja presente o tempo todo, nas danças e canções de ninfas e pastores, na ode ao sol e assim por diante), mas ele aparece em muitas outras versões e sua influência é tamanha que voltou a emergir triunfantemente quase dois séculos mais tarde em *A Flauta Mágica,* de Mozart, a última encarnação clássica do mito de Orfeu [12]. Assim como Orfeu, Tamino tem que salvar a amada do cativeiro, e a mágica em que ele pode confiar para obter ajuda é a da música (embora seja significativo o fato de que Mozart substitui a lira, o instrumento de Apolo, pela flauta, o instrumento de Dionísio) [13]. O poder da música, a força motriz da ópera é tal que transcende as fronteiras da sociedade, tanto se sobrepondo como ultrapassando seu limite superior para alcançar reis e monarcas ou ultrapassando seus limites inferiores para agitar a natureza. O apelo da música, o produto cultural de mais alto nível, é irrefreável e sua mensagem "supra-social" é irresistível. Orfeu força a natureza e os deuses a cederem; com sua música, pode até vencer a morte, pode fazer com que se curvem o céu e o inferno – seu lema é o mesmo que Freud colocou na primeira página da *A interpretação dos sonhos: Acheronta movebo* [14].

Na ópera, esse poder sublime da música sobre ao palco (quase literalmente, no caso do *Orfeo* de Monteverdi). No prólogo, uma personificação da música se apresenta, falando na primeira pessoa em um tipo de proximidade ingênua que não seria mais possível depois:

> Io la Musica son, ch'ai dolci accenti
> So far tranquillo ogni turbato core,
> Et or di nobil ira et or d'amore
> POss'infiammar le più gelate menti.
>
> Eu sou a Música, que com doces modulações
> pode acalmar cada coração agitado,
> e ora com ira nobre, ora com amor,
> pode inflamar as mentes mais glaciais.*

Esta música, que entra no palco tão enfaticamente no primeiro ato da primeira grande ópera – como um lema para todas as óperas posteriores – confronta toda a tradição operística subsequente com uma tarefa muito difícil: se a ópera deve alcançar seu objetivo, não pode ser "um concerto com disfarces", nem uma peça teatral com acompanhamento musical. Muito

---

* (N.T.) Traduzido da versão em inglês de Lionel Salter: I am Musica, who in sweet accents,/ can calm each troubled heart, / and now with noble anger, now with love, / can kindle the most frigid minds.

diferente disso, a ópera deve encenar o poder da música em si mesma, e a música deve constituir o princípio interno e o motivo de sua revelação. A música, na ópera, se coloca em uma relação auto-reflexiva – ela desempenha sua própria representação, encena seu próprio poder e seus efeitos. Para representar o poder da música, a ópera precisa encenar o apelo em toda a sua força, e também a resposta a esse apelo, o ato de compaixão, de clemência, de graça, o efeito que é a medida da força do apelo. Ao colocar seu próprio poder e o seu efeito musicalmente no palco, torna-se evidente como a ópera vai além das estruturas sociais e racionais. Estrutura o não estruturável e representa o não-representável (que é a definição de Kant para o sublime).

A estrutura subjacente a *Orfeo* pode temporariamente ser admitida como o paradigma básico da ópera. Esse paradigma se baseia em duas funções primitivas, talvez até originais da música, que definiram grande parte do seu destino ao longo de toda a sua história: o religioso e o erótico. Nas duas instâncias, a música atua como um apelo ao Outro, como o melhor meio e a melhor estratégia para fazer surgir a compaixão, para amolecer o coração do Outro, vencendo a resistência desse Outro. À música é atribuído o poder de ser capaz de trazer à tona a misericórdia de Deus e de conquistar o coração do ser amado, e também é o lugar de sua ambiguidade irreversível. A música é ao mesmo tempo o epítome da transcendência e o da sensualidade e erotismo. Tentar seduzir uma deidade ou o ser amado pode ter pesos muito diferentes nas balanças da cultura e da religião e é aí onde a música religiosa sempre tem problemas com a ligação da música com a sensualidade e com o pecado (para muito mais informações a respeito desse tema, veja Dólar 1996) [15]. Mas nos dois casos a música supostamente é dotada de poder para fazer surgir algo que não pode ser obtido através de nenhum meio racional: pode despertar o amor. A música é a única estratégia que resta quando todas as estratégias falham, derrotadas pela impossibilidade da tarefa (fazer com que as pessoas se apaixonem é algo que nem mesmo o gênio Aladim, apesar de sua onipotência, pode fazer). "*A muover gl'animi all'amore*" (levar as almas para o amor), diz Vincenzo no seu *Discorso* [16]. Para despertar o amor, e, portanto, a compaixão, nas divindades e nos monarcas – porque a compaixão é o único modo de demonstrar amor pelos humanos – e para despertar o amor em uma mulher bonita. A história inteira da ópera está aí, a pista mais simples para todas as suas tramas e possibilidades. No seu dispositivo mínimo, a ópera não apenas representa esse apelo, mas também simultaneamente encena o seu efeito: ele representa a resposta do Outro, o ato de compaixão e amor. Esse é o momento sublime que a ópera luta para alcançar, o verdadeiro objeto da ópera. O apelo musical é irresistível e sua sublimidade só pode ser comparada à sublimidade da compaixão que ela traz à tona. O efeito da música pode ser medido apenas pela música e através dela; o equivalente do poder da música só pode ser estabelecido tendo a própria música como moeda corrente. De modo geral, esse paradigma vai, no primeiro lugar e no primeiro grande período de sua história, servir como modelo para a grande tradição operística caracterizada pela *opera seria.*

A primeira versão operística de Orfeu, a Eurídice de Peri, foi produzida para o casamento de Henrique IV e Maria de Médici (o mesmo Henrique IV que, uns dois anos antes, em 1958, havia assinado o Edito de Nantes, terminando com as guerras religiosas e os massacres através de um ato de compaixão. As coincidências históricas são tantas que é impossível registrar todas). Dada a natureza da ocasião, o libreto, sem qualquer escrúpulo ou maior reflexão, deu a história um *lieto fine*, um final feliz: Orfeu entra no inferno e graças aos poderes de persuasão de sua música e de suas súplicas obtém de Pluto, o deus dos infernos, permissão para que Eurídice retorne à Terra e eles vivem felizes para sempre. É inevitável se perguntar como os membros eruditos da Camerata, que oficialmente estavam se empenhando em reviver o grande legado da antiguidade, podiam tomar semelhantes liberdades com esse mesmo legado sem sequer hesitar.

Monteverdi (junto com o escritor do libreto Striggio), porém, procurou seguir o mito original. Orfeu perde a misericórdia concedida a ele ao ignorar a condição imposta pelo deus e olhar para trás para ver se Eurídice o está seguindo. Assim, quando ele põe seu olhar sobre ela, Eurídice desaparece para sempre. Seu lamento, seu apelo ao Outro (*"Possento spirito")* é o momento central da ópera, quase colocado literalmente no meio exato, mas também fica curiosamente deslocado. A canção vai dirigida a Caronte, o barqueiro dos mortos no rio que leva a Hades, e sua música toda-poderosa termina por fazer com que o barqueiro adormeça e assim Orfeu pode chegar sigilosamente ao Inferno. Uma vez lá, ele não confronta o deus de modo algum (de forma que o tratamento do lamento do herói, a peça centra do conjunto, pode ser até visto como algo irônico); É Prosérpina, a mulher de Pluto, que faz o apelo irresistível em nome de Orfeu diante de Pluto. Ela consegue amolecer o coração do deus utilizando todos os seus encantos femininos. O deus cede, mas com uma condição – e embora Orfeu fosse capaz de domar bestas selvagens e deuses, não foi capaz de domar seu coração, sua própria natureza. Responde ao gesto de misericórdia com um gesto ambíguo de subjetivação: ele infringe uma ordem divina, sucumbe à sua própria humanidade – ou a outra deidade mais poderosa? – e olha para trás, perdendo dessa maneira a misericórdia do deus. O mesmo deus do amor sob cujos auspícios ele fez o apelo para trazer sua amada de volta dos mortos agora faz com que o herói perca a amada.

> Ciò Che vieta Pluton, commanda Amore.
> A nume più possente,
> Che vince uomini e dei,
> Bem ubbidir dovrei.
>
> O que Pluto proíbe, o Amor ordena.
> Eu devo obedecer
> a uma divindade mais poderosa
> que conquista homens e deuses.

Eurídice é perdida: "*Cosi per troppo amor dunque mi perdi*?" (Então, por excesso de amor tu me perdes?). O excesso de amor que o fez ganhá-la é o mesmo que o faz perdê-la. E o que resta ao cantor consternado senão um outro lamento? O lamento tem que ser repetido, deve ecoar e realmente o quinto ato se abre com o famoso "lamento do eco". As últimas partes dos versos ecoam, produzindo um efeito que era muito popular na música do século XVII. Esse lamento é o eco do lamento anterior, e o eco responde ao cantor tanto como repetição quanto como antecipação de uma resposta (os ecos fazem com que o lamento seja sempre respondido)[17]. O lamento repetido tenta obter uma resposta repetida do Outro, a reiteração da misericórdia do deus. E realmente, na obra de Monteverdi, Orfeu recebe uma resposta através de Apolo [18], que descende dos céus, o autêntico protótipo do *deus ex machina*. *"Apollo discende in uma nuvola cantando"* (Apolo descende em uma nuvem, cantando) é o que está escrito nas indicações cênicas. Ele não pode devolver a Orfeu sua amada Eurídice, mas em vez disso, ele promete imortalidade, um lugar no paraíso acima deste mundo repleto de sofrimento onde Orfeu poderá ver Eurídice de novo, para "adorar seus belos traços no sol e nas estrelas". Então, Orfeu ascende com seu pai divino até o paraíso, perfeitamente feliz, para desfrutar das honras celestiais enquanto o coro final celebra a graça divina, *grazia*, como afirma a última linha do libreto. A ascensão ao paraíso é a recompensa pela descida ao inferno, e a apoteose final é acima de tudo a apoteose da arte de Orfeu, isto é, do poder da música, o motivador da trama. Há um final feliz, mas não do mesmo estilo simples do qual foram partidários Rinuccini e Peri. O *lieto fine* aqui é justificado por toda a panóplia neoplatônica do Renascimento. Essa leitura tem uma longa linhagem, se estende no passado até Hyginus, no século II e até Boethius no século VI (ver Sternfeld 1993: 13, 19ff), e o ponto essencial é uma progressão que vai do amor por uma bela mulher até o amor da beleza divina, a renúncia ao amor humano e a apoteose da arte. (Se isso soa muito século XVII para você, então só precisa pensar na versão mais famosa do século XX, o balé *Orfeu*, de Stravinsky, de 1948, que restabelece precisamente a o final apoteótico, celebrando a vitória do artista sobre o tempo e a imortalidade da música).

A ópera de Gluck, criada um século e meio mais tarde – em 1762 – a versão operística do mito de Orfeu que é encenada com mais frequência atualmente – volta para a solução de Rinuccini, a feliz união do casal, mas com uma mudança: após a segunda perda de Eurídice, o lamento repetido do herói (o famoso *"Che faró senza Eurídice"* – "O que farei sem Eurídice") é ouvido mais uma vez pelos deuses e sua amada é devolvida à vida [19]. As sensibilidades transformadas do público do século XVIII dificilmente aceitariam como resposta uma resposta neoplatônica [20].

As oscilações na trama contam e mostram muito bem porque essa história era tão adequada ao gênero operístico. O poder da música faz surgir a misericórdia, o poder da música é a única coisa que se iguala ao poder do amor, música é outra palavra para amor e sua força irresistível e, com uma força como essa, o *lieto fine* não pode falhar. Pode assumir a forma do enaltecimento do amor com a feliz reunião do casal, o amor derrotando a morte; o enaltecimento da misericórdia divina, o gesto de amor demonstrado pelos deuses como complemento do apelo da música, ou finalmente o enaltecimento da música e seu poder e daí a apoteose do cantor, da arte e do amor pela beleza imortal. Ou poderia assumir as três formas ao mesmo tempo, com variações na ênfase. É a equação amor = misericórdia = música que reina soberana e garante um final feliz. Podemos ver a mesma constelação reinando ainda em *A Flauta Mágica*, onde o poder da música ajuda o casal a superar as provações e proporciona a vitória sobre a morte e o triunfo do amor. O poder da flauta e de sua música não é apenas um meio, é "*poder em si mesmo* – um poder sutil, sem violência – do qual Tamino é apenas um criado e pelo qual ele se deixa guiar. O que a provação final *representa* não é apenas o triunfo do amor: é o triunfo da música e do músico" (Staronbinski, 1979: 149).

A equivalência entre amor e música, que está subjacente a tudo isto (a misericórdia seria o amor divino pelos homens), implica em que a música é a única coisa equivalente ao amor e que o amor pode se expressar adequadamente apenas através da música. Alimento do amor realmente [21], mas só isso não vai longe o suficiente nessa equivalência, daí a nota de rodapé que Shelley fez para Shakespeare:

> Não, Música, vós não sois o "alimento do amor",
> A menos que o amor se alimente de seu próprio doce ser,
> Até que se torne tudo sobre o que a Música murmura.
>
> (*Fragmento, "Para a música"*) [22]

A equação pode ser feita – dada uma determinada ideia de música e uma determinada ideia de amor – porque parece que só a música corresponde tanto à parte transcendente, sublime, platônica do amor quanto ao seu componente mais sensual e corpóreo, que ela apresenta em seu aspecto mais delicado e ao mesmo tempo mais persistente e obstinado. Uma determinada ideia de música e uma determinada ideia de amor: a ópera estabelece ambas e as reúne em um momento histórico muito preciso. E teremos que seguir os avatares dos dois lados da equação.

Podemos ver que o lamento constitui o ponto estrutural central da ópera; é o lugar onde o supremo poder da música é exibido e testado. Um ano depois de *Orfeo*, Monteverdi produziria sua autêntica forma paradigmática em sua ópera seguinte, *Arianna*, da qual apenas a parte central, o famoso lamento de Ariadne – *"Lamento d'Arianna"* – sobreviveu até nossos dias. Durante a primeira récita em maio de 1608, o público foi levado às lágrimas [23] (e ainda hoje podemos comprovar por quê), e com essa ópera Monteverdi alcançou fama instantânea e gerou inúmeros imitadores até o final do século [24]. A situação de Ariadne é exemplar. Por amor a Teseu ela abandonou sua casa, seu pai e o reino onde era princesa, só para ser deixada por Teseu na primeira ilha que havia no caminho, dessa forma terminando por perder também a ele. Em nome do amor, Ariadne perdeu tudo e depois perdeu também o amor de Teseu. Só o que ela pode fazer nessa situação de total ruína e desespero é oferecer a única coisa que lhe restou, sua própria vida. Assim, seu apelo inexorável, repetido obsessivamente o tempo todo é *"Lasciatemi morire"* (Deixem-me morrer). Sua situação é estranhamente o oposto da de Orfeu, soando como um apelo impossível de Eurídice (e Eurídice é um personagem relativamente menor em Orfeo): *"Volgiti, Teseo mio"* (Dê a volta, meu Teseu), mas ele não o faz. O lamento de Ariadne permanece como um grito solitário separado do resto da ópera e apresenta uma figura emblemática: uma subjetividade completamente arrasada e destruída, desapossada de tudo que era seu na vida, cujo único recurso nessa posição extrema é o poder da música, o último refúgio para aqueles que perderam todo o resto. E que recurso impressionante! A música é o poder dos impotentes, e seu poder é tanto maior quanto mais o sujeito perdeu os últimos vestígios de qualquer outro poder. O lamento do sujeito aniquilado que perdeu tudo triunfa em encenar a música no que tem de mais sublime. Esse lamento diz: "não tenho poder algum sobre você, exceto a música". E é isso o que o torna irresistível.

Podemos perceber que a divisão sexual pode ser facilmente enxertada neste dispositivo: o lamento mais comovedor é um assunto de mulheres. É como se somente uma mulher pudesse representar o sujeito completamente impotente, se somente uma mulher pudesse estar totalmente arrasada. Como a razão para o lamento é quase sempre a perda do ser amado, somente uma mulher, a criatura totalmente dependente do amor, pode desse modo perder tudo. Até mesmo Orfeu, totalmente consternado pela perda de Eurídice, consegue finalmente alcançar sua apoteose sem ela, ao ser imortalizado graças à sua arte, ao encontrar nessa arte a compensação pela perda do amor humano, de certa forma. O ser amado pode ter sido perdido, mas o amor é imortalizado através da arte. Para a verdadeira encarnação do poder da música, Orfeu precisa perder seu status de mestre-cantor e se transformar em uma mulher. Com Ariadne, outro tema paradigmático pisa no palco operístico: ela é a primeira de uma série de divas atormentadas que irão reinar na história da ópera. Diva, a deusa da ópera cujo status depende de estar vivendo em total desespero, a deusa desapossada de todo o poder e a mais poderosa, portanto. O momento de sua maior debilidade é o momento de sua irrefreável força. No primeiro período da ópera, Ovídio, cujas *Metamorfoses* foram a fonte principal para tramas (Sternfeld contabilizou 55 enredos de óperas baseados nesses textos), também forneceu outra fonte com *Heroides*, epístolas de 18 heroínas infelizes atormentadas pelo amor. Penélope, Dido, Ariadne, Andrômeda, Dafne, Echo... uma galeria de mulheres dominadas por um forte desespero, como se estivessem esperando durante séculos pela descoberta de um gênero apropriado no qual suas vozes pudessem ser finalmente (e de forma bem literal) ouvidas.

A consequência estrutural do lamento é o final feliz. Se o poder da música é tão grande, em última instância deve fazer surgir a misericórdia que ele persegue e deve despertar o amor, pelo menos alegoricamente, quando não literalmente. Como o apelo e a súplica de Ariadne poderiam permanecer sem resposta? Bem no momento do desespero maior, vem a redenção: outro *deus ex machina* descende do céu, desta vez não Apolo, mas seu companheiro Baco. O lamento é acompanhado pela peça de acompanhamento natural e necessária, o *lieto fine*. Somos desse modo confrontados com um fenômeno extraordinário: o projeto de trazer o teatro antigo de volta à vida verdadeira através da ópera, que não pode produzir ou sequer suportar uma tragédia. A primeira ópera a ser produzida, a *Eurydice* de Peri, ainda utiliza o recurso da abertura com um prólogo cantado por Tragédia, mas isso é apenas uma mera simulação, levando em conta a solução final ridiculamente feliz. O prólogo será rapidamente substituído por *Musica* em Monteverdi, como já vimos. Os primeiros duzentos anos de ópera não contêm virtualmente nenhum final infeliz. As trágicas histórias da mitologia tiveram que ser ajustadas para um *lieto fine*, com vários deuses descendendo dos céus, demonstrando misericórdia, trazendo os mortos de volta à vida, fazendo com que o amor triunfasse sobre tudo... São poucas as exceções, a mais famosa é *Dido and*

Aeneas, de Purcell. E se não existiam tragédias, estranhamente também não havia comédias autênticas. O único gênero que prevalecia era o pastoral, a tragicomédia, a *fabula satyrica* – um gênero que com muita frequência era situado no meio de uma natureza habitada por pastores e ninfas, e que confiava na tradição antiga que voltava no tempo até as *Éclogas* e *Geórgicas* de Virgílio e que fornecia um pano de fundo para os dramas de amor entre heróis e deuses. Esse gênero ocupa uma espécie de posição intermediária entre a tragédia e a comédia, com sua fórmula básica "da tristeza à alegria", das lágrimas ao riso, do desespero ao final feliz. O *lieto fine*, que passa a ser acompanhado no século XVIII pelas comédias *buffas*, reinou supremo nos duzentos anos que passaram entre Monteverdi e Mozart, precisamente o período da história operística que atualmente mais caiu no esquecimento, apesar de algumas exceções.

No entanto, o que se tornou conhecido em última análise como o paradigma da ópera, baseado em seu intenso florescimento no século XIX, é o extremo oposto: a ópera como a grande catástrofe. As divas se lançam ao fogo (*Norma, Götterdämerung, Khovanschina*); crianças são lançadas ao fogo (*Il Trovatore*); divas são esfaqueadas (*Rigoletto*, *Carmen*), estranguladas (*Otello*), queimadas vivas (*Aida*), cometem suicídio (*Madame Butterfly*), se jogam de castelos (*Tosca*), morrem de tuberculose (*La Traviata, La Bohème*), morrem de amor (...), e muito mais nesse mesmo estilo [25]. Os heróis, embora sempre em segundo lugar na ópera, não se saem muito melhor. Os outrora muito celebrados monarcas se revelam como criminosos e morrem uma morte solitária (*Boris Godunov*), e quando os deuses aparecem em cena, de forma bastante imponente e espetacular nas obras de Wagner, é para viverem seu crepúsculo. A catástrofe individual é ampliada até proporções cataclísmicas. Claro, existem exceções, mas a catástrofe reina suprema e se alguém vai à ópera é muito mais para realizar a viagem oposta, da alegria enganosa às lágrimas e à tristeza. E a habilidade de provocar um bom soluço se torna marca registrada de uma boa ópera.

Os exemplos podem ter sido escolhidos de forma tendenciosa, mas mesmo assim mostram bastante bem que temos que lidar com o que aparece como sendo dois mundos muito diferentes. É como se a misericórdia, que dominou a primeira fase da ópera e a manteve nesse primeiro universo durante dois séculos, tivesse desaparecido no segundo, tivesse sumido de repente e de forma irremediável. É como se a música perdesse seu poder de trazer à tona misericórdia e amor e de dar lugar a um *lieto fine*, não importa com que empenho que tentasse. E ela realmente tentou. A música se tornou muito mais alta, em função da grande ampliação da orquestra e do coro românticos, se tornou muito mais longa, na verdade adquiriu proporções gigantescas (pense em Wagner) e passou a ser muito mais complexa (novamente Wagner, mas também muitos outros), passou a dispor de recursos técnicos muito maiores, mas por mais que tentasse, a misericórdia não aparecia. A ópera se viu em um mundo cruel, embora também não fosse um mundo exatamente trágico. É como se a capacidade para a tragédia também tivesse desaparecido junto com a misericórdia.

Então, o que aconteceu? Como passamos de um mundo para o outro? A resposta, pelo menos a resposta operística, é muito simples: Mozart. E isso significa que a resposta é também muito complicada. No texto que se segue, tento seguir o curso das etapas dessa transição através das óperas de Mozart.

Alguns comentários breves podem ser necessários para o desenvolvimento da ópera até chegar a Mozart. A maior façanha musical de Monteverdi (não apenas dele, porque faz parte de toda uma geração, mas ele era o maior mestre deles) foi a invenção da monodia, o *stile rappresentavito, recitativo, parlar cantando,* qualquer que seja o nome que se escolhe. Nesse novo estilo, o texto atingiu um poder musical até então desconhecido. Monteverdi foi um grande adepto do *primo le parole*, mas o texto é continuamente modificado em função da música; ganha tensão interna, aparece sob uma luz totalmente inesperada, os versos que fluem agradavelmente são fragmentados pela voz da paixão, a métrica cuidadosa (contando com a complexa ciência da versificação no Renascimento) é constantemente interrompida por síncopes e dissonâncias, e o texto é ao mesmo tempo ilustrado e refutado. Monteverdi ocupou um lugar privilegiado em uma época de extraordinária liberdade musical entre dois períodos da história musical, o Renascimento e o Barroco. Foi o último compositor do Renascimento, o último grande mestre do madrigal e, ao mesmo tempo, preparou o caminho para o Barroco ao ser o inventor de suas formas elementares (incluído aí o *basso continuo*). Monteverdi aproveitou um raro e privilegiado momento no tempo quando uma convenção, a da polifonia do Renascimento, já havia desaparecido, e a próxima convenção, a codificação do estilo barroco, ainda não havia sido estabelecida. Sua força elementar e sua incrível ousadia, que logo não seria mais possível e que só seria redescoberta durante o século XX, pode, de certa forma, ser atribuída a essas circunstâncias [26] . É como se, em um momento raro da história da música, a porta tivesse sido deixada um pouco entreaberta para que pudéssemos vislumbrar algo normalmente encoberto pelas convenções.

E de fato a convenção viria rapidamente. Nos cem anos que se seguiram a *Orfeo*, a ópera foi padronizada, convenções operísticas foram estabelecidas com firmeza. Isso acontecia ao mesmo tempo em que ocorria a uma melhora poderosa e o surgimento da opulência na ópera, que gradualmente começou a ser um evento social central. O padrão principal dessa convenção (canonizada pelo esquema de Metastásio de construção operística) era formado pela separação, de modo geral, da tessitura operística em recitativos e árias. A ação dramática, a trama em si, é explicada e interpretada nos recitativos; as árias são momentos de descanso que acrescentam uma elaboração emocional, a expressão musical de posturas subjetivas, de tratados sobre esperanças, medos e tristezas. Emoções que podem ser catalogadas e que podem ser apresentadas como "peças independentes" [27].

A linha divisória entre recitativos e árias ainda não estava claramente demarcada nas obras de Monteverdi, e mesmo suas árias estróficas, como por exemplo *"Possente spirito"*, dificilmente podem ser entendidas como estróficas ou até como árias em qualquer dos sentidos posteriores desses termos. A mudança paradoxal trazida pela convenção de Metastásio era que o recitativo se tornava completamente estereotipado; movia-se dentro de padrões completamente convencionais com mínimo acompanhamento *continuo*, enquanto que a música ficava inteiramente relegada às árias. A ária também se transformou em algo codificado, tornou-se uma ária *da capo*, mas essa forma permite todas as complexidades musicais e psicológicas e teve seu grande apogeu e seus grandes mestres. O paradoxo é que toda a ação dramática, que é, afinal de contas, a força motora da ópera, ficou totalmente divorciada da ação musical, que ficava reservada para as árias, e foi expulsa para o pouco dramático recitativo que, em termos musicais, era desinteressante e estereotipado. Consequentemente, a ópera passou a ser uma obra fragmentada em árias musicais individuais, ocasionalmente intercaladas com alguns coros e duetos, unidas pelo recitativo. Quando a música tomava o palco, era para marcar uma interrupção, um corte na ação dramática. Como o texto conferia informação ao recitativo, o conteúdo informativo da ária ficava reduzido ao mínimo, ao puramente lírico. O recitativo mantinha alguma dignidade e expressão apenas como *recitativo accompagnato*, normalmente um prólogo para uma ária acompanhado pela orquestra, em oposição ao *recitativo secco*, que era acompanhado apenas pelo cravo, e no qual as principais atribulações da trama eram contadas de forma breve. Essa linha divisória (que ainda não estava presente nas obras de Monteverdi e que depois não seria abandonada até a época de Wagner) permitia que a ópera apresentasse seu maior objeto de fascínio em sua forma mais pura: a voz. Foi outorgada à voz uma posição exclusiva nas árias ao mesmo tempo em que era reduzida a uma mínima estrutura nos recitativos. A ária podia apresentar a voz para além do significado, o objeto de fascínio para além do conteúdo; podia mirar no deleite para além do significante, na fascinação imediata por um objeto sem sentido, e aqui a prima donna podia finalmente assumir sua posição como a figura central da ópera, sustentada pela fantasia da mulher que possui o enigmático objeto de deleite e prova, através de sua voz formidável e de seu desespero, que a Mulher existe afinal. Mas a prima donna era apenas a segunda a ocupar esse lugar; ela era precedida pelo *castrato*, que dominou todo o mundo operístico durante quase dois séculos. Só que essa é outra história, também muito fascinante, mas que não pode nos ocupar aqui (para mais detalhes sobre tudo isso, ver Dolar 1996).

Esse esquema era extremamente claro e eficaz; realmente, poderia apresentar uma solução ideal para "o problema da ópera", como Kivy (1999) afirma, a perfeita correlação entre a forma musical, o texto e a psicologia subjacente. No entanto, a relação entre música e drama se perdia, a construção do todo se tornava uma série de passagens separadas, os números (o que em alemão ficou conhecido como *die Nummeroper* "a ópera de números"). A *ópera comique* francesa e a *Singspiel* alemã podiam usar diálogos falados no lugar dos recitativos, sem alterar o esquema básico. Esse esquema foi usado até Mozart, que o herdou e o utilizou, mas apenas para fazer uma modificação e situá-lo em uma perspectiva completamente diferente. O dispositivo da fantasia da ária era complementado e eclipsado por outro dispositivo, o conjunto, que trouxe com ele uma construção de comunidade diferente de tudo o que havia aparecido na ópera até então e que deu origem a um todo completamente novo.

A Lógica da Misericórdia

Agora, podemos pular cerca de 170 ou 180 anos e ir até a criação das sete grandes óperas que Mozart compôs durante a última década de sua vida. Elas vão ser temporariamente enumeradas a seguir em função do ano de sua primeira encenação: *Idomeneo (Idomeneu,* 1781; *Die Entfuhrung aus dem Serail (O rapto do Serralho),* 1782; *Le nozze di Figaro (As bodas de Fígaro*), 1786; *Don Giovanni*, 1787; *Così fan tutte*, 1790; *La clemenza de Tito,* 1791; *Die Zauberflöte (A Flauta Mágica)*, 1791 [28].

Se dermos uma rápida olhada em duas dessas sete óperas que seguem a tradição da *opera seria*, rapidamente torna-se óbvio que o mesmo paradigma que fica implícito em *Orfeo* ainda está lá – a estrutura da música será discutida mais tarde. Em *Idomeneo*, Idomeneu, o rei de Creta, promete aos deuses, recompensa por o terem livrado da morte em uma terrível tempestade ele sacrificará a primeira pessoa que vir quando pisar na costa de Creta. Naturalmente, a primeira pessoa que Idomeneu encontra é seu filho Idamante e quando Idamante, após muitas tentativas de eludir a promessa de alguma maneira, está disposto a se sacrificar (ao mesmo tempo em que sua amada Ilia quer se sacrificar no lugar dele, com o mesmo altruísmo), o deus se apieda e demonstra misericórdia diante de tanta nobreza de espírito, permitindo assim um final feliz. A outra ópera, *La clemenza de Tito*, é sobre uma conspiração contra o imperador romano Tito, planejada por Vitellia, a filha do imperador romano deposto, e por Sextus, que está apaixonado por ela. Depois que o plano falha, os conspiradores confessam sua culpa e se jogam aos pés do imperador. Ele responde com um ato sublime de misericórdia e perdão. Em vez de puni-los, demonstra magnanimidade (29). Nas duas óperas, o exemplo do Outro é decisivo, seja ele deidade ou monarca. O Outro para quem os heróis e heroínas dirigem os seus apelos é de um status diferente do status da comunidade de heróis e heroínas. A ópera pode chegar a uma conclusão quando o Outro mostra seu status sublime através de seu ato de misericórdia, permitindo, graças a esse ato, a reconciliação.

O ato de misericórdia tem sua própria economia interna que pode ser temporariamente resumida na seguinte fórmula: o divino no homem em troca do humano na deidade, ou em seu representante terrestre, o monarca. O sujeito prova que merece compaixão, que pode superar sua própria subjetividade, que está disposto a arriscá-la ou a sacrificá-la incondicionalmente, até mesmo para oferecer a própria morte. Em troca, o Outro está pronto para ceder e mostrar um toque humano, de certa forma.

O ato de misericórdia deve ser entendido sob o pano de fundo da lei, como uma violação de um ato que vai além da lei. No libreto mais antigo de *Orfeo* que já foi encontrado, escrito por Rinuccini, Pluto não cede no começo ao lamento de Orfeu justamente em nome da lei:

> ...ma troppo dura legge,
> legge scolpita in rígido diamante,
> contrasta a'preghi tuoi, misero amante.
>
> ...mas a lei severa,
> a lei gravada em diamante bruto,
> se opõe aos seus rogos, pobre amante.

Daí, o conflito da deidade é que ele não pode desobedecer às leis que ele mesmo estabeleceu e que ele protege. Leis que (para que sejam eficazes) devem ser firmes e claras, como se estivessem gravadas em um diamante.

> Romper le proprie leggi e vil possanza...
>
> Desobedecer à própria lei é (um sinal de) mau poder...

O poder que desobedece a suas próprias leis é lamentável, afirma Pluto. Através desse comportamento, revelaria a fraqueza de sua própria norma e admitiria a própria inconsistência. Como esse poder poderia esperar que seus súditos obedecessem às leis quando ele mesmo não se rege por elas? No entanto, a deidade não consegue não ceder à lamentação e à humildade, ao *pianto* e às *supplicatione*:

Trionfi oggi la pietà ne' campi inferni,
E sia la gloria e 'l vanto
De le lagrime tue, del tuo bel canto.

Deixe a misericórdia triunfar hoje nas regiões do inferno
E deixe que a glória e a aclamação
Sejam das suas lágrimas e de seu belo canto

(Extraído de Nagel 1985:59)[30]

Pelo menos por um momento a misericórdia pode triunfar sobre a lei, desta vez, a exceção por dominar excepcionalmente.

Podemos observar como é difícil a posição em que o deus está. Por um lado, sendo o Outro, ele é o garantidor das leis e, portanto, também está sujeito a elas. Por outro lado, ele também é o criador das leis e, portanto, está acima delas. Sua posição de deidade permite que desobedeça às próprias leis e é isso o que faz dele um verdadeiro Outro em primeiro lugar. A mesma afirmação vale para um monarca. Dessa forma, a diferença entre a lei, por um lado, e a deidade/monarca que estabelece a lei pelo outro, é decisiva para a misericórdia – a diferença entre o Outro da lei e o Outro para além da lei. Portanto, o Outro é verdadeiramente Outro desde que ele seja o Outro do Outro – o Outro do capricho, não o Outro da lei.

Montesquieu estava muito consciente dessa constelação quando desenvolveu seu modelo político. Em seu argumento em favor de uma separação dos poderes real e judicial, ele afirma que o rei, se tivesse que ser chefe do judiciário, perderia "o maior atributo de sua soberania, o fato de que pode demonstrar misericórdia" (*faire grâce*, "conceder perdão") (Montesquieu, 1961:85). Na seção "*De la clemence du prince*", ele afirma, por exemplo, que "monarcas podem ganhar muito exercitando a misericórdia, porque a misericórdia é acompanhada por tanto amor, e através da misericórdia eles conquistam tanta fama que quase chegam a considerar uma oportunidade de demonstrar misericórdia como uma circunstância feliz" (101). De acordo com Montesquieu, o monarca não deveria ser o juiz mais poderoso, mas ele deveria manter o privilégio de ser o autêntico Outro, para além de qualquer comparação: o privilégio de conceder o perdão. O judiciário só pode trabalhar com base na lei. O monarca, no entanto, é uma última instância localizada em um ponto acima da lei. Ele está em uma posição de exceção, e é também por essa razão que ele pode abrir exceções. Esse é o momento sublime aonde a *opera seria* quer chegar, o momento que abre a dimensão do amor. O ato de misericórdia é a prova de amor para além da lei, ele solicita amor em troca, e o verdadeiro meio do amor é a música.

Essa lógica supõe que assim como a deidade verdadeiramente mostra sua divindade à medida que pode demonstrar sua humanidade, o monarca é um monarca autêntico somente quando ele é grandioso e nobre como um homem. Ou, como Schink afirmou em seu *Dramaturgische Fragmente* em 1781: "Um monarca que... apesar de tantas oportunidades que permitem que ele esqueça que também é humano, permanece sendo um homem e é superior aos outros homens apenas como homem, um homem assim é a imagem mais atraente que um artista pode evocar" (citação de Nagel 1985:67). Assim, representar o ato de misericórdia, exaltando-o até o ponto de considerá-lo o tema principal da ópera, contém sem dúvida um ato de adulação ao monarca (Afinal, Mozart realmente compôs *La clemenza de Tito* para a coroação de Leopoldo II em Praga, em um contexto político onde sua coroação foi usada pelas forças mais conservadoras, que se opunham às reformas josefinas e esperavam conseguir o controle após a morte de Joseph. Ou seja, a coroação foi usada pela aristocracia, que não queria perder seus privilégios) [31]. Consequentemente, produz-se a ilusão de que o monarca consegue sua autoridade em função de seus traços humanos – pelo fato de ser um homem mais nobre do que outros homens, um homem superior – e não em função da posição que ele ocupa, ele é monarca graças às suas características e não em função de ser quem é nem de sua posição. Sua verdadeira humanidade pode passar ao primeiro plano somente se ele for um soberano e não um tirano, na medida em que ele é um governante justo e nobre e não o Outro caprichoso, sempre que sua justiça superior vá além das palavras mortas da lei. O tratamento habitual da aristocracia, o protocolo e as várias formas de tratamento, pertence a essa ilusão e a sustenta: pessoas de nobre estirpe deveriam agir com nobreza e devem ser tratadas por "Sua Graça", para mostrar não apenas que são aristocratas pela graça de Deus, mas também que podem provar serem dignos dessa posição somente ao mostrar sua graça (cortesia). Mas essa adulação é uma faca de dois gumes e pode mostrar o seu perigoso lado oposto muito rapidamente. Se, por exemplo, um monarca não possui grandeza humana, então a consequência não muito distante é que ele não merece ser um monarca; um nobre que em realidade não é nobre está denegrindo sua função e está se aferrando ao status ilegitimamente.

A misericórdia é ambígua em outro sentido mais fundamental. Não é nada além do lado positivo, oposto de outra forma do Outro, ao mesmo tempo mais familiar e mais aterrorizante – a veleidade e o capricho do Outro. A ideia de um Deus caprichoso era então onipresente – aquele era, afinal de contas, o século da Contra-Reforma e do jansenismo – um Deus obscuro, sinistro, imprevisível, um Deus que deixava seus súditos na mais completa incerteza no que se referia à sua redenção. Com esse Deus, não podem ser feitos acordos; a salvação depende da misericórdia dele, e sua misericórdia não pode ser comprada nem obtida, mas depende apenas da sua veleidade. O súdito pode se sacrificar o quanto quiser e pode ser altamente nobre e virtuoso, mas apesar de tudo cabe a Deus mostrar misericórdia ou não. Esse é o Deus do protestantismo e do jansenismo, com a questão da predestinação assomando cada vez mais. A ópera, porém, é na sua origem e em sua organização básica italiana, ou seja, é do gênero católico, construída inteiramente sobre as premissas da misericórdia, do amor e da reconciliação. O princípio subjacente ao seu sistema é "renúncia por renúncia, sacrifício por sacrifício"; uma vez que o súdito provou sua disposição incondicional para sacrificar sua vida sem reservas, Deus, ou monarca, concede ao súdito sua vida. O protestantismo encontrou seu grande compositor em Bach, que, apesar de toda a complexidade e do tamanho imenso de sua multifacetada obra, um das maiores na história musical, nunca teve a ideia de compor uma ópera [32].

Diante dessa troca entre a divindade do herói e a humanidade do Outro, o ato de reconciliação entre o súdito e o Outro parece diminuir o espaço entre eles, mas apenas para marcar mais ainda a distância intransponível entre os dois. O súdito permanece súdito, o soberano permanece soberano, a deidade permanece deidade. O Outro, apesar da sua humanidade, ou mais precisamente em função dela, é irrevogavelmente o Outro. Através da reconciliação, a disparidade entre os dois pólos é reforçada e legitimada precisamente por meio do reconhecimento mútuo. O súdito precisa provar que merece a misericórdia, mas a misericórdia é um ato de julgamento livre e nobre do Outro, que tem o poder de concedê-la ou recusá-la. E porque ele se digna a concedê-la graças à sua magnanimidade, ao súdito só lhe resta responder com gratidão e amor ilimitados.

O mecanismo da misericórdia, tão central nas primeiras óperas, mostra uma imagem do Outro para além da lei, uma imagem sublime que encobre e esconde outra face do Outro da veleidade, a face da crueldade, da inescrutabilidade e da malevolência em deidades e monarcas. Há outro nome psicanalítico, muito menos sublime, para esse mecanismo da misericórdia: o supereu. A lógica da misericórdia se baseia em e engendra a lógica do supereu, o outro lado da lei. Se a música for o alimento do supereu, continuamos tocando? Há outra lógica do amor, nesta equação com música, que poderia escapar dessa estrutura?

De qualquer modo, o núcleo ideológico da fantasia que sustentou a ópera durante seu primeiro apogeu está contida nessa lógica da misericórdia, que também foi a ligação da *opera seria* com o horizonte do absolutismo.

Opera buffa

A *opera seria* foi apenas uma das grandes tradições operísticas usadas por Mozart. Havia outra bastante diferente, a *opera buffa*. A oposição entre as duas caracterizaria boa parte do século XVIII, uma era em que a ópera inspirava grandes paixões e guerras ideológicas, a mais famosa delas era inclusive *la querelle des bouffons*, um dos debates mais inflamados da metade do século XVIII, que opunha a geração do Iluminismo da *Encyclopédie* aos conservadores. No começo, a *opera buffa* era uma comédia criada como um interlúdio de entretenimento e descontração entre os atos da *opera seria* (é interessante lembrar que a *seria* se desenvolveu a partir do *intermezzo* da Renascença). Esses divertimentos, inicialmente curtos, eram fruto da tradição da *commedia dell'arte*, um estilo popular de teatro cujo primeiro lugar de representação não eram os palácios da aristocracia, mas sim as praças dos mercados com suas companhias e espetáculos burlescos montados para entreter as pessoas presentes.

A *opera buffa* também tinha uma mínima trama típica, que pode ser descrita como "confusões no caminho para o casamento". Apesar das muitas dificuldades e complicações, o casal apaixonado se reunirá no final. Os obstáculos no caminho frequentemente aparecem na forma de velhos aristocratas defendendo seus privilégios e que não estão, como pessoas, à altura do status que representam. Aqui também a música está presente como um instrumento, o melhor modo de fazer surgir o amor e de ajudar os apaixonados a chegarem ao final feliz. Mas há uma diferença imensa: o casamento só pode acontecer entre duas pessoas da mesma classe social, e se sua classe social é diferente no início, o matrimônio é o grande equilibrador. O objetivo da *buffa* é a abolição da distância e a superação das diferenças de classe. Enquanto a *opera seria* lutava em busca da transcendência, a *opera buffa* se baseava na estrutura da imanência (ver Nagel 1985:40).

A força do amor, sustentada pela música, pode derrotar qualquer desigualdade inicial. No entanto, este não é o amor fatal que pode encontrar sua realização apenas como transgressão em alguma Liebestod, é o amor-que-termina-em-casamento. *La Serva Padrona*, de Pergolesi, se tornou o paradigma da *opera buffa*, um estilo operístico que obteria um sucesso imenso e que conquistou uma tremenda popularidade imediatamente após sua primeira apresentação em 1733, como um *intermezzo* dentro de uma *opera seria.* Sua primeira apresentação em Paris em 1752 desencadeou a famosa *querelle* na qual Rousseau liderava o grupo dos defensores (sua ópera, *Le devin du village*, também foi composta para ser uma arma nessa disputa e curiosamente serviria de modelo mais tarde para a primeira ópera de Mozart, *Bastien und Bastienne*). A história da criada que se torna a senhora é muito simples: ela se casa com o senhor da casa e conquista assim um status nobre. O senhor é idiota e inútil, a empregada é astuta e hábil; ela merece sua promoção graças às sua sagacidade e habilidade, como um prêmio por sua capacidade, de certa forma. Esse privilégio é uma conquista do esforço. E percebe-se a partir desta simples descrição que a *opera buffa* é um gênero democrático que luta pela promoção social, pela igualdade de posição social e, em última instância, oferece a perspectiva de uma humanidade comum ou de uma comunidade humana.

Além do casal apaixonado, que tem que terminar unido depois de superar todos os tipos de obstáculos, outro casal é igualmente importante na *opera buffa*: o senhor e o criado. Esse casal não é menos apaixonado, e (quase) não é menos ligado intimamente, e é até mais fascinante do que o casal de amantes. Enquanto o primeiro par se baseia na igualdade através do amor e do casamento, o segundo par representa as diferenças insuperáveis do prestígio social. No entanto, é precisamente o conhecimento proporcionado pela relação entre senhor e criado e as transformações sofridas por essa relação que definem a tensão interna da *opera buffa* e seu potencial democrático.

A elegância do primeiro modelo, *La serva padrona,* pode ser atribuída ao fato de que os dois casais (homem/mulher, senhor/criado) coincidem diretamente e desse modo o âmbito total da *opera buffa* está ali condensado e reduzido à sua figura inicial. A disparidade entre os dois atores antes do casamento pertence ao primeiro modelo do par senhor/criado: seu status social tem uma relação inversa com suas capacidades – o senhor bastante idiota tem como correspondente a criada inteligente (podemos pensar em muitos modelos literários: *Don Quijote, Jacques le fataliste*, de Diderot, e assim por diante). Nesse modelo, o criado inteligente normalmente se encarrega de que os desejos do senhor sejam atendidos e dessa forma o talento do criado equilibra a inabilidade do patrão. O criado é senhor do *know-how* e, portanto, é senhor do princípio da realidade, enquanto que o senhor está ali meramente no nome e na imagem e, portanto, é o verdadeiro criado. No *coup de force* de Pergolesi, a criada se encarrega de atender o desejo do seu senhor transformando-se no objeto desse desejo; o senhor vacilante nem sequer sabe o que quer (ou mais especificamente, ele particularmente não sabe disso). A empregada faz com que ele perceba o que quer, isto é, ela, e ao mesmo tempo ela se assegura de que os desejos dele se tornem realidade. A ópera de Rossini *Il Barbiere di Siviglia* (O barbeiro de Sevilha), que é o começo da história de Fígaro e da história da saga da família Almaviva [33], segue o mesmo modelo: Fígaro, valendo-se da astúcia e da trapaça, e recebendo, naturalmente, a remuneração adequada, ajuda o conde Almaviva a ganhar o coração de sua amada e pobre Rosina.

Embora esse modelo mantenha uma distância entre os dois (o senhor continua sendo senhor, a criada continua sendo criada), há um amplo espaço para tensão social e para a crítica. O senhor não está à altura da sua posição. O que era fonte de seriedade na *opera seria*, isto é, o comportamento adequado ao seu status, se torna uma fonte de comédia na *opera buffa*, com a desproporção evidente entre a forma da dominação e a trivialidade humana do patrão. Para evitar críticas imediatas, a *opera buffa* frequentemente recorre à naturalização do conflito que aparentemente reside em um contraste entre juventude e velhice; a oposição é colocada entre um homem nobre jovem, cheio de humanidade, coragem e magnanimidade, e um homem nobre velho, que se preocupa unicamente com manter os privilégios de sua classe, além de ser libertino e ganancioso, e assim por diante.

Na sequência da história de Fígaro na ópera de Mozart, o conde Almaviva passa da categoria de homem nobre "jovem", que tinha toda a solidariedade do público (mesmo que ele não tivesse a sagacidade de Fígaro) para a categoria do "velho" defensor de privilégios, decidido secretamente a manter o privilégio mais repulsivo de todos: *ius primae noctis*: Fígaro, por outro lado, deixa de ser o criado que atende aos desejos do senhor para se tornar o principal antagonista desse senhor. Embora os dois sejam agora conspiradores astutos e habilidosos, é o criado quem triunfa sobre o senhor espertalhão e corrupto. A crítica social é aberta e atinge os limites da aceitabilidade social (daí a proibição inicial da peça de Beaumarchais, as dificuldades com o libreto de Da Ponte para Mozart, e assim por diante).

Esse paradigma é invertido na relação entre Don Giovanni e Leporello e um terceiro modelo é apresentado: o criado pode ser muito esperto no que se refere à economia da sobrevivência e pode ser o defensor dos próprios interesses, mas ele é um covarde, o representante do bom senso, da opinião generalizada e o defensor das normas sociais vigentes. No extremo oposto disso, o senhor é corajoso e disposto, de forma intrépida, a desafiar e romper qualquer norma social. Nesse relacionamento, com a figura do criado covarde, ganancioso e corrupto (Leporello significa "lebre") que se enquadra no velho modelo da *commedia dell'arte*, agora é o senhor que funciona como o portador de uma crítica social ambígua e extensa. Os desvios e vicissitudes da relação entre senhor e criado na *opera buffa* apresentam as situações de laboratório mais instrutivas para as mudanças dos paradigmas sociais e filosóficos. Voltaremos a esse tópico com maiores detalhes mais tarde.

As duas tradições operísticas, *seria e buffa*, já tinham uma longa história antes da chegada de Mozart. A *buffa* era a irmã muito mais nova, mas tão rápida e eficiente que a oposição entre as duas já era vista como um eixo central quando Mozart começou a usá-las do seu jeito tão pessoal. As duas se baseiam em pressuposições diferentes: a *opera seria* é construída sobre a distância entre o sujeito e o Outro, entre o social e sua transcendência; a ópera acontece no espaço de uma troca simbólica entre os dois e termina na sublime salvaguarda dessa distância pelo ato de misericórdia. Como gênero democrático, a *opera buffa* proporciona uma perspectiva de igualdade dentro dos limites da humanidade comum; sua arma é ridicularizar aqueles cujas qualidades humanas não correspondem ao seu status social, aqueles que não se mostram merecedores de participar dessa humanidade comum. Esta é apenas uma descrição generalizada e esquemática da oposição entre ambas, e no momento em que tentamos interpretar alguns exemplos específicos das duas tradições bastante ramificadas, as coisas inevitavelmente se tornam confusas. Rapidamente encontraríamos inúmeros híbridos e elementos adicionais (por exemplo, as tradições francesas um pouco diferentes do vaudeville, *tragédie lyrique* e *ópera comique*; elaborações de contos de fada com intervenções mágicas; inclusão frequente de temas orientais; e assim por diante). Essa oposição, contudo, é paradigmática, apesar de todos os complementos e especificidades possíveis, e o confronto das duas correntes é crucial para entender o dispositivo operístico. E em respeito pelas nossas pressuposições iniciais sobre a surgimento histórico da ópera, poderíamos dizer que as contradições entre a forma do Estado absolutista – seu espetacular brilho falso do agonizante *ancien régime* – e seus conteúdos – a ascensão da ordem burguesa – foram traduzidas para termos musicais como a oposição entre *opera seria* e *opera buffa*.

Uma terceira tradição deve ser acrescentada a essas duas, se pretendemos descrever a situação da arte tal e como Mozart a encontrou: a alemã *Singspiel*. Essa tradição era a mais fraca, apresentava apenas uma história curta e nunca foi capaz de desenvolver um paradigma coerente com definições estruturais precisas. A característica que definia a *Singspiel* era o fato de ser escrita em alemão, em oposição ao hegemônico italiano, e a intenção dessa característica era atingir principalmente um público mais amplo, intenção que também definia em grande parte a escolha de temas: era uma iniciativa comercial que colocava seu objetivo em uma eficiência mais imediata. A principal diferença formal era que o texto falado desenvolvia a trama e ocasionalmente era interrompido por passagens musicais (como na *ópera comique* francesa). Por esse motivo, a musicalidade da *Singspiel* de modo geral era consideravelmente menos sofisticada do que a da ópera real; durante muito tempo foi habitual escolher atores que também sabiam cantar (e não, como na ópera, cantores que também podiam atuar um pouco). Como gênero popular, a *Singspiel* apresentava um espectro de temas que se moviam principalmente entre a farsa e os contos de fada.

Sintaxe

Agora que finalmente chegamos a Mozart, quero começar citando um fragmento do diário do compositor (ou, mais precisamente, de notas que ele escreveu no diário da irmã) de 26 de agosto de 1780:

> Post pradium la sig'ra Catherine chés uns. Wir habemus joués colle carte di Tarock. Á sept Eur. Sismo andati spatzieren in den horto aulico. Faceva la plus pluchra tempestas von der Welt [34].
>
> (extraído de Böttinger 1991:9).

O humor irresistível e o charme deste fragmento vêm do simples fato de que em cada frase virtualmente cada palavra vem de uma língua diferente: alemão, italiano, francês e latim. Embora Mozart não tivesse tido uma educação formal, ele era fluente nos três idiomas e conseguia brincar com eles com autoridade, com incrível facilidade e com uma sensibilidade que só era superada por sua capacidade musical.

A presença deste trecho aqui pretende mostrar que a música de Mozart, de forma geral, e em particular suas óperas deveriam ser interpretadas da mesma forma que este fragmento: como uma combinação e entrelaçamento entre tradições diferentes e heterogêneas: ópera italiana, *Singspiel* alemã, galanteio francês e música sacra latina. Mas isso não é tudo. Também podemos afirmar que a conexão entre esses elementos díspares é igual à do fragmento do diário, já que, mesmo que cada elemento tenha uma origem linguística diferente, a conexão continua sendo completamente lógica, fluente e compreensível. Entendemos muito bem o que ele está dizendo, todas as frases têm consistência estrutural e fazem sentido. Esse objetivo é alcançado através da sintaxe que une essas palavras, que dá a elas transparência e as combina em uma única estrutura.

Mozart foi capaz de recorrer a tradições musicais bem diferentes graças à força das novas estruturas sintáticas que utilizou, que se baseavam no estilo clássico (descrito e melhor explicado pela obra merecidamente famosa de Charles Rosen [1971], um livro "clássico" por excelência). Mozart era consciente das implicações de longo alcance desse estilo e de suas vantagens sintáticas; ele percebeu as grandes possibilidades e soube como aplicá-las diretamente à estrutura operística. A quintessência desse estilo, sua mais forte ferramenta e arma, era a forma de sonata, que já é, por sua própria natureza, adequada ao drama. Tecnicamente, é uma certa forma de tratar temas musicais e a elaboração de temas que se baseia em uma estratégia de criar e resolver tensões harmônicas. Mas sua estrutura básica (exposição – desenvolvimento – recapitulação) é muito parecida com a de um drama, e a sonata se expressa melhor em termos dramáticos. A sinfonia, baseada no uso ampliado da forma de sonata, já é em si mesma uma ópera, de certa maneira. Só o que lhe falta são as partes vocais e uma trama dramática palpável. O drama inerente à sonata precisava ser ligado à trama operística, o libreto. A relação interna entre os dois precisava ser encontrada, com ambos compartilhando um aumento da tensão e sua resolução no desenlace. Nessa altura, a ópera superou seu esquema inicial "metastasiano" de uma sequência de números musicais e recitativos para conquistar a arquitetura e o design grandioso de uma música feita para o drama [35] e da música coincidindo com o drama.

Este uso da sonata como um princípio interno da ação dramática e de seu desenrolar não pode ser superestimado. Para citar Rosen:

> A conquista de Mozart foi revolucionária: pela primeira vez no palco operístico a música podia seguir o movimento dramático ao mesmo tempo em que começava a alcançar uma forma que se justificasse em si mesma, pelo menos em seus fundamentos, em elementos puramente musicais. Antes de Mozart... um drama musical sempre havia sido arranjado de forma a que a música mais formalmente organizada ficasse reservada para a expressão de sentimentos – geralmente, um sentimento de cada vez – em uma ária ou dueto, enquanto se deixava a ação para ser transmitida no recitativo. Isso significava que, embora a música tivesse valores próprios não relacionados com o drama, permanecia essencialmente uma ilustração e expressão das

palavras; ela só podia ser combinada com a ação da forma mais primitiva e do modo menos interessante (1971:173).

E ainda há mais: a mudança na forma musical caminhava junto com a mudança das pressuposições filosóficas subjacentes e da psicologia. Se a *opera seria* se baseava em grande parte nas pressuposições cartesianas sobre a natureza e sobre a classificação de emoções humanas, a sonata clássica, com sua mudança do foco dramático e sua volatilidade, se apoiava implicitamente em outra visão da natureza humana, baseada mais naquelas ideias chamadas de associacionistas, provenientes da tradição empiricista e desenvolvidas por nomes com Francis Hutcheson, John Gay, David Hartley, Charles Avison, Alexander Gerard, Johann Georg Sulzer e assim por diante:

> Se as emoções cartesianas são inatas, as da escola associacionista são adquiridas; se as cartesianas são nítidas e diferenciadas, as associacionistas são indefinidas e contínuas; se as cartesianas são finitas e estacionárias, as associacionistas são infinitas e em aumento; onde as cartesianas sugerem uma vida emotiva estável e estática, as associacionistas sugerem uma vida fluida e efêmera, de mudanças rápidas e talvez violentas. (Kivy 1999: 188)

Com o princípio da sonata, estamos entrando em um novo mundo musical e também em um novo mundo político e se tornará difícil distinguir entre os dois. A sonata não é apenas música transformada em drama, é também música transformada em política.

As sete óperas de Mozart podem ser colocadas, grosso modo, nas categorias padrão discutidas anteriormente: as três óperas criadas junto com o escritor de libretos Da Ponte – *Le nozze di Fígaro*, *Don Giovanni*, e *Così fan tutte* – são *opera buffa*; *Idomeneo* e *La clemenza de Tito*, como já foi mencionado, são *opera seria*; e *Die Entfuhrung aus dem Serail* e *Die Zauberflöte* representam a *Singspiel* alemã. Essa classificação, no entanto, não diz muito, porque não leva em conta as mudanças de Mozart no que diz respeito à tradição; as convenções são mantidas, mas tudo mudou, com os gêneros se entrelaçando para formar surpreendentes novas entidades. Apesar da aparente diversidade dos gêneros, é óbvio, não obstante, que um deles se destaca como paradigmático: a *opera buffa*, que era o instrumento e a arma do estilo clássico. Plasmava seu novo pensamento dramático, assim como a *opera seria* era feita sob medida para o estilo barroco. A predominância gradual da *opera buffa* sobre a *opera seria* no século XVIII foi também um dos sinais de que o estilo clássico havia triunfado sobre o barroco. Mozart elaborou esse confronto de tradições diferentes, assim como suas condições prévias, em cada uma de suas óperas por separado. E o aspecto mais emblemático para imaginar essa mudança é o momento final da ópera, o *finale*. É o lugar do confronto entre as duas lógicas.

Os *finales* de Mozart não se comparam com nada proporcionado até então pela tradição operística. Eles parecem ser pequenas óperas em si mesmas: no final, todos os protagonistas se reúnem para se confrontarem, a trama se intensifica, o tempo aumenta, no entanto, é dada a todos os personagens sua própria identidade e uma clara identificabilidade em meio a todos os eventos enquanto se apressam a chegar ao final. O mecanismo que permitia semelhante *finale* era o conjunto.

A música conquista uma nova função nos conjuntos de Mozart. Não é mais uma ária cantada como um lamento dirigido ao Outro ou o momento de expressão emocional, a suspensão da ação. Também não é uma ária para dois como em duetos anteriores (ou raros tercetos e quartetos), nem é o coro como um ressoador geral, o agente da comunidade para além do individual. A invenção do conjunto fez surgir uma nova comunidade em que todos podiam manter sua individualidade, sua própria identidade motívica, seu ritmo e sua linha melódica e ainda assim serem integrados ao todo. O indivíduo conserva sua particularidade: ele ou ela confronta os outros no conjunto e entra em conflitos com eles, mas ao mesmo tempo pode resolver esses conflitos unicamente através do conjunto, mantendo a consistência do todo. Um momento utópico da comunidade surge a partir dos indivíduos e de suas particularidades, lugar onde os indivíduos não desaparecem nem são engolidos pela comunidade, mas sim sustentados e estimulados. Essa comunidade é mantida viva através de conflitos e da solução desses conflitos. No conjunto, a comunidade pode se desintegrar e ser reconstruída de novo. O conjunto de Mozart é a utopia do lado positivo da sociedade burguesa, a comunidade se desenvolvendo a partir de interesses e inclinações específicas e combinado-os para que formem uma harmonia comum, sem ter que sacrificá-los: a comunidade como uma "totalidade não totalitária" (Nagel 1985:41). É uma sociedade de interesses conflitantes que continua formando uma harmonia comum ao longo dos conflitos e de suas soluções.

O surgimento do conjunto como um elemento estrutural da ópera eclipsou com eficiência a oposição predominante entre recitativos e árias. Realmente, Mozart manteve essa convenção. Suas óperas são abundantes em recitativos e em árias, e a linha divisória entre a trama e a expressão se mantém no mesmo lugar, mas perde sua posição privilegiada em função do uso do conjunto. Assim como a ária, o conjunto é um número musical, mas ele ofusca a ária graças à sua complexidade de formas e meios musicais. E mais importante do que isso, o conjunto, assim como o recitativo, leva adiante a trama e muito mais. Os eventos dramáticos principais são desenvolvidos nos conjuntos, e os recitativos são relegados a uma parte menor da comunicação de informações e ao preenchimento de espaços entre as árias. Assim, a oposição tradicional perde sua importância predominante e cada vez mais árias e recitativos abrem caminho para os conjuntos. Sendo ao mesmo tempo os portadores da trama e expressões de sentimentos, eles tendem a se tornar o espaço das mudanças fundamentais: modificam, intensificam e solucionam as relações entre os sujeitos, e seus finais costumam ser diferentes de seus pontos de partida. Isso também supunha uma economia de meios, já que uma trama que necessitasse, por exemplo, de três recitativos e três árias na forma clássica, agora só precisava de um único conjunto.

Podemos ilustrar esse ponto rapidamente com base no sexteto 3.19, "*Riconosci in questo amplesso*", de *Figaro* (o sexteto de que Mozart mais gostava na ópera inteira). Começa com a solução do conflito e a criação da comunidade harmônica: o julgamento de Fígaro é adiado porque se descobre que Marcellina, com quem Fígaro teria que se casar por culpa de dívidas não quitadas, é, na verdade a mãe dele, e seu cúmplice, Don Bartolo, é o pai. Os pais e seu filho desaparecido por muito tempo se abraçam felizes, para consternação do conde (e de seu ajudante, o notário Don Curzio), cujos planos foram por água abaixo. Assim, estabelece-se uma comunidade, mas isso é feito de tal forma que a linha melódica do conde e de Don Curzio expressa sua insatisfação em segundo plano. A situação é invertida quando Susanna chega. Ela não sabe nada sobre a reviravolta dos acontecimentos e tenta solucionar o caso com dinheiro emprestado. Ela interpreta erroneamente o abraço de Fígaro e Marcellina e é tomada de uma fúria cega que culmina em uma bofetada em Fígaro. Mas o conflito é resolvido rapidamente, Susanna é informada da nova situação e uma comunidade idílica é re-estabelecida, naturalmente em contraste com o segundo plano onde o conde e Don Curzio estão resmungando. A elegância musical dessa parte se deve à forma direta com que Mozart usa a forma de sonata para apresentar a trama. O sexteto começa em Fá maior, com diversos blocos de material motívico. A modulação para o dominante – isto é, a forma em que conflito e tensão são criados harmonicamente na exposição da sonata – coincide com a chegada de Susanna. O conflito musical, inerente à forma de sonata, coincide com a eclosão do conflito na trama dramática. Susanna expressa sua ira em Dó maior e Dó menor, e a culminação do conflito coincide com o final da exposição, com a cadência em Dó, isto é, com o ponto que também representa musicalmente a maior tensão. A recapitulação, a atenuação do conflito, começa com a volta para a tônica e a repetição do material motívico inicial – esse é precisamente o momento em que a situação é explicada para Susanna e a comunidade começa a voltar novamente para sua harmonia inicial. Desse modo, o modelo sonata com seu drama musical interno (mesmo que aqui a forma sonata seja tratada de forma meio solta, como um princípio de orientação e não como um padrão) é usada diretamente como uma interpretação de uma parte da trama dramática, a criação e a solução do conflito. A forma musical se desenvolve a partir da lógica da trama dramática e a trama dramática é personificada diretamente na lógica musical [36].

O segundo aspecto que vai nos conduzir nesta breve pesquisa dos finais de Mozart é o modo como Mozart resolveu os pré-requisitos conflitantes colocados pela tradição. A obra de Mozart pertence obviamente ao Iluminismo, da mesma forma que o sujeito da *opera buffa*. Sua lógica aparece em total contraste com aquilo que teve sua origem no ato sublime de misericórdia que vinha dos céus e que se baseava na instância transcendente além da comunidade. Consequentemente, o momento histórico e musical único representa o encontro e o confronto de duas filosofias, duas teorias sociais, até mesmo "duas ontologias" (Nagel 1985:12). O indivíduo já é um sujeito (do iluminismo), embora a estrutura da misericórdia ainda se mantenha como uma construção geral de referência. É então a misericórdia o limite da nova subjetividade, o seu Outro? A transcendência e a imanência podem ser mantidas? É possível segurar as duas pontas ao mesmo tempo, como se fossem uma?_Como esse conflito deveria ser concebido e resolvido?

Die Entfuhrung aus dem Serail

As duas óperas que pertencem à tradição da *opera seria*, *Idomeneo* e *La clemenza di Tito*, não podem ser discutidas detalhadamente aqui, mesmo que elas ilustrem transposições e mudanças importantes e interessantes. Por exemplo, Mozart colocou música no libreto de Metastasio de 50 anos em *La clemenza di Tito,* um libreto que já havia sido utilizado em diversas óperas anteriormente. Mozart não estava nada satisfeito com ele e solicitou algumas modificações significativas. As modificações levadas a cabo por Mazzolà tinham duas direções opostas: reduziram o todo e ampliaram substancialmente o conjunto. Aos três duetos originais de Metastasio foram acrescentados três trios, um quinteto (o final do primeiro ato), e um sexteto (final do segundo ato) (ver Einstein 1979:424). Aparentemente, Mozart também queria aplicar seu novo conhecimento e suas armas à *opera seria.* Pretendia desmembrá-la como se fosse uma mera série de árias e queria a constituição musical de uma nova comunidade. O resultado é que Tito continua sendo monarca até o final e de forma magnânima mostra sua misericórdia no fim, mas ao mesmo tempo ele precisa cantar junto com outros em conjuntos, ou seja, ele precisa entrar em uma comunidade musical com eles (ao contrário de *Idomeneo*, em que apenas a curta expressão vocal da revelação de Netuno é reservada para o ato de misericórdia). Em resumo, o monarca precisa justificar suas ações para os outros e na presença desses outros. Ele precisa se subjetivizar. A estrutura antiga se mantém, mas é profundamente modificada e reformada. E faz suscitar a questão de se essa forma pode funcionar e se, em última análise, não seria uma tentativa vã de unir aspectos incompatíveis.

Die Entfuhrung aus dem Serail, a primeira grande ópera de Mozart – tecnicamente, uma *Singspiel* com números musicais entrelaçados por diálogos falados em prosa – termina com o ato de misericórdia do monarca. Belmonte quer libertar sua amada Constanze do cativeiro no harém turco.

Quando a tentativa de fuga finalmente fracassa, Belmonte e Constanze, junto com seus criados Pedrillo e Blonde, que os ajudaram, precisam se jogar aos pés do Paxá Selim e implorar por clemência.

Como se isso não bastasse, descobre-se que Belmonte é filho do maior inimigo do Paxá, mas o Paxá quer superar seu inimigo em magnanimidade e em nobreza e mostra clemência, proporcionando a liberdade aos quatro prisioneiros. A maior novidade em relação ao modelo em que se baseou (*Belmonte und Constanze*, de Bretzner) é que nesta versão não se revela que Belmonte é o filho perdido do Paxá Selim – levando a uma dessas reuniões sentimentais que mais densamente povoam os finais felizes da literatura ocidental – mas o filho de seu arquiinimigo. Isso leva de imediato para a lógica da misericórdia: O Paxá é um autêntico monarca porque é capaz de superar sua própria paixão pela vingança (a paixão despótica por excelência) e mostrar majestosa generosidade.

O assunto desta ópera é um tema que pode ser encontrado ao longo dos séculos XVII e XVIII: a fantasia do despotismo oriental, ao mesmo tempo como uma imagem de crueldade indescritível e tirania e como uma imagem de encanto e de atração exótica e sensual (ou será que as duas são uma coisa só?) Aqui, temos a versão positiva, ou seja: o déspota oriental não é governante por causa de seus caprichos cruéis ou de seu prazer supostamente infinito, cujo centro é o harém. Não, ao contrário, ele é governante por causa de seu espírito nobre, que o distingue acima de todos os outros. O déspota que tem a capacidade de rejeitar o despotismo não é mais um déspota, mas um soberano – talvez como Joseph II, a quem a ópera pretendia impressionar? Por outro lado, os quatro protagonistas são súditos com certos direitos e dignidade, que estão tentando dominar o próprio destino através de ações e de sua habilidade. Eles podem em última instância recorrer ao direito de amar sem restrições, um direito que pode despertar a clemência. O monarca precisa aceitar esse direito e ele prova sua humanidade através da percepção de que não pode ganhar o amor de Constanze à força.

O déspota e o vizir, o Paxá Selim e Osmin, respectivamente, são dois pólos extremos do despotismo e formam um par que emoldura os quatro protagonistas. O *tour de force* dramático é sem dúvida alguma o fato de que Selim é um papel falado: por um lado, o ato de misericórdia não poderia mais ser cantado de modo verossímil, como na grandiosa tradição da *opera seria*, que agora se aproximava de seu fim [37]. Um ano antes de *Die Entfuhrung*, a "misericórdia cantada" fora reduzida à menor expressão possível em *Idomeneo*, com a breve intervenção do oráculo de Netuno, e em *La clemenza di Tito* isso levaria mais tarde a dificuldades estruturais. Por outro lado, o monarca conserva seu status único precisamente pelo fato de ser excluído da música. Ele pode ser único, mas paga o preço de não mais pertencer à comunidade musical quando ela passa a ser conduzida pelo ideal do Iluminismo de comunidade baseada na reconciliação humana universal (toda a raça humana como uma família, como diz o famoso ditado de Lessing). A produção vienense de Harnancourt no começo dos anos 1980 levou essa tendência ao extremo e no fim Selim aparece como um homem destruído, forçando-se a conceder o ato de misericórdia ao mesmo tempo em que mal esconde sua raiva, e ao longo de todo o final ele permanece como uma figura triste e solitária, excluída da comunidade recentemente formada que canta em louvor à sua generosidade. Sua posição monárquica é sua deficiência e sua maldição, não é mais um privilégio. A intenção original pode ter sido a adulação ao monarca iluminista, mas ambiguamente implica em sua exclusão.

O déspota e o vizir precisam ser interpretados juntos, como uma entidade dupla, e a distância máxima entre eles não consegue esconder uma complementaridade estrutural. Enquanto o déspota torna a reconciliação possível através do seu ato de misericórdia, ao mesmo tempo em que ele próprio é excluído desse ato, o vizir se exclui ao recusar-se a aceitar a reconciliação. Permanece vingativo e implacável, incapaz de reconhecer a continuidade com os outros. A ira de Osmin é o lado oposto da misericórdia, a fúria suprimida do déspota; o vizir canta no lugar do déspota, como sua sombra negra e sua caricatura. O déspota é o papel que fala, então Osmin precisa cantar por dois, e realmente o seu papel – junto com o de Constanze – é o mais elaborado musicalmente e o mais individualizado.

O final escrito por Mozart mostra essa constelação com o máximo de brilhantismo. Assume a forma de vaudeville, uma forma musical simples onde cada um dos protagonistas canta sua estrofe, enquanto o coro é cantado por todos. Quando a vez de Osmin chega, ele primeiro assume a harmonia geral dos versos solo durante alguns compassos, mas depois o tempo é aumentado e Osmin sai do ritmo e da tonalidade, tomado de repente por uma fúria selvagem (com a volta do Lá menor e do motivo de sua ária de abertura). Sua afirmação proverbial "*erst geköpft, dann gehangen*" (primeiro decapitado, depois enforcado) demonstra o lado oposto da reconciliação e da misericórdia. A elegância da solução musical é que a forma de simples vaudeville – os versos individuais e o refrão conjunto – é quebrada em um determinado ponto, mas essa difração na verdade complementa e arredonda a forma. É apenas em função dessa transgressão que o último refrão soa tão convincente. O vaudeville como forma não pode ser o ideal dos conjuntos de Mozart, porque a individualidade dos personagens é inteiramente estereotipada, e esse conjunto em particular atinge seu poder dramático e a transição convincente para a solução final justamente através da transgressão de Osmin.

Assim, o *finale* exibe a transcendência do déspota, sua unicidade não musical, bem como a exclusão interna do vizir, o representante do déspota suprimido musicalmente e seu espírito; por essa razão, a comunidade é curada ao excluir os dois extremos. O final da conclusão é, portanto, a contraparte e a resposta ao final do segundo ato, sua inversão, porque o final do segundo ato apresenta as tensões internas da comunidade em si. O casal de senhores e o casal de criados são finalmente reunidos no fim do segundo ato, quando os dois homens se unem às duas mulheres no cativeiro para salvá-las, mas no quarteto que conclui o segundo ato, os dois casais, após a felicidade inicial, se separam e finalmente se reconciliam. A confusão começa por causa do ciúme despertado em Belmonte e Pedrillo precisamente pelo Paxá Selim e por Osmin. O déspota espera conquistar o amor de Constanze, e Osmin tenta conquistar Blonde, a criada, e o resultado é que a constância de Constanze passa a ser objeto de suspeita, assim como a da jovem criada. Aqui, o Paxá e Osmin representam o perigo interno, a ruptura interior da comunidade feliz. Será que as duas mulheres haviam sido fiéis, dada a crueldade e o fascínio do principal lugar oriental, o harém? Aqui podemos ver um exemplo maravilhoso do conjunto de Mozart: no começo, reina a harmonia, graças à felicidade recentemente conquistada; então, ocorre uma desavença, um rompimento em função das angústias do ciúme masculino; e, finalmente, as suspeitas se dissipam e há uma reunião feliz. E durante esse processo o quarteto passa por um amplo espectro de humores, estilos, tonalidades e tempos. E não é nenhuma coincidência que o momento da reconciliação e do perdão esteja ao lado das mulheres, que foram injustamente acusadas de infidelidade.

Aqui, há uma característica que veremos mais amplamente em *Figaro* e em *Die Zauberflöte* e que parece permear todas as obras de Mozart. *Die Entfuhrung*, tanto no aspecto dramatúrgico quanto no musical, tem uma inclinação pelas mulheres. É possível comprovar essa tendência em diversos níveis. À sedução de Osmin, Blonde responde com algo que se assemelha a um manifesto feminino:

> Mädchen sind keine Ware zu verschenken! Ich bin eine Engländerin, zur Freiheit geboren und trotz jemanden, der mich zu etwas zwingen will!

> Garotas não são uma mercadoria para serem presenteadas. Sou uma inglesa, nascida para a liberdade e me oponho a qualquer um que queira me forçar a algo.

A Blonde é dado um dos hits mais populares dessa ópera *("Welche Wonne, welche Lust*"). Mas é Constanze quem sustenta o drama em primeiro lugar, e ela faz sombra a todos os outros como personagem central, no aspecto humano e no musical. A ela é dada a melhor ária, colocada no meio exato da ópera ("*Martern aller Arten*", 2.11). Quando o fim parece inevitável, quando todos estão encarando a morte, ela é que se dispõe a guiar seu provável salvador através da morte – assim como Pamina guia seu salvador Tamino. No dueto 3.20, ela o supera, tanto no ponto de vista musical quanto no humano, ela é alçada de vítima passiva e sofredora a uma figura de poder redentor. Comparado com ela, Belmonte aparece meramente como um mero poltrão, uma antecipação de Don Otavio.

Obviamente, o feminismo de Mozart – se é que o papel em que escrevo consegue aguentar semelhante oximoro – é uma questão altamente ambígua. Um lado se baseia nos medos mais conservadores do século XVIII e diz respeito à constância e à fidelidade femininas. Constanze é a mulher cuja fidelidade é posta à prova e que permanece fiel diante de grandes seduções e adversidades, preferindo a morte à infâmia, o modelo de fidelidade contra a proverbial volubilidade da natureza feminina. Em sua grande ária, ela faz um juramento por sua constância, antecipando com impaciência todo tipo de tortura que sofrerá para preservá-la, exaltando as alegrias do martírio em uma estranha mescla de prazer e desafio. No entanto, há um outro lado, além das leituras conservadoras imediatas – Constanze é uma vítima que se torna uma redentora, antecipando Pamina e Leonora (na *Fidelio*, de Beethoven)[38], em um movimento em que o caminho para a universalidade – a humanidade comum – é preparado pela feminilidade. A universalidade feminina (outro oximoro?) é a imagem da universalidade do Iluminismo para Mozart e todas as pressuposições tradicionais óbvias e as imagens conservadoras clichês das mulheres ao mesmo tempo tocam em algo que as faz funcionar como o oposto, como o caminho para a emancipação.

As cartas de Mozart (por exemplo, a carta para o seu pai de 26 de setembro de 1781) mostram que nem a arquitetura do todo nem os detalhes minuciosos eram deixados ao acaso, apesar da óbvia debilidade da trama. Mozart solicitou grandes mudanças no libreto, tanto no desenho geral (a divisão em três atos em vez de dois, algo que era comum na época em um trabalho desse gênero) e também nos detalhes mais sutis, todas elas influenciadas por sua grande sensibilidade teatral e por seus instintos dramatúrgicos. O sentido geral nunca é discutido, mas apenas os detalhes técnicos da apresentação teatral e da eficácia musical – só aqueles mecanismos que produzem sentido (ver Einstein 1979:398-400, 471-475).

Figaro

O sistema em *Figaro* é composto novamente por dois casais padrão – o casal de senhores e o casal de criados. No entanto, a diferença no status social era explícita e claramente delimitada em todos os momentos na *Entfuhrung* (não apenas na parte interna, mas também no aspecto externo, através das ligações entre Constanze e o Paxá e entre Blonde e Osmin), com os criados desejando apenas e de todo o coração ajudar seu senhor ou senhora; toda a trama de *Figaro* circula ao redor da transgressão dessa linha divisória explícita.

O conde é colocado em uma posição dupla. Por um lado, ele quer renunciar a seus privilégios publica e oficialmente – incluindo o *ius primae noctis*, a mãe de todos os privilégios, que dá a ele o direito despótico de ter um harém – para legitimar a si mesmo através de um ato de misericórdia e magnanimidade. No primeiro ato, um coro de súditos agradecidos realmente agradece ao conde por sua generosidade. Por outro lado, ele quer manter secretamente o privilégio – para combinar misericórdia pública com libertinagem privada, para ser um senhor feudal *e* iluminista ao mesmo tempo. Fígaro, ao ser seu antagonista, pode ser de uma classe social mais baixa, mas no final vai triunfar sobre o seu senhor precisamente em sua função de criado. A reconciliação só pode ser alcançada através de uma equalização do status, ou seja, de um jeito que faça o senhor se reduzir ao tamanho humano, por assim dizer. Ele precisa se tornar um senhor miniaturizado, um *Signor contino*, como ele é chamado na famosa cavatina De Fígaro. Os planos do conde terminam sendo revelados através do artifício do disfarce (a condessa e Susanna, amante e criada, intercambiam suas roupas) que abre o caminho para a reconciliação do final, o momento mais sublime desta ópera.

Porém, mais significativamente, a reconciliação final não é alcançada através do clássico ato de misericórdia. Seu mecanismo é radicalmente transformado, virtualmente virado de cabeça para baixo. Não mais diz respeito à *grazia* (misericórdia) concedida por deuses ou à *clemenza* (clemência, magnanimidade), mostrada por monarcas e aristocratas ou à *pietà* (piedade, misericórdia) implorada pelos súditos, mas sim o *perdono* (indulgência, perdão) (ver Nagel 1985:39). O perdão é a misericórdia humana que não precisa mais que a distância seja mantida, é baseada no estabelecimento da continuidade, da afirmação da imanência. O perdão é a misericórdia secular, a misericórdia de um ser humano para com o outro. É através desse perdão que a comunidade se torna uma comunidade de iguais.

No final, o conde é enganado pelo artifício usado e, por causa dos disfarces, é convencido de que sua mulher (na verdade, Susanna disfarçada de condessa) o está traindo com seu criado Fígaro. Susanna, usando as roupas da condessa, implora a ele por perdão, todos os outros se unem a ela em sua súplica, mas o conde se recusa a ceder. O marido traído, o senhor ameaçado e destruído só pode conservar seu status através de um "Não!" decidido que ele repete seis vezes, afirmando sua própria descontinuidade. O momento decisivo acontece quando a condessa aparece disfarçada de Susanna, a quem ele tentara seduzir pouco tempo antes, sem saber que na verdade aquela era sua esposa. E então se torna evidente que a suposta vítima era em realidade o maior impostor. O conde, sendo aquele que tem o poder de conceder misericórdia, agora deve suplicar por essa mesma misericórdia que ele acaba de negar aos outros. Um momento antes, a comunidade se ajoelhara diante dele; agora, ele precisa cair de joelhos diante da condessa (e também diante da comunidade, que está do lado dela). Agora o poder de conceder a misericórdia está com a condessa e, consequentemente, também o poder de curar a comunidade, de estabelecer sua continuidade.

Esse momento sublime é extremamente simples no texto e na música:

> CONTE: Contessa, perdono.
> CONTESSA: Più docile io sono
>   E dico di si.
> TUTTI: Ah! Tutti contenti
>   Saremo così.
>
> CONDE: Condessa, perdoe-me.
> CONDESSA: Minha bondade prevalece,
>   E eu concordo em perdoá-lo.
> TODOS: Ah! Todos ficarão felizes agora.

Mozart parece ter se mirado na música sacra para este momento, para a forma arcaica de uma troca entre o solista e o coro. O coro assume o motivo da condessa e, desse modo, a comunidade se torna o sujeito do ato de perdão e se estabelece precisamente através desse ato [39], uma comunidade em que o conde pode agora cantar "*Tutti contenti saremo così*" junto com os outros. Os finais de Mozart avançam de acordo com uma lógica de tempo acelerado, com os eventos acontecendo em uma rápida sucessão, mas pouco antes que o assunto termine rapidamente em um breve coro final, há um momento de repentina paralisia nessa cena do perdão, um momento no qual o tempo dramático e musical é suspenso em um instante sublime que evoca a eternidade [40].

Tutti contenti saremo così: esse é o enfaticamente condensado momento utópico da comunidade burguesa, o momento da reconciliação e da igualdade, o momento de *liberté, égalité, fraternité.* A revolução já aconteceu, o senhor já caiu de joelhos para finalmente passar a fazer parte da comunidade quando a condessa disfarçada de criada concede a ele o perdão. Três anos mais tarde, a Revolução Francesa só precisa dispor de sua casca vazia, porque o senhor já morreu no palco para que todos pudessem ver, ele morreu principalmente por não ter sido morto, mas por ter sido perdoado. E a Bastilha já havia caído [41]. Não surpreende que Napoleão tivesse dito: "*Le mariage de Figaro, c'est déjà la révolution en action*" (O casamento de Fígaro já é a revolução em ação) e tivesse jurado que sob o seu comando Beaumarchais terminaria na prisão.

Falando de filosofia na ópera, aqui há um exemplo supremo disso: este momento de perdão encontra seu paralelo por excelência na obra *Phenomenology of Spirit* (Fenomenologia do espírito), de Hegel, no capítulo sobre o espírito, o capítulo central da obra, que termina com a seção "Consciência. A 'bela alma', a maldade e seu perdão". Aqui, o perdão é levado a ser a manifestação mais alta do espírito, sua culminação. Hegel atribui ao perdão o poder de *Ungeschehenmachen*, "fazendo como se algo nunca tivesse acontecido" (Hegel 1977:406) e, assim, "as feridas do espírito se curam e não deixam cicatrizes" (407). A dialética da continuidade e da descontinuidade da comunidade que pode ser elevada a uma nova continuidade precisamente através do perdão – os termos filosóficos que uso esporadicamente aqui – pode ser associada a essa página em Hegel, que, no final de *Figaro*, é colocada em transformada em música de modo magistral.

Para apreciar totalmente este final, é preciso ter em mente que o momento mais significativo do primeiro *finale* (o final do segundo ato, o fim da primeira parte da ópera) é repetido estruturalmente no segundo *finale*. O primeiro também está envolvido com o ato de perdão – o conde pede perdão porque suspeitou injustamente da condessa e esse perdão lhe é concedido. A economia da situação é a mesma: a postura inflexível do conde, sua recusa a perdoar ("*Non ascolto!*" [Não estou ouvindo!]) faz contraste com a delicadeza da condessa, que está disposta a perdoá-lo após uma breve lição ("*Perdono non merta chi agli altri non dà*" [Quem não concede perdão aos outros não o merece para si]). No entanto, é um falso ato de reconciliação, um perdão inadequado e enganoso; a condessa sabe que não foi acusada injustamente, ela não contou ao conde toda a verdade, embora fosse inocente em última instância (Mas será que era? Não segundo a avaliação de Beaumarchais, a julgar pela continuação da história, que foi contada em *La mère coupable*).

Ao mesmo tempo, a curta bravura do coro final cita o motivo do final do terceiro ato ("*Amanti constanti*"; ver Noske 1977:14). Lá, os protagonistas juraram amor e lealdade, apresentando uma imagem ideal do senhor sábio e dos súditos agradecidos, quando a situação real estava muito longe disso. A reconciliação final tem que cancelar precisamente essa distância máxima entre a realidade e a ilusão dos súditos através dessa citação transposta.

Afirmou-se com frequência que o *Figaro* de Mozart e Da Ponte é muito menos radical do que o original de Beaumarchais. Indiretas explícitas e politicamente perigosas tiveram que ser omitidas, e foi necessário fazer concessões à censura para que a obra pudesse ser encenada. O exemplo mais óbvio é a omissão do monólogo de Fígaro no último ato, que, por ser um manifesto mordaz de crítica social, era o empecilho mais significativo e que durante muito tempo impediu a encenação da peça na França. Em seu monólogo, Fígaro expressamente acusa o conde de ter como único mérito o fato de ter nascido ("*Vous vous êtes donné la peine de naître, et rien de plus*"), e se apresenta, em oposição a isso, como um homem que se fez por si mesmo, sendo o único responsável por seu próprio sucesso. No lugar desse bloco, encontramos apenas o lamento de Fígaro sobre a infidelidade das mulheres (*"Aprite um po' quegli occhi"*), um clichê que se encaixa perfeitamente na convenção do século XVIII. Uma visão extrema nesse sentido é dada por Noske, por exemplo:

> Mesmo que as tensões sociais estejam claramente expressadas na ópera, não devemos nos permitir concluir que o compositor pretendia revelar a opressão das classes inferiores pela aristocracia cruel dessa forma. *Le nozze di Figaro* não tem nenhuma mensagem; não luta pela reforma da ordem social nem pela revolução. Qualquer um que possa ver e ouvir tem que admitir que Mozart simplesmente ilustrou o clima social daquela época, sem tomar partido. Seu conde não é um monstro e Fígaro não é nenhum herói nacional. (1977: 37)

Essa opinião, porém, é solitária, porque qualquer um que possa ver e ouvir pode perceber rapidamente que a ópera inteira está tão impregnada de crítica social que a omissão deste ou daquele trecho é irrelevante.A história da usurpação do conde, o desespero e o perdão da condessa, a extraordinária conexão humana com a criada, o criado rebelde e ilustrado e outros detalhes não são material para uma intriga rococó inócua, e certamente essa não era a intenção de Mozart. Vejamos, por exemplo, a famosa cavatina 1.3 de Fígaro ("*Se vuol ballare, signor Contino*"): só o fato de que ele possa se dirigir ao conde dessa maneira, com semelhante informalidade, já significa que o conde está perdido, que ele está sujeito ao ridículo que não pode ser compensado por nenhuma quantidade de conformismo social. Não importa o que ele faça, não conseguirá manter seu status depois dessa cavatina, embora a ópera mal tenha começado. E isso sem mencionar que o texto neste ponto é muito mais mordaz e mais sarcástico do que a versão de Beaumarchais, e no que diz respeito à música, Mozart apresenta uma paródia depreciativa do minueto como uma dança aristocrática por excelência. Cento e doze anos mais tarde, em uma tarde de verão em 1898, Freud, com uma disposição extremamente revolucionária, cantarolaria precisamente essa cavatina na plataforma da Westbahnhof de Viena depois de um encontro casual com o barão Thun (o primeiro ministro da Áustria na época, que estava viajando para a residência de verão do imperador, saindo da mesma estação de trem): "Agora, todo tipo de ideias insolentes e revolucionárias passava por minha cabeça, acompanhando as palavras de Fígaro" (Freud 1976:300). Mais tarde nessa mesma noite, em um compartimento desconfortável, ele sonharia o seu sonho mais revolucionário (299-311, 561-564).

Se olharmos para o elenco operístico, *Figaro* mostra outra extraordinária característica no arranjo das vozes: não há tenor. Os dois antagonistas, o conde e Fígaro, são barítonos (ou baixos-barítonos), e Fígaro recebe um peso musical maior – ele é o único que canta três árias (1.3, 1.10 e 4.27), e elas estão entre as canções mais famosas da ópera. Os únicos tenores são Don Basilio e Don Curzio, colocados em dois papéis menores, e a única ária para tenor (a ária "*In quegli anni*", de Basílio, 4.26) é praticamente omitida sempre em função de sua insignificância musical e dramática. Portanto, nenhuma parte foi dada a herói tenor, que sempre havia estado no centro do palco tanta na *ópera seria* quanto na *opera buffa* [42](ou seja, quando ele tomou a posição do *castrato* que dominou grande parte dos séculos dezessete e dezenove). Não há um herói clássico, nem um amante ideal que está sempre disposto a se sacrificar. Esse papel não pode ser assumido nem pelo conde nem por Fígaro, e já é através desse sinal externo que podemos ver a grande mudança na estrutura da comunidade criada pela ópera.

Até agora, olhamos apenas para um dos eixos de Figaro, a oposição do par senhor-criado, a disputa entre o conde e Fígaro. Mas há outro eixo, o eixo de gênero, que traz à tona o problema da economia e da política sexual nas óperas de Mozart (é preciso lembrar que nas óperas de Mozart toda política é política sexual, é desenvolvida sobre o pano de fundo das intrigas românticas que se cruzam com relações de dominação). O conde e Fígaro podem ser os principais antagonistas, mas a solução só é possível por meio do segundo eixo, que depende da relação entre a condessa e Susanna. Quando se estuda mais de perto, torna-se evidente de imediato que o plano de Fígaro contra o conde não tem êxito – seu artifício (disfarce do pajem etc.) falha vergonhosamente no segundo ato, e as mulheres precisam tomar as rédeas da situação. Em sua posição de oponente do conde, Fígaro é simplesmente tão cego quanto o conde, e os dois estão unidos através dessa cegueira comum. Já no primeiro ato, Fígaro não entende o sentido da organização dos quartos, e cabe a Susanna esclarecer a ele. O conde generosamente oferece a Fígaro um quarto para poder entrar sem ser incomodado e ver Susanna durante a ausência de Fígaro. No *imbroglio* geral do último ato, Fígaro fica novamente cego. Embora sua ária comece com *"Aprite um po' quegli occhi, uomini incauti e schiocchi"* (Abram seus olhos um pouco, homens tolos e crédulos), ele está cego precisamente no momento em que apela para que os homens vejam. Em última instância, são as mulheres que controlam a situação. Tanto no aspecto musical quanto no dramatúrgico, o coração de Mozart está do lado das mulheres. A condessa não é apenas o sujeito do ato sublime de perdão, também ela é que mantém grande dignidade em todos os momentos, sem recorrer em instante algum aos estereótipos de desespero operístico. Susanna é apresentada com grande compreensão. O conde e Fígaro são tratados com objetividade, e a afeição de Mozart fica reservada para as figuras femininas – as mulheres são realmente a melhor parte do casal aqui. É a mesma postura que já podia ser encontrada em *Die Entfuhrung*, e que termina por ser onipresente em virtualmente todas as óperas de Mozart: não nos sentimos muito mais próximos de Constanze e Blonde do que de Belmonte e Pedrillo? Não nos sentimos mais próximos de Dona Anna e

Zerlina do que de Don Otavio e Masetto? Não nos comovemos mais com Pamina do que com Tamino, já que ela é a verdadeira protagonista da segunda parte de *Die Zauberflöte*, a portadora do drama?

O final de *Figaro* também bate na tecla de que o ato de reconciliação e a decadência do senhor só podem ser conquistados através do pólo feminino – a ruína do senhor foi conseguida não pelo criado rebelde, notoriamente esperto, mas apenas pelas mulheres. Sendo assim, Susanna fica no centro, como criada e como mulher. A comunidade pode ser criada unicamente quando o elemento feminino forma o éter que como particularidade dá o tom ao todo. O laço entre a condessa e Susanna é a condição prévia para a reconciliação geral (e nesse sentido, o dueto 3.21, "*Che soave zefiretto*", é o momento decisivo). "Em termos musicais, quase não há na verdade diferença de classes entre a condessa e Susanna" (Noske 1977:21) [43]. A reconciliação entre Fígaro e Susanna ("Pace, pace, mio dolce tesoro") sugere diretamente a reconciliação entre o conde e a condessa. A diferença entre os pólos masculino e feminino é caracterizada por outra linha divisória importante no campo social, que é que, ao contrário dos homens, as mulheres estão sujeitas a uma certa mobilidade no decorrer da trama. Quando intercambiam suas roupas, a condessa e Susanna também intercambiam suas posições. Marcellina e Barbarina conquistam seus avanços sociais através do casamento; os homens permanecem em suas posições. Um dos fatores principais que possibilita a reconciliação no momento final, permitindo que as diferenças sociais percam sua relevância, é precisamente essa mobilidade feminina.

A economia sexual do todo é complicada pela figura de Cherubino. Uma vez que já temos um quadrado com dois casais (com o casal Bartolo-Marcellina para completar), surge a pergunta sobre qual seria o propósito de ter Cherubino nesse quadrado, esse personagem completamente desnecessário, mas que no entanto é central, ao redor de quem gira toda a intriga. Cherubino sempre aparece onde não deveria estar – no primeiro ato, o conde o descobre escondido na poltrona, de onde deve ter ouvido as palavras sedutoras do conde para Susanna (da mesma forma que o conde o descobriu no dia anterior na casa de Barbarina, a quem ele visitou com as mesmas intenções); o segundo ato inteiro se desenrola ao redor de Cherubino, seu disfarce, seu esconderijo no armário, a fuga pela janela, as suspeitas do conde e o rancor que tem em relação a ele em função de seu suposto caso com a condessa; no último ato, Cherubino aparece no momento menos apropriado e estraga todo o jogo; e assim por diante. Assim, por um lado, Cherubino aparece como – para usar termos de Freud – *Störer der Liebe* (um intruso do amor), um elemento inconveniente que frustra planos românticos. Por outro lado, ele é a imagem do Cupido e Amor, o representante da sexualidade por excelência. Ele corteja a condessa, e também Susanna e Barbarina da mesma forma, e seus desejos sexuais indiferenciados são orientados para a feminilidade como tal (Kierkegaard vai ver nele "o retrato de Don Juan quando jovem"); ele está no limiar entre a infância e a vida adulta, entrando na sexualidade, mas também está na fronteira entre a masculinidade e a feminilidade. Não apenas o papel foi escrito para uma voz feminina – o que em alemão é chamado de *Hosenrolle* (uma mulher de calças compridas), mas a principal guinada da intriga consiste em seu disfarce em um traje feminino – uma mulher interpretando um homem que se traveste de mulher, como uma versão do século XVIII de *Vitor ou Vitória*. Seu personagem representa uma estranha condensação do Cupido e do querubim (com o uso afetuoso do diminutivo); desse modo, o anjo sem sexo coincide com o representante da sexualidade como tal, assim como o desejo sexual nele coincide com seu absoluto narcisismo (Fígaro, em sua ária mais famosa, o compara a Narciso e a Adonis)[44]. Ele é uma série ambulante de condensações de fetiches: a sexualidade que desperta, a origem mítica da sexualidade, o limite entre sexo e assexualidade e entre masculino e feminino, enquanto ao mesmo tempo personifica a sexualidade per se, a própria essência da sexualidade, e ao mesmo tempo o empecilho, o obstáculo à sexualidade que impede as explorações sedutoras do senhor [45]. Se somarmos a tudo isso o elemento do disfarce, teremos então todo o necessário para definir o elemento fálico na psicanálise [46].

Don Giovanni

Figaro termina com a nota feliz de uma comunidade utópica e de uma reconciliação, e nada parece nos preparar para o que vem a seguir: *Don Giovanni*, que mostra o lado oposto dessa utopia, seus pré-requisitos ocultos.

Há uma ligação direta entre Don Giovanni e Fígaro que traz à tona uma inversão do todo ao ampliar e radicalizar os motivos. Don Giovanni é tudo que o conde quer, é covarde demais para ser; ele é o conte realizado. Não há mais uma linha divisória entre virtudes públicas e pecados privados. Don Giovanni é o libertino declarado que não oculta sua imoralidade sob a aparência da moral e da misericórdia, mas, ao contrário, a coloca como sendo seu programa. O estranho e até mesmo surpreendente é que os dois têm em comum seus esforços vãos de sedução: o conde não consegue seduzir a criada e Don Giovanni não consegue conquistar a camponesa Zerlina – ele pode ser um amante experiente, mas no palco ele sofre o fracasso bem diante de nossos olhos. O conde confunde sua própria esposa com a amante e o mesmo acontece com Don Giovanni, que não reconhece Dona Elvira.

A inversão mais importante, no entanto, acontece no relacionamento entre senhor e criado. Como já mencionamos anteriormente, Leporello, sendo um covarde glutão e egoísta, é o representante da economia da sobrevivência, tanto no que diz respeito à sua astúcia para cuidar de seus interesses particulares quanto no que se refere à sua subordinação às normas e às opiniões reinantes. Ele é, para colocar a questão de forma clara, o representante do princípio da realidade, que é para Freud simplesmente nada mais que a extensão do princípio do prazer; assim, ele é o nosso próprio representante, que, enquanto espera diante da casa em que seu senhor tenta levar a cabo uma sedução, introduz a ópera, determinando desse modo nossa perspectiva. Por outro lado, Don Giovanni, sendo um senhor destemido que não quer renunciar a nenhum desejo e não quer nada menos do que todas as mulheres, representa o momento além do princípio do prazer. Esse é seu paradoxo: ao seguir de modo tão inflexível o princípio do prazer ao qual ele se recusa a renunciar, ele leva esse princípio a um extremo, a uma atitude ética em cujo nome ele finalmente está disposto a morrer (ver Žižek 1991: 115-116). Essa atitude ética indica uma autonomia absoluta do sujeito, rebelando-se contra a ordem existente, seus princípios morais e seus argumentos religiosos (tradicionalmente, Don Juan era apresentado não apenas como um mulherengo, que não seria o pior de tudo, mas também como um ateu). Ele não apenas infringe as leis morais humanas e os mandamentos de Deus, ele também infringe "a lei divina", no sentido do termo existente em Antígona. Isto é, ele infringe a lei que dita o enterro dos mortos, sua intocabilidade, sua santidade, ele viola o espaço simbolicamente atribuído a eles. A profanação precisamente dessa lei é a sua ruína; os excessos habituais não teriam sido o bastante. Afinal de contas, foi em um duelo que ele matou o comendador, o pai de Dona Ana; a profanação verdadeira é ter perturbado sua paz após a morte e ter desrespeitado o lugar simbólico designado para os mortos.

No entanto, Don Giovanni assume uma postura ética que poderia ser interpretada de acordo com a frase de Lacan "*ne pas céder sur son désir*" (não ceder sobre o seu desejo, algo que Kierkegaard já sabia, como vamos comprovar mais tarde). O perturbador a respeito dele não é que tenha uma enorme quantidade de mulheres – se supõe que todos os aristocratas façam isso – mas que ele eleve a perseguição do prazer ao nível de um princípio ético e que prefira morrer a ter que renunciar a ele.

Para Don Giovanni, não há reconciliação e não há misericórdia. Comparado com o *finale* de *Figaro*, a situação é oposta. Mozart cita a si mesmo duas vezes: no começo do final, faz uma paródia de si mesmo e, com aparente inocência, coloca a famosa melodia de *Figaro* como entretenimento durante o banquete. Isso, porém, serve apenas para anunciar outra citação mais importante, já que, assim como o conde, Don Giovanni diz "Não" seis vezes. Não em recusa a outorgar misericórdia e perdão (caso do conde), mas em recusa de suplicar e obtê-los para si mesmo. A estátua do comendador o desafia a se arrepender e a conseguir a redenção para salvar sua alma e ganhar a continuidade dentro da comunidade. A chamada do remorso, "*Pentiti*", é repetida quatro vezes, incitando-o a assumir uma atitude de "*humiltà o supplicatione*" – a atitude da qual falava Monteverdi, a atitude de humildade, imploração e lamento, a única que pode despertar a misericórdia (ver Nagel 1985:52). Don Giovanni não é um senhor cujo status depende de conceder misericórdia, de mostrar *clemenza*; ele se submete apenas à lei do seu desejo. É o senhor cruel, e não há misericórdia que possa ser concedida a ele. Tanto conceder misericórdia quanto suplicar por ela exigiria que ele renunciasse ao seu desejo.

Consequentemente, Don Giovanni é uma condensação de duas coisas. Ele é a própria quintessência da velha ordem, assim como o conde, mas sem disfarce e levada ao extremo. Ele exige para si privilégio absoluto, não o *ius primae noctis*, mas o direito a todas as noites. Ele aparece como a imagem arcaica do verdadeiro senhor, em oposição ao senhor que precisa se esconder atrás da misericórdia e da magnanimidade, ou, pior ainda, que é forçado a pedir perdão. Desse modo, ele personifica a velha ordem de privilégio absoluto contra quem se dirige a cruzada do Iluminismo, mas ele também personifica o sujeito autônomo que é a pedra angular do Iluminismo. Ele é seu próprio legislador, obediente apenas ao próprio desejo, e no final se rebela contra a velha ordem de um modo muito mais radical do que qualquer burguês se atreveria a fazer. Enquanto *Figaro* termina no espírito de *liberté, égalité, fraternité*, para Don Giovanni a *liberté* é colocada além da *égalité* e da *fraternité*, e em oposição a ambas, em uma área onde a liberdade pura coincide com a maldade pura.

Essa condensação também pode ser vista do seguinte modo: enquanto o conde era uma figura paterna (um pai corrupto, mas mesmo assim, ou até por isso mesmo, um pai), Don Giovanni é uma representação do filho [47]. Ao ser a personificação do senhor por excelência, ele pode ser apenas, paradoxalmente, um filho, um filho rebelde que exige para si todos os privilégios do pai de um modo muito mais radical do que o modo que o pai se atreveria a usar. A figura do pai volta como a estátua viva do pai morto, que no fim celebra uma vitória ambígua – o filho é condenado e vai para o inferno, recusando-se a se arrepender e a transigir, o que também mostra que o pai não pode mais ser o senhor, em função da autonomia do filho.

Don Giovanni, essa condensação paradoxal, fica no centro da ópera. É onipresente, a força motriz por trás de toda a ação. Ao mesmo tempo, não se consegue pegá-lo, ele escapa de todas as armadilhas criadas para ele até que voluntariamente estende a mão para a estátua do comendador, mantendo sua palavra pela primeira e última vez na vida, honrando a natureza vinculadora de seu convite. Mas ele é impossível de agarrar não apenas no que diz respeito à trama, mas também pelo fato de que lhe falta uma identidade musical. Contrariamente à convenção operística habitual, Don Giovanni não tem uma ária introdutória onde possa explicar sua atitude e suas intenções. Sua famosa "ária do champanhe", um presto que mal dura um minuto e meio, é realmente como champanhe – apenas bolhas de aparência elegante. Ele canta outras duas árias, a serenata "*Deh, vieni alla finestra*" (Venha até a sua janela [2.17]) e "*Meta di voi quà vadano*" (Metade de você vai por esse caminho [2.18]), disfarçado de Leporello. A primeira ária é uma paródia de sedução, e a segunda é uma "ária de ação", ou seja, não é uma ária no sentido estrito, mas instruções para ação. Nos conjuntos, também, ele muda constantemente sua identidade, seus estilos musicais e suas formas. Diversos musicólogos já destacaram essa característica: Noske (1977) mostrou que todos os protagonistas apresentam uma caracterização musical cautelosamente elaborada, exceto Don Giovanni.

> A imagem caleidoscópica de Don Giovanni é simplesmente a aplicação negativa do princípio da caracterização individual. Nosso herói não tem a homogeneidade dos outros, simplesmente porque sutilmente se adapta a qualquer situação. Algumas vezes, ele até se transforma dentro da mesma cena, como no quarteto do primeiro ato. Flexibilidade é sua arma mais importante na luta pelo poder. Porque um Don Giovanni consistente não seria capaz de dominar seus oponentes nem de convencer a nós, seu público". (Noske 1977:41); ver também 85-86, 320) [48].

Essa falta de identidade no centro dramatúrgico e musical da ópera permite que tudo gire ao redor dele, ao mesmo tempo em que o situa fora da comunidade e de suas relações codificadas. Isso também supõe que ele possa constituir o ponto de contato para diferentes segmentos da comunidade: com o seu *"È aperto a tutti quanti, Viva la liberta!"* (Este baile está aberto a todos, viva a liberdade!), representantes de todas as classes e categorias sociais se reúnem no banquete no final do primeiro ato, pessoas que não teriam condições de celebrar algo juntas de outro modo (sua presença simultânea é representada de forma brilhante por três orquestras que tocam três danças diferentes ao mesmo tempo: minueto, alemanda e contradança). Além disso, também é possível encontrar mulheres de todas as categorias sociais e naturais em sua lista de mulheres. Ele ocupa a posição na borda da comunidade, para além de categoria e classe.

Sua descontinuidade para com a comunidade é insuperável; ele não pode ser incorporado. Mais exatamente, a comunidade, indo além das diferenças de status, constrói uma lealdade contra ele, uma estranha aliança entre Dona Ana, Dona Elvira, Don Otavio, Zerlina, Masetto, e finalmente, até mesmo Leporello. Foram capazes de unir forças e de se tornarem iguais apenas em seu esforço de confrontar Don Giovanni, em sua tentativa de excluí-lo. E ele só pode ser excluído pela velha ordem, pela ordem baseada na autoridade da transcendência e na autoridade do pai – é precisamente o pai morto, que volta como transcendência e se ocupa das sanções morais, que o mata. A punição para o rebelde que levou a autonomia a sério demais é finalmente levada a cabo em nome da nova comunidade, que une forças com a insígnia da velha ordem, o morto vivo da estátua. A nova ordem que está chegando e a velha ordem que está desaparecendo formam uma coalizão contra o inimigo comum. Mas mesmo esse acontecimento não consegue reconciliar a comunidade que, na última cena, fica sozinha após a queda de Don Giovanni, com uma paródia do final feliz que não consegue ocultar o mal-estar. Eles eram uma comunidade unicamente em sua oposição a Don Giovanni, portanto, sem ele, perdem sua base [49].

Se o conde em *Figaro* tivesse tido a coragem de ir até o limite, ele teria sido Don Giovanni; se o sujeito autônomo ilustrado tivesse a coragem de ir até o limite, ele seria Don Giovanni também. Os dois coincidem nele. Por um lado, ele corporifica o poder da nova subjetividade, que paradoxalmente assume a forma do último aristocrata verdadeiro; Don Giovanni é sua cara destrutiva. Por outro lado, a transcendência aparece na forma do convidado de pedra sem a máscara da misericórdia, como a força da vingança, a aliança entre o paraíso e o inferno. Tudo isso faz de *Don Giovanni* a mais ambígua das óperas de Mozart.

A Ópera na filosofia: Mozart e Kierkegaard

Atualmente, é lugar comum considerar Don Juan um mito moderno [50]. Tirso de Molina criou sua primeira versão em 1630, na época de Galileo e de Descartes e do surgimento da ópera como gênero. Molina chamou sua obra de *El burlador de Sevilla*: o gozador, o zombador, o vigarista, o mulherengo de Sevilha (aquele que prega peças, em resumo o "Barbeiro de Sevilha"). Essa versão será seguida por inúmeras outras que – como aprendemos com Lévi-Strauss – deveriam ser analisadas em conjunto como as muitas transformações do mesmo mito. Deve-se encontrar sua "matriz de permuta" e não procurar por um suposto original ou uma personificação privilegiada. A versão de Molina pode ser o começo, mas não é a original, ele apenas combinou elementos que já estavam presentes antes em contos populares castelhanos, peças de fundo moral medievais e assim por diante. Não obstante, as origens do mito e seu fascínio acompanham o surgimento da subjetividade moderna como uma forma de parábola metafórica sobre seus estados e limites.

Este mito teve que esperar por um cristão devoto como Kierkegaard para ser levado tão a sério quanto ele merece. Kierkegaard nos interessa acima de tudo porque considerava a *Don Giovanni* de Mozart como a versão privilegiada, absoluta do mito e a única verdadeira, e tentou integrar o mito em um horizonte ao mesmo tempo histórico e metafísico. Escrever outro Don Juan depois de Mozart é como pretender escrever uma Ilíada após Homero; a versão de Mozart é final e insuperável, alcança uma harmonia completa entre conteúdo e forma (Kierkegaard 1992:50). Nunca antes, nem depois, uma ópera foi submetida a uma reflexão filosófica tão extensa. Kierkegaard dedicou aproximadamente 150 páginas de seu trabalho *Either/Or* a ela, e sua alma poética não conseguiu evitar efusões líricas:

> Mozart imortal! Tu, a quem eu devo tudo, a quem eu devo a perda da minha razão, a maravilha que dominou minha alma, o medo que tomou meu ser mais profundo; tu, que és a razão pela qual não fui pela vida sem que houvesse algo que pudesse me fazer tremer; tu, a quem agradeço pelo fato de que não terei morrido sem ter amado, embora meu amor fosse infeliz... Sim, levá-lo embora, apagar seu nome seria derrubar o pilar que até o momento impediu que tudo colapsasse para mim e se tornasse um caos infinito, um nada espantoso." (51)

É preciso entender que Don Juan é um herói cristão por excelência:

> Já que a sensualidade em geral é o que é negado, salta aos olhos primeiro, é postulado primeiro, através do ato que a exclui ao se postular o princípio oposto, positivo. Como um princípio, um poder, um sistema em si mesmo, a sensualidade foi postulada primeiro com o Cristianismo... Porém, se se deseja realmente entender a proposição de que o Cristianismo introduziu a sensualidade no mundo, deve ser entendido igualmente com o seu oposto, que foi o Cristianismo que perseguiu a sensualidade e a manteve fora do mundo". (64-65).

Na Grécia antiga, a sensualidade não era um problema, na medida em que aquela cultura "postulava a sensualidade sob a categoria de espírito"; para os gregos, "sensualidade definida espiritualmente" (65), e eles se esforçaram para alcançar a harmonia entre sensualidade e espírito. Deuses e humanos podiam se encontrar na esfera de Eros, e o próprio Eros era um deus, um espírito. Don Juan nunca poderia ter sido um herói da Antiguidade. Mas o Cristianismo, ao afirmar energicamente o princípio da espiritualidade, trouxe à tona seu oposto como consequência – algo que excluiu, mas que "passa a existir por primeira vez através de sua exclusão" (65). É unicamente a exclusão que torna possível a existência com um significado enfático.

Don Juan é uma figura com vocação sensual, a personificação do princípio oposto. Como personificação de um princípio, ele pertence à Idade Média; como um "pecador em uma questão de princípio" emblemático, ele pode ser posto na mesma categoria de outras figuras alegóricas como o Cavalheiro, a Dama, Mammon, o Homem Comum, e outras. O surgimento dessas figuras alegóricas é um produto da imposição histórica do princípio espiritual cristão. Mas foi preciso esperar até o final da Idade Média para o seu nascimento, porque a sensualidade medieval ainda era prisioneira do erotismo da cavalaria, das trovas e da estática do amor cortês; essa era uma sensualidade procrastinada. Esse amor era espiritual demais, próximo demais ao amor helênico, e só o seu declínio tornou possível a sensualidade pura. Ainda assim, a Idade Média gerou o mito do monte de Vênus [51] como um lugar de libertinagem desenfreada, onde "a linguagem não tem lugar, nem a sobriedade do pensamento, nem o laborioso trabalho da reflexão. Tudo o que se ouve é a voz elementar da paixão, o jogo dos apetites, o estrépito selvagem da embriaguez; indulgência, apenas, em um eterno tumulto. O primogênito deste reino é Don Juan". (Kierkegaard 1992:96).

Após o desaparecimento do universo medieval, o herói de pura sensualidade demoníaca podia subir ao palco.

Esse princípio somente pode ser expresso na música:

> É aqui onde a importância da música é revelada em sua valia total, e em um sentido mais estrito também se revela como uma arte cristã, ou melhor, como a arte que o Cristianismo postula excluindo-a, como o meio para qual o Cristianismo exclui e desse modo postula. Em outras palavras, a

música é o demoníaco. Na vocação erótica sensual, a música tem seu objeto absoluto"(68).

Só no desenvolvimento do Cristianismo a música pode revelar o total de seus poderes; como oposto e antítese do Cristianismo, como a esfera de sensualidade e prazer. Os gregos não poderiam ter conhecido nem a sensualidade, nem o prazer, nem a música, porque ainda não conheciam o pecado.

A música é uma esfera além da linguagem; a música define as limitações da linguagem. A linguagem como a esfera do espírito, das ideias e da reflexão tenta reduzir sua materialidade sensual ao mínimo, a um mero "meios e ferramentas". A poesia é consciente dessa materialidade e eleva a linguagem à música como seu limite superior, mas a música é ao mesmo tempo o limite inferior e superior da linguagem, sua desintegração em vozes. "Sempre que a linguagem chega ao fim, eu caio no musical" (73). Se a música é o limite inferior e o superior da linguagem, seu começo e seu fim, isso ocorre porque "a música sempre expressa o imediato em seu imediatismo... Na linguagem, há reflexão, portanto a linguagem não pode expressar o imediato" (74). O imediatismo sensual necessariamente se perde na linguagem e só pode ser encontrado na música; somente a música pode se referir ao "objeto absoluto". E aí podemos ver Kierkegaard unir-se a Hegel, seu grande antagonista, o oponente perfeito. A única diferença é que Kierkegaard interpreta a dialética de Hegel do senso-certeza, como está descrito no capítulo de abertura do *Phenomenology of Spirit*, como um tratado sobre música, desenvolvendo a mesma tese. A respeito do que não se pode falar, pode-se fazer música.

A música pode ser um meio do espírito? De onde vem seu papel único nos rituais cristãos e seu ímpeto poderoso na música sacra? Para Kierkegaard, não há dúvida e não há acordo: "Quanto mais forte for a religiosidade, mais se renuncia à música e se reforça a palavra" (77). A música pode ser a contraparte do sentimento religioso subdesenvolvido que ainda está preso na sensualidade, ou seja, em um sentimento religioso não cristão. Os presbiterianos são conscientes disso, já que "consideram o órgão como a gaita de foles do diabo, que adormece as reflexões sérias, assim como a dança entorpece as boas intenções" (77).

Existe então uma relação inerente entre a música e a sensualidade e, por extensão, entre a essência da música e a essência de Don Juan; a ideia de música alcança sua complementação na ideia de Don Juan. Sendo assim, nenhuma outra versão pode competir com a versão de Mozart, e nenhuma outra ópera de Mozart consegue realmente alcançar esse nível de realização. A inerente qualidade erótica da música é sedutora e efêmera como a sensualidade e, em virtude disso, absoluta: "No particular, o desejo tem seu objeto absoluto, deseja o particular de modo absoluto" (90). Pode existir apenas em um momento e para o momento, mas aí é absoluto. Por essa razão, Don Giovanni não pode ser individualizado – Don Giovanni não é um indivíduo:

> "Quando ele é interpretado na música, por outro lado, não tenho um indivíduo específico. Tenho o poder da natureza, o demoníaco, que logo se cansa de seduzir" (99). "O amor da alma é uma continuação no tempo, o amor sensual é uma desaparição no tempo, mas o meio que expressa isso é precisamente a música" (102). "Porque sua vida é a soma de momentos que se repelem mutuamente e que não têm coerência alguma" (103).

Como sensualidade, Don Giovanni é o princípio puro da não identidade, já que somente a linguagem é capaz de definir a identidade, dando a ela prosseguimento, pagando o preço de perder o momentâneo e o sensual, e a partir de então é possível falar de espírito e moralidade. Como uma força de sensualidade demoníaca, Don Giovanni é inerentemente não idêntico a si mesmo; sua única identidade é a eterna transformação, em uma determinação puramente negativa – sua única lealdade é a repetição incessante da deslealdade. Ele luta pelo objeto que é sempre transitório e transformável, no entanto, precisamente por isso sempre idêntico e absoluto. Todas as mulheres são iguais para ele: elas são sempre diferentes, claro, mas personificam o mesmo objeto elusivo e absoluto. Don Giovanni não tem existência própria; está sempre correndo de si mesmo. Se Kierkegaard tivesse elogiado Mozart como o único pilar que sozinho o protegeria contra o caos e o nada, então esse pilar parece estar ali como o algo mais próximo do caos e do nada, para além dos limites de identidade – a personificação musical daquilo que não pode ser personificado.

Então, Kierkegaard parece concordar de modo pouco usual com as opiniões musicológicas mencionadas anteriormente, que afirmam que Don Giovanni não possui uma identidade musical e que, consequentemente, só está presente como uma força musical implacável através do efeito que ele produz nos outros. "A própria vida de Don Giovanni é o princípio da vida deles" (Kierkegaard 1992: 128). Ele é seu denominador comum. São definidos através dele; ele os mantém juntos e estabelece uma comunidade, da mesma forma que planetas escuros recebem sua luz do sol (133). Quando, por exemplo, dona Elvira canta, o público não precisa ver Don Giovanni; eles o ouvem em Elvira porque é ele que canta através dela (131). Ele é a música que mantém a todos fascinados; não conseguem sair do seu círculo em virtude do poder da música que coincide com ele.

Don Giovanni deveria ser condenado por ser mulherengo, por ser um pecador demoníaco? A resposta de Kierkegaard é paradoxal. Ele está acima de qualquer ética ou moral, é seu limite absoluto, algo que é excluído do ético de forma inata. A ética só pode ser aplicada quando o caráter esquivo do sensual é fixado, definido por uma identidade e pela permanência. Mesmo rotulá-lo como um sedutor já é demais, porque a sedução pede uma estratégia, uma reflexão, um plano; acontece em primeiro lugar na esfera das palavras. "Um sedutor, portanto, deveria estar em posse de um poder que Don Giovanni não tem, não importa o quão bem equipado ele esteja em outros campos: o poder da palavra... O poder de um sedutor desse estilo é o discurso, ou seja, as mentiras" (106) [52]. Mas Don Giovanni seduz apenas pela força do desejo – ele deseja e isso é suficiente – e o fato de que ele não renuncia a esse desejo o torna irrefreável. O sedutor reflexivo, a contraparte de Don Giovanni, obteve a personificação enfática e paradigmática no texto de Kierkegaard , "O diário do sedutor"(que é incluído como uma parte especial em *Either/Or*). Nesse texto, encontramos um sedutor que traça planos detalhados, pensa minuciosamente sobre estratégias adequadas e encontra prazer estético em cada etapa do processo do próprio adiamento da consumação sensual. Seu deleite está em refletir sobre o prazer, no adiamento (quando Cornelia finalmente se entrega a ele, perde todos os atrativos aos seus olhos, e ele pode desfazer-se dela; o apelo estético se baseia apenas na dilação). Este sedutor literário usa seu charme em apenas uma moça, enquanto que seu colega musical seduz 2.065 (se a lista de Leporello estiver correta). Embora seu poder irresistível e inexprimível [53] faça as jovens infelizes e termine por destruí-las, "era uma jovem boba que não quis ser infeliz depois de ter sido feliz uma única vez com Don Giovanni" (108) – ela não queria ser realmente uma mulher. E há o jovem que não quis dar metade de sua fortuna nem de sua vida para ser Don Juan durante um ano – ele, também, não queria ser realmente um homem.—e só um cristão profundamente devoto poderia ter escrito algo assim.

Em sua essência, a ideia da música é a ideia de Don Juan; no entanto, a ideia de música só pode alcançar seu completo desdobramento dentro da ópera, e unicamente a ópera pode personificar sua essência. Se o poder de Don Giovanni reside unicamente em seu efeito – o efeito para o qual não é possível encontrar uma causa compreensível (e essa é a razão para sua falta de identidade) – então esse efeito pede a encenação da performance. O imediatismo não pode ser mostrado diretamente, mas sua representação na performance já é uma forma de mediação e assim é a sua perda. Através da performance, ele já é traído, refletido, repercutido. Don Juan, porém, é "uma especificação interna e por isso não pode se tornar visível deste modo nem se revelar em formas corporais e seus movimentos" (Kierkegaard 1992: 114). Se a sensualidade deve estar no nível de sua definição, deve ser uma sensualidade invisível, porque os olhos estragam a sensualidade e a reduzem a algo meramente externo. Kierkegaard ouvia música de olhos fechados, e embora primeiro tivesse tentado achar um lugar perto do palco, pouco a pouco foi se afastando e descobriu que quanto maior a distância dos artistas, melhor ele entendia a música: "Fico do lado de fora, no corredor, me encosto no tabique que me separa do auditório e então a impressão é mais poderosa; é um mundo em si mesmo, distante de mim, não consigo ver nada, mas estou perto o suficiente para ouvir e no entanto estou tão infinitamente longe" (129).

O objeto absoluto de sensualidade só pode ser o objeto interior. Ter um ator interpretando o papel de Don Giovanni no palco já é excessivo, porque o ator outorga a ele a consistência de uma figura e de uma forma. O verdadeiro correlato da sensualidade é a música; todo o resto trai através de características positivas. "Mozart constantemente interpreta [Don Giovanni] de modo ideal, como vida, como poder, mas de modo ideal em oposição à realidade" (144). A ópera, ao ser o único verdadeiro espaço da música, é também o espaço de uma representação impossível, a evocação do objeto impossível.

Como Don Giovanni pode ser impedido? Onde é seu limite? Nenhum poder profano ou mundano pode tocá-lo; seu limite é unicamente o espírito: "um espírito, um fantasma, é uma reprodução, esse é o mistério na volta: mas Don Giovanni pode fazer tudo, pode suportar tudo, exceto a reprodução da vida, precisamente porque ele é vida sensual em seu imediatismo, a negação do que é espírito"(121).

O espírito não é mundano; é transcendente, supra-sensual, e como tal, só pode ser corporificado na pedra, no elemento de permanência: "O espírito é um osso", diz Hegel (1977:260), e "O espírito é pedra", afirma Kierkegaard. Como duplicata da vida, é a reprodução de sua transitoriedade na qualidade de permanência; é a vida paralisada e mortificada. O espírito não pode ser perfurado, uma pessoa morta não pode ser assassinada e um fantasma não pode ser morto. O espírito como pedra é estagnação absoluta, identidade eternizada confrontando a força demoníaca da não-identidade. A materialidade não material do espírito duro como uma pedra; a sensualidade não-sensual chega a seu limite na transcendência sensual. Se, porém, o espírito é pedra, então também é uma pedra que está se movendo e ainda vive – e isso precisamente a torna sensualidade transcendente – o espírito é morte e não pode morrer, que continua a viver como pedra. O elusivo e intangível objeto da música e da sensualidade encontra seu lado reverso negativo aqui – o objeto da fixação, da estagnação, o reino entre duas mortes.

Kierkegaard nunca pára de nos confundir, em sua ânsia por estabelecer consequências extremas [54]. Seu Don Giovanni está além da linguagem e do significante, [55] no reino do deleite, o que – e aqui ele concorda com Lacan – não é acessível ao significante como tal. Ele persegue constantemente esse objeto impossível, sempre o mesmo e sempre diferente, e ao mesmo tempo ele se torna esse objeto para os outros, a promessa do deleite. O fato de ele se recusar a renunciar ao seu desejo o transforma no elusivo objeto de desejo. Não renunciar ao próprio desejo em última instância transforma desejo em impulso, em uma pura compulsão para repetir. O deleite se transforma em uma repetição mecânica – o que não pode ser colocado em palavras se repete; o que é único (isto é, sensual) só pode ser repetido. O impulso gira ao redor de seu objeto, pode encontrar satisfação apenas na repetição infinita, e o desejo levado a esse ponto extremo enfeitiça os observadores. Assim, o desejo de prazer é transformado em uma atitude ética que vai além do princípio do prazer. A ética se baseia em permanência e identidade e, a partir disso, em uma economia de renúncia, através da qual ela finalmente serve ao princípio do prazer de modo indireto. Don Giovanni representa uma atitude ética além dessa ética, uma repetição pura além da identidade. O limite dessa repetição que rodeia o objeto elusivo é finalmente o objeto em si mesmo, em sua fixidez como sua determinação em seu oposto: quando o objeto é encontrado, é letal.

Kierkegaard é importante para o nosso projeto em vários aspectos. Ele também tentou situar Mozart a partir da definição de música e, portanto, a partir da definição de ópera. Começamos a partir da pressuposição de que na ópera a música alcança sua própria apresentação auto-reflexiva, e assim, ao encenar e desempenhar seu próprio prazer, reflete que o que é transcendido por seu poder supostamente irresistível. Recorre-se à música quando todos os outros meios e estratégias falham – é só pela música que se consegue dobrar o Outro, obter misericórdia e produzir amor. Só a música pode ir além do social, até a natureza e aos deuses. Mas se na tradição operística, até chegar a Mozart, esse poder da música se traduzia imediatamente no poder redentor do amor, que encontrava sua expressão no ato final de misericórdia ou no ato final de casamento, então a música, na visão de Kierkegaard, em primeiro lugar é o poder demoníaco da sensualidade, a esfera excluída do espírito e do amor, a esfera que vai além da misericórdia. Kierkegaard também acreditava que o poder da música ultrapassa toda as estruturas e argumentações racionais, mas na opinião dele essa transgressão ocorre em uma direção radicalmente oposta. A questão não é se se estende aos deuses e à natureza, como em Orfeu; ao contrário, enquanto alcançar a natureza por apresentar pura força motora natural e sensualidade, fica o mais distante possível de Deus. A verdade do amor e da misericórdia é Don Giovanni, o ser além do amor e da misericórdia como uma autêntica personificação da música. Em última instância, misericórdia e amor são apenas uma máscara da natureza demoníaca da música, seu disfarce traiçoeiro. Mas isso sujeita a música – e, portanto, a ópera como sua autêntica personificação – a uma ambiguidade radical, a uma ambivalência fundamental: a maior força do amor e da misericórdia coincide com seu excluído oposto, com a menor força demoníaca da sensualidade, com a maldade radical. Parecia que a música chegaria a Deus ao mesmo tempo em que traria amor e reconciliação para a comunidade, mas o que acontece é que pode ser nada além da mais sublime invenção de sua contraparte demoníaca. Será que a música vem do Diabo? Se a música tem o poder de fazer o Outro ceder não por causa de sua sublimidade, mas sim por causa de sua natureza erótica e sensual, então é capaz de dobrar o Outro unicamente por se aliar com o poder demoníaco para seduzir o Outro. A música não é o poder sublime capaz de domar a natureza; em vez disso, representa o triunfo da natureza sensual sobre o espírito. Aqui a "*Acheronta movebo*" de Orfeu alcança o seu oposto, sua ambiguidade freudiana. O sujeito aniquilado que perdeu tudo, em sua atitude de *humiltà o supplicazione*, em seu lamento dirigido ao Outro, não perdeu ainda realmente tudo e só parecia estar aniquilado – conservou a voz, a música e desse modo a conexão mais sutil com a sensualidade demoníaca, sua quintessência.

Assim como Bach, Kierkegaard vem de uma origem protestante; ao contrário de Bach, que simplesmente ignorou ou evitou a ópera, Kierkegaard a elevou a uma posição paradoxalmente privilegiada, à posição do antípoda paradigmático da ética e da religião – mas alguém que não consiga se entregar completamente ao fascínio da ópera também deve permanecer em silêncio no que diz respeito à ética e à religião.

E voltando à filosofia, pode-se dizer que a ópera também vai além da filosofia, e a filosofia, como o Cristianismo, precisa excluí-la como fascínios sensual para constituir seus conceitos. No entanto, com o mesmo gesto, também traz à tona e evoca seu objeto impossível. A filosofia também criar aquilo que exclui. Parafraseando Kierkegaard, a filosofia moderna introduziu a ópera no mundo.

La femme machine

O final de *Figaro* promete: "*Tutti contenti saremo cosi*", apresentando um ponto de partida feliz e utópico para a ordem burguesa, o desaparecimento do senhor, a Revolução Francesa na música, a reconciliação de uma nova comunidade. Um futuro feliz brilhante se avizinha no horizonte. Mas apenas um ano depois, o final de *Don Giovanni* mostra uma nova cara. Não pode haver reconciliação com o devasso que personifica todos os privilégios da velha ordem; não há misericórdia para ele e nem há perdão. Não pode haver reconciliação com o momento de sua autonomia absoluta, com sua forma radical de questionar os valores sociais básicos, sua postura ética. Ele reúne em si a velha libertinagem e o momento do jacobinismo radical. A comunidade só pode ser redimida pelo retorno da transcendência, pela ressurreição da autoridade patriarcal da figura do pai e pela vingança do Além. A conclusão é mais destruidora do que redentora para a comunidade, uma sombra negra cai sobre o futuro brilhante.

Così fan tutte [56], a ópera seguinte de Mozart, é sem dúvida a mais estranha de todas. Durante os últimos dois séculos, nunca parou de provocar desassossego. Os *connaisseurs* de música clássica geralmente concordam sobre a suprema qualidade de sua música, mas é difícil chegar a uma unanimidade quando se analisa seu conteúdo, que continua parecendo bastante questionável e bizarro. Será que devemos simplesmente assumir a postura de que libretos de ópera são geralmente medíocres no que diz respeito à qualidade de qualquer modo e não devem ser julgados por seus próprios méritos, e devemos então esquecer isso e nos concentrar na música? Ou devemos insistir em que a ópera só faz sentido como uma *Gesamtkunstwerk*, e que é, por natureza, algo bem diferente de um concerto com figurino, e então um libreto questionável obrigatoriamente arruinaria a unidade necessária? Pode-se fingir que não se vê a ideologia dúbia da trama que permeia o todo? Nenhuma dessas atitudes consegue eliminar o problema que está subjacente essa ópera.

Così foi a terceira e última ópera que Mozart escreveu em colaboração com Da Ponte, e se a analisarmos como a conclusão de uma trilogia, uma síntese, por assim dizer, realmente oferece um fim extremamente bizarro para a série que começou com *Figaro* e prosseguiu com *Don Giovanni*. Mais estranho ainda é que foi escrita no mesmo ano da revolução e foi encenada pela primeira vez em janeiro de 1790, apresentando assim um estranho contraponto histórico. Se *Figaro* podia ser visto como um precursor direto da revolução e se Don Giovanni possuía uma ligação forte, ainda que ambígua, com seu momento histórico, nada poderia ser mais distante do momento histórico do que a facécia rococó e a artificialidade de *Così*, a obra errada no momento errado. *Figaro* e *Don Giovanni* logo se tornariam objeto de genuína admiração universal, colocadas entre os maiores feitos do espírito humano. O século XIX ficou fascinado pelo heróico novo começo da primeira e satisfez sua sede do demoníaco com a segunda (é bom lembrar de Byron, Kierkegaard, Pushkin, Hoffman), enquanto *Così* caiu no esquecimento. Os primeiros dois biógrafos de Mozart, Niemetzchek e Nissen, também foram os primeiros a deplorarem a discrepância entre a música e a trama [57]. "Nós nos perguntamos como Mozart pôde cair tão baixo a ponto de desperdiçar suas melodias divinas em um disparate tão ruim" (Nissen, citado por Gulke 1991: 254) e assim se abria comentário a temporada de lamentos que se estenderia pelo século [58]. Para salvar a música, houve diversas propostas para um libreto diferente (a tentativa mais famosa se baseava em *Love's Labour Lost*, outra opção foi sugerida com a *Dame duende* de Calderón etc.) ou pelo menos para modificar a trama de tal maneira que as duas damas percebessem a intriga no meio do caminho e só fingissem para fazer uma brincadeira com seus noivos (ver Hughes 1972: 187-188). Foi necessário a autoridade de Gustav Mahler para reabilitar a versão original depois de cem anos e começar seu renascimento ao longo do nosso século, embora o desassossego nunca tenha cessado.

É fácil ver as razões para essa desconfiança. A primeira é a óbvia falta de credibilidade psicológica dessa obra e sua construção tendenciosamente artificial. As duas damas podem ser tontas e vaidosas, mas é um pouco demais pressupor que elas se atirariam nos braços, no espaço de poucas horas, dos primeiros albaneses que aparecem na frente delas e que cairiam nos truques mais bobos. A trama é obviamente construída para provar uma teoria, sem levar em conta a verossimilhança. Os protagonistas não têm personalidade; o filósofo pode estar tentando provar aos mais jovens que seus maiores ídolos são mulheres de carne e osso, mas a trama acaba provando o contrário, mostra que são meras marionetes. É bem verdade que na ópera estamos preparados para acreditar em todo tipo de improbabilidades e também que a ópera é um absurdo em si mesma se for medida por padrões minimamente realistas, mas aqui o absurdo é maior ainda, dado o contraste com o cenário realista. *Così* é em realidade uma das poucas óperas (particularmente do primeiro período) que não é situada em um tempo e um lugar convenientemente mitológico e distante. Também não aparecem no palco deidades nem monarcas, é uma obra inteiramente contemporânea. A ação se desenrola em um cenário burguês de apartamentos napolitanos, jardins e cafés, e o público pode, por uma vez, reconhecer-se no palco. A impressão de artificialidade é reforçada pela simetria dos dois casais e pelas construções simétricas do todo. O segundo ato espelha o primeiro, cena por cena, e os dois compartilham a mesma organização interna (ver Mezzocapo de Cenzo e MacGabham 1991: 283-284, para uma visão mais detalhada).

A segunda fonte de reservas foi a óbvia imoralidade da história. Se *Figaro* e *Don Giovanni* condenaram e puniram os libertinos frívolos, pelo menos à primeira vista *Così* parece justificar um comportamento bastante questionável. A obra tenta provar uma tese que coloca na berlinda os elevados e intocáveis valores de amor, virtude e fidelidade. Mostra como é necessário pouco para minar esses ideais e desmascará-los como ilusões. Beethoven ficou horrorizado com o fato de Mozart aceitar um libreto tão dúbio e antiético, e Wagner considerava que um conteúdo trivial só poderia proporcionar música trivial e que o talento de Mozart havia lhe falhado dessa vez. Mas Wagner foi um dos pouquíssimos a questionar a qualidade da música [59] (e não se poderia esperar nada diferente de um partidário da *Gesamtkunstwerk*).

O terceiro ponto controvertido é mais recente e provavelmente não causou tantos problemas na época. *Così* é imbuída de uma atitude antifeminista que vê as mulheres como naturalmente predispostas à infidelidade e de virtude duvidosa. São percebidas como facilmente corruptíveis. A palavra não as ata, elas não têm supereu e quem confiar em sua fidelidade é tolo. E tudo isso vem da perspectiva tradicional que evidentemente coloca as mulheres para representar a natureza em oposição à cultura, emoção em oposição à razão, para personificar a parte instável e corruptível da natureza humana.

A reação a essas reservas generalizadas viria mais tarde. Nosso século viu surgir uma onda de ardentes admiradores que tentaram ver virtude em seus defeitos e quiseram interpretar suas aparentemente arcaicas características como um sinal de sua modernidade. Começou a circular a opinião de que *Così* era a mais mozartiana de todas as óperas de Mozart e que, portanto, serviria como uma marca d'água dos autênticos *connaisseurs*, como uma prova de fidelidade – os verdadeiros amantes de Mozart não sucumbiriam, como Fiordiligi e Dorabella, aos truques dos sedutores e de sua crítica fácil. No entanto, as desconfianças não desapareceram e enquanto *Figaro* e *Don Giovanni* continuam tendo um apelo universal imediato, *Così* parece precisar de interpretação, uma desculpa, uma justificativa, uma referência ao seu pano de fundo histórico, que em realidade são uma admissão de sua natureza limitada.

A máquina apaixonada

Vamos assumir como ponto de partida provisório *Die Entfuhrung*, a primeira das grandes óperas de Mozart e aquela com a estrutura mais transparente. É fácil ver alguns paralelos entre ela e *Così* no nível formal: nas duas óperas temos dois casais, que, em *Die Entfuhrung*, são postos em uma enrascada pelo paxá Selim e Osmin, o déspota e o vizir, marcando o limite social mais alto e o mais baixo, enquanto que em Così, eles são incriminados pelo filósofo Don Alfonso e por Despina, a criada. No pano de fundo desta estrutura abstrata, as diferenças logo se tornam óbvias. Os dois casais em *Die Entfuhrung* eram desiguais – havia uma diferença natural entre o casal de senhores (Belmonte-Constanze) e o casal de criados (Pedrillo-Blonde), uma estrutura que reapareceria mais tarde em *A Flauta Mágica*, com Pamina-Tamino e Papageno-Papagena, onde Sarastro e Monostatos apresentam novas encarnações de Selim e Osmin, e também, até certo ponto, em *Figaro* e em *Don Giovanni*, que exibem estruturas sexuais mais complicadas. O Paxá Selim, como corresponde, tenta seduzir a dama, enquanto Osmin busca fazer o mesmo com a criada. Em *Così*, no entanto, os dois casais são iguais em seu status e são, portanto, intercambiáveis. Não há monarcas nem aristocratas neste cenário extremamente burguês, o único traço da presença deles é a anedota de que a ideia para a história teria vindo de ninguém menos do Joseph II, que supostamente havia se inspirado em um acontecimento real. Embora a veracidade disso nunca tenha sido comprovada, persiste como um mito em toda a literatura sobre a ópera *Così* [60].

O casal externo, o filósofo e a criada, difere em status dos dois casais internos, embora a assimetria seja de um tipo muito diferente se comparada com *Die Entfuhrung* [61]. O status especial do filósofo se baseia no seu suposto conhecimento da natureza humana. É um agente das leis universais que reinam sobre o coração humano, o grande Outro em quem o Iluminismo continuamente buscava sua base: o conhecimento sobre os princípios da natureza humana que vão conduzir à fundação de uma nova ordem social. É isso o que torna possível sua aliança com a criada enquanto representante do senso comum, a espontânea *lumen naturale.* O filósofo fala de *"necessita del core"* (necessidade do coração); a empregada, sobre *"legge di natura"* (a lei da natureza). O senso comum pode se equiparar à visão do filósofo porque sempre duvidou dos grandes ideais, das palavras solenes e virtuosas, e sempre depositou sua fé em assuntos mais mundanos. Embora os dois pontos de vista tenham diferenças consideráveis, podem, não obstante, formar um casal insólito [62] e estabelecer uma coalizão de natureza teórica e material ao mesmo tempo.

Despina está posicionada com firmeza no território do princípio do prazer e do hedonismo generalizado. Uma mulher sábia sabe como descobrir prazeres e não se engana com ilusões de virtude. É macaca velha e já enganou mil (será que poderia ser uma rival para Don Giovanni, que se gabava de mil e três vítimas?) O filósofo, por outro lado, vê além do mero hedonismo e está muito mais focado no lado materialista e determinista da filosofia do século XVIII, representado emblematicamente por *L'homme-machine* (O homem-máquina), de La Mettrie. O lado oposto da liberdade é o determinismo. Por trás da altamente aclamada autonomia, se oculta um mecanismo inanimado; os sentimentos mais sublimes podem ser produzidos mecanicamente, provocados de forma experimental e artificial. Poderia parecer paradoxal que o século que tão enfaticamente glorificou a liberdade não pudesse evitar sentir, ao mesmo tempo, um fascínio total pelo aspecto mecânico, começando pelo autômato de Descartes coberto de chapéus e pelo autômato de Pascal, que inconscientemente carrega o espírito consigo, passando por La Mettrie e Vaucanson, e finalmente chegando à Olympia de Hoffmann, para mencionar apenas alguns. A boneca mecânica é uma metáfora e o contraponto da subjetividade autônoma; a auto-determinação autônoma e o autômato parecem ir de mãos dadas. *Le mort saisit le vif* (o morto agarra o vivo) – essa junção aparece para exemplificar o paradoxo do Iluminismo. E a crítica mais frequente e recorrente à *Così fan tutte* ao longo dos dois últimos séculos era precisamente que seus protagonistas eram meras marionetes [63].

Os intérpretes encontraram uma legião de precursores de Così no gênero tradicional de teste de fidelidade. A lista começa com as *Metamorfoses* de Ovídio (livro 7) [64], continua com Apuleius, Boccaccio (*Decameron* 2.9 e 8.8), o *Orlando furioso* de Ariosto (43, onde os protagonistas se chamam Doralice e Fiordespina), Cervantes e Tirso de Molina, e termina com os seguidores imediatos, as óperas de Grétry (*Céphale et Procris*, 1773) e Salieri (*La grotta di Trofonio*, 1785; libreto de Casti), com alguns paralelismos significativos que podem ser traçados com a obra de Laclos, *Les liaisons dangereuses* (1782). Mas se fosse preciso escolher apenas um autor que, com uma mão invisível mexia os pauzinhos em Così, esse autor seria sem dúvida alguma Marivaux. O libreto parecia sair diretamente de sua pluma, já que dá continuidade aos seus temas e obsessões apresentados em peças muito parecidas (*Le jeu de l'amour et du hasard, L'épreuve, Le triomphe de l'amour*, e assim por diante). Vamos escolher apenas um para o nosso objetivo atual, a peça de um ato *La dispute* (1744), em que vemos uma reunião aristocrática tentando resolver a controvérsia sobre quem foi infiel primeiro, o homem ou a mulher. Eles fazem uma aposta e decidem fazer um experimento: dois rapazes e duas moças devem ser educados longe da sociedade, ignorantes das diferenças sexuais e então confrontados no limiar da maturidade. A disputa, a aposta, o experimento – e finalmente o olhar da aristocracia, para quem o espetáculo é representado – são as mesmas raízes estruturais de *Così*.

Così fan tutte radicaliza a mensagem que Marivaux tendia a deixar ambígua. O amor não derrota tudo no final, com triunfo, mas sim, ao contrário, ele próprio é facilmente derrotado. É preciso muito pouco para manipulá-lo: uma pitada de ciúmes; um grão de dúvida; uma confissão de amor, a que é tão difícil de se resistir; um pouquinho de adulação; um falso sacrifício. Quando os dois oficiais fingem suas tentativas de suicídio por causa de amor não correspondido no final do primeiro ato, as duas damas, em uma espécie de paródia da misericórdia, não conseguem responder de outra forma que não com pena, e então estão perdidas. Há algo no amor que é mais como uma máquina do que um simples grupo de emoções imprevisíveis; há uma previsibilidade mecânica no seu surgimento que pode ser induzido experimentalmente. As mulheres, proverbialmente instáveis e imprevisíveis, são até agora a melhor encarnação dessa parte mecânica, *les femmes machines*, as marionetes.

É verdade, os homens também são infiéis, como Despina não se cansa de lembrar: "*In uomini, in soldati/ sperare fedeltà?... Di pasta símile / son tutti quanti* (esperas fidelidade/ em homens, em soldados? Todos eles/ são feitos da mesma matéria [1.12]). Despina acredita em *Così fan tutte*, justificativa suficiente para as mulheres "satisfazermos nossa conveniência e nossa vaidade". No entanto, a corruptibilidade dos homens parece ser de natureza diferente. Eles são agentes livres, livres, teoricamente, para aproveitar os prazeres e, neste caso particular, para testar as mulheres. Se as mulheres são como aparelhos mecânicos, então os homens os constroem. A história não consegue outra coisa além de se auto-contradizer e de provar o oposto do que afirma. A primeira infidelidade foi cometida por homens, eles jogaram a primeira pedra, sua virtude podia ser facilmente abalada pelo álibi duvidoso de um experimento científico, e seu lamento sobre a natureza feminina só pode ser hipocrisia. Eles são os artífices.

Mas há também um lado mecânico nos homens, que os nossos heróis estão obrigados a descobrir. O projeto teve que ser pago; construíram um mecanismo que não podiam controlar e no qual ficaram presos. Aparece aqui outro grande tema do Iluminismo: a crítica do *amour propre*, o amor-próprio, um tema com um longo pedigree, começando com Pascal e La Rochefoucauld. O amor-próprio tem que passar por o que em termos modernos poderia ser chamado de golpe no seu narcisismo. É preciso eliminar o impulso do auto-engano para realmente entender a natureza humana. O amor é outro disfarce para este auto-engano, e a perspectiva antifeminista mostra o outro lado dessa moeda. Os dois jovens conseguem provar a infidelidade das mulheres apenas pagando o preço de um duro golpe em seu próprio narcisismo, causando uma ferida em seus próprios egos. Eles experimentam o quão pouco é necessário para que seus status como ídolos e objetos de amor privilegiados se desmoronem. A intriga rococó de repente se torna dor e desilusão.

Há um momento sublime no começo do segundo final, que precede a cerimônia de casamento burlesca e as revelações que se seguem. É o famoso brinde *"E nel uo, nel mio bicchiero"*, escrito em forma de cânone, onde os novos casais celebram sua nova felicidade: "Em seu copo e no meu / que todas as preocupações se afoguem, / e que nenhuma memória do passado / permaneça em nossos corações". Fiordiligi, Ferrando e Dorabella cantam um após o outro, nesse momento de exaltação e olvido, enquanto que Guglielmo, quando sua vez chega, não consegue se unir à festa e manifesta seu amargo desapontamento e sua fúria: *"Ah, bevessero del tossico, / Queste Volpi senza onor!"* (Gostaria que estivessem bebendo veneno, / mulheres desprezíveis!). As primeiras três vozes seguem a forma canônica codificada, repetindo a mesma melodia, mas a quarta quebra a simetria e surge como um contraponto em segundo plano. O cânone, com sua identidade e intercâmbio de vozes, poderia ser interpretado como uma metáfora de obra altamente organizada, simétrica e codificada, contrabalançado por essa quarta voz excluída em segundo plano, que resume a dor latente de todos.

Há um momento sublime comparável no final de *Figaro*, o momento da reconciliação final, quando o conde pede o perdão e a condessa o concede, e a comunidade, junto com o conde, retoma a melodia da condessa, "*Tutti contenti saremo così*", em uma promessa utópica de uma comunidade restaurada de iguais. A sublimidade se produz pela extrema simplicidade do meio musical, um encantamento que soa arcaico, e pela diminuição do tempo musical, um tipo de suspensão da temporalidade que aponta para uma elevação além do temo, para a intemporalidade, uma eternidade de felicidade. É um momento de paralisação nesse final, onde os acontecimentos acontecem com uma velocidade suicida. Em *Così*, a sublimidade do momento é trazida à tona por características musicais similares: a forma arcaica do cânone, a mais simples e codificada de todas [65] e uma suspensão do tempo musical – o tempo é largueto, a mais lenta de todas as mudanças de tempo no final e uma das mais lentas da ópera inteira [66]. Mas a magia de vida curta se dispersa de repente com a abrupta transição para o allegro e com uma passagem do escuro Lá bemol maior para o harmonicamente distante e claro Mi maior, que anuncia a grotesca cena seguinte com o notário. Em *Figaro*, o momento de sublime paralisação era a conclusão da ópera, seu desenlace, com apenas uma rápida bravura como fim depois disso. A ópera terminava em uma nota de reconciliação e de promessa utópica, a obliteração e a resolução de todos os conflitos passados. Em *Così*, o final mal começou e ainda há uma grande quantidade de enredo e de explicações a serem desenvolvidas. O momento utópico se desmorona pedaço a pedaço, e a história finalmente termina com uma reconciliação muito ambígua, destituída de sublimidade. O olvido, a elevação, e a suspensão do tempo só foram possíveis em um momento de grande desapontamento, em que não se distinguia entre beleza e mentiras.

Figaro oferece uma perspectiva final de igualdade em que a comunidade se reconcilia consigo mesma. Ninguém precisa ser mandado para o inferno, como ocorre em *Don Giovanni*, para selar a nova união. Ninguém possui o status superior de exceção para generosamente conceder misericórdia aos outros, com em *Die Entfuhrung* ou em *Clemenza di Tito*. O vilão é perdoado e integrado. Mas o bordão da igualdade recebe um corolário inesperado em *Così*: igualdade é intercâmbio, com uma mulher se equivalendo a outra, e um homem também se equivalendo a outro homem [67]. Todos são substituíveis; não existe a subjetividade privilegiada, não há um objeto de amor privilegiado. *"Uno val l'altro, perchè nessun va nulla"*, afirma Despina – um é tão bom quanto o outro porque nenhum deles vale nada.

Um filósofo na ópera

Così fan tutte apresenta uma nova versão da popular comédia de erros e de identidades trocadas graças aos disfarces, modelo que fascinou com persistência os públicos do século XVIII. Podemos novamente citar Marivaux como o grande mestre do disfarce [68]. Pode-se mencionar o disfarce no último ato de *Figaro* e no segundo ato de *Don Giovanni*. Por trás deste imbróglio ubíquo, havia um conceito consistente do Iluminismo, uma reavaliação de valores: é suficiente que senhor e criado troquem de roupa entre si para que também permutem seu status social. As roupas fazem o homem – a ordem social alienada mede pelas aparências, não pelo valor intrínseco; julga pela imagem, não pelo mérito. Nós adoramos as roupas do senhor e as roupas são suficientes para que a dominação funcione. Este é um dos grandes temas do Iluminismo: ver através desse engano imaginário que perpetua a velha ordem e ultrapassá-la para chegar ao verdadeiro status da subjetividade, sobre o qual se fundaria a nova ordem. Essa ideia pôde se expressar com mais clareza com o intercâmbio de roupas entre senhor e criado [69] (*Le jeu de l'amour et du hasard*, de Marivaux, é o principal exemplo). Don Giovanni trocou de trajes com Leporello; a condessa, com Susanna. Mas em *Così*, a situação muda, porque a troca acontece entre dois sujeitos do mesmo nível social [70]. Os dois oficiais italianos e os albaneses não se diferenciam pela sua posição social, e seu disfarce diz respeito apenas à sua individualidade humana, ao seu status privilegiado de amante e amado. A mensagem talvez pudesse ser descrita da seguinte maneira: quando não há um senhor, todos são apenas substitutos para o sujeito único e são, portanto, intercambiáveis. Para Don Giovanni, todas as mulheres poderiam se reduzir a meros números, enquanto ele mesmo era único e insubstituível. Agora, os homens parecem ser apenas meros números também [71].

Mas se, com a expulsão do senhor, nos deparamos com este universo que não é especialmente tentador, onde todos estão presos em um lugar em que pensam que estão livres e são substituíveis, enquanto todos pensam que são únicos, então a mensagem do filósofo nesta difícil situação não é uma mensagem de hedonismo universal, nem de abandono, mas sim do oposto. *Così* tem como subtítulo *La scuola degli amanti*, A escola de amantes. O que o filósofo pretende é um processo de educação sentimental. A escola de amantes exige uma educação sobre a natureza humana, um desencantamento, uma perda de ilusões e de *amour propre* como condição prévia para o amor. É preciso romper com a cegueira e no engano que se agarram ao narcisismo do amor, e apenas este processo pode ser a base do casamento e da reconciliação. O filósofo, apesar das aparências, defende a instituição do matrimônio precisamente como uma defesa contra as deficiências da natureza humana. É preciso admitir as próprias limitações, rompendo desse modo o feitiço do imaginário, para desculpar essa parte de si mesmo mecânica e próxima da marionete que se oculta através dos sentimentos glorificados. Essa é a base sólida para o casamento.

Mas que amor é o amor verdadeiro? O que a música nos diz a respeito disso? Que sentimentos são genuínos, os primeiros ou os segundos? A resposta da música de Mozart pode parecer escandalosa, mas em minha opinião é inequívoca: todos os sentimentos são verdadeiros. Mozart adiciona uma boa dose de ironia aqui e ali, mas a dor da separação é verdadeira (o maravilhoso trio *"Soave sai il vento"* (1.10), em que o próprio filósofo não consegue escapar da melancolia) [72]; a insistência desesperada de Fiordiligi na fidelidade é verdadeira, como se estivesse escrita com sangue (o brilhante rondó 2.25); a felicidade e a exaltação dos novos apaixonados é verdadeira (os dois duetos passionais 2.23 e 2.29) – ou tudo isso não é mais do que uma ilusão? Pode-se ver *Così fan tutte* como uma personificação musical do paradoxo do mentiroso: onde a música é sincera, ela mente; onde ela mente, é sincera. Quando acreditamos, somos enganados, e as duas ações são indistinguíveis [73].

Eis a conclusão do filósofo: já que a individualidade e a autenticidade estão mesmo perdidas, já que o amor e a fé são laços sociais artificiais, é melhor admitir tudo isso e tolerar o laço artificial do matrimônio, a melhor proteção contra a deficiência da natureza humana. E é também por que as especulações recorrentes sobre os casamentos finais serem entre os novos casais e não entre os casais do início (ver, por exemplo, Hugues 1972: 186-187) [74] não vêm ao caso, embora o libreto não exclua explicitamente essa possibilidade. Mais do que um cínico, o filósofo é um moralista. Na reconciliação final que provoca, ele defende a ordem inicial, embora retroativamente seja uma ordem totalmente acidental e em nada melhor do que a segunda – ou melhor, não embora, mas sim *precisamente* por essa razão. Como um filósofo merecedor de seu status, ele defende a negação da negação. A posição inicial encontrou uma negação simétrica e invertida (antítese), isto é uma negatividade especular limitada. Pode-se transcender o estado inicial apenas se se volta a ele depois do abismo que se abriu desde então, se ele é afirmado como a sua própria negação, o imediatismo mediado trazido à tona pelo processo de *Bildung* (formação e educação interna). A ordem existente é totalmente arbitrária e a história demonstrou sua contingência, mas como tal é sua própria auto-negação, e a única solução contra a contingência é adotá-la incondicionalmente [75]. Don Alfonso oferece desse modo uma mão para La Mettrie e a outra para Hegel.

Così fan tutte, assim como *Figaro*, termina com um ato de perdão, embora sujeito aqui a um deslocamento que o torna uma espécie de paródia do perdão. Em *Figaro*, o conde humilhado pediu perdão diante da condessa vestida com as roupas da empregada e o perdão da mulher pôde reconciliar a comunidade. Aqui, as duas mulheres pedem perdão aos dois homens, embora a situação devesse ser a inversa, ou seja, eles é que deveriam estar ajoelhados diante de suas damas. Falta sublimidade ao momento do perdão; é ambíguo e provoca mal-estar, um mal-estar que impregna toda a parte final, que parece especialmente titubeante e vacilante, com dezesseis mudanças de tempo e nada menos que quarenta e oito fermatas. A promessa de uma comunidade utópica desapareceu, e não parece que *"tutti contenti saremo così"*. A sinceridade da contrição das duas damas pode ser genuína apenas se não for testada: *"Te lo credo, gioia bella, / ma la prova far non vo"* (Acredito em ti, minha bela, / mas não vou fazer a prova) [76].

A ambivalência do perdão é demonstrada por meios puramente musicais. Quando as duas damas assumem a atitude de expiação e remorso, e de súplica, seu motivo repete exatamente aquele do retorno falso dos dois soldados (final, compasso 372-383 e 476-479), na mesma tonalidade de Si bemol maior [77]. Se musicalmente todos os sentimentos eram autênticos, então o remorso, a contrição e o perdão também são autênticos? A repetição temática lança uma grande sombra sobre esses sentimentos e os colore de falta de autenticidade; o remorso repete o engano e o disfarce. Se o cânone se referia aos momentos sublimes e os condensava, seu arrependimento se refere à hipocrisia. A reconciliação é uma faca de dois gumes. Isso provoca a pergunta sobre qual poderia ser a contraparte musical do lado hegeliano da reconciliação, a parte de resignação? Pode ser posta em música com a mesma paixão e sublimidade de seu lado otimista em *Figaro*? Lá, a inocência mostrava sua magnanimidade ao perdoar o pecador, mas aqui ninguém é inocente. Talvez seja por isso que Mozart teve que colocar o momento de sublimidade em meio ao maior engano e deixou o gesto final com ambiguidade. A reconciliação não tem a força de *Ungeschehenmachen* (eliminação retroativa). que bruxuleava como uma promessa ilusória no brinde. O final permanece partido e pouco convincente, um anticlímax; "causa uma repentina diminuição do nível imaginativo" (Kerman 1957: 116), e a música não consegue sustentá-lo. Há um limite em que Mozart perde o controle da situação. E finalmente, vamos analisar a curiosa posição do filósofo na história. Ele começou a intriga, é ele quem move os pauzinhos dessas marionetes. Ele permanece como o único que não foi iludido, porque até mesmo Despina foi enganada (ela estava preparada para atirar as damas nos braços de seus novos amores, mas não percebeu sua troca de identidades). O filósofo atua como o agente do Outro, o conhecimento universal; ele instiga um experimento científico para provar uma tese geral. Mas há uma parte bastante dúbia nisso: sua neutralidade malévola ("é sua culpa, eu avisei"), sua observação aparentemente objetiva das deficiências humanas que ele ajuda a vir à tona.

Ele se apresenta como um simples instrumento das leis gerais da natureza humana, mas o que torna essa apresentação duvidosa é seu gozo e seu riso: *"Tutti quatro ora ridete / ch'io già risi e ridero"* (Vocês quatro podem rir agora / como eu já ri e vou rir de novo). Ele riu e vai continuar rindo, porque está acima das paixões e das fraquezas humanas, exceto pela última e mais insidiosa, aquela que se deleita em assistir ao espetáculo da fraqueza humana. Seu lado dúbio é em última instância o fato de que ele não é apenas um agente neutro da universalidade, mas é também o agente do olhar e do gozo do Outro, o olhar ausente do senhor para quem este espetáculo de deficiências humanas é finalmente encenado. As marionetes existem para o gozo do senhor, e o filósofo é em última análise o agente desse gozo, a quem ele secretamente serve – essa é precisamente a posição estrutural que na psicanálise define a perversidade. A anedota que conta que a ideia para a peça veio do próprio rei, embora provavelmente não seja verdadeira, é estruturalmente necessária – se não existisse, seria preciso inventá-la.

A ligação com o olhar e o gozo do Outro ainda estava claramente visível em Marivaux; ainda era possível vislumbrar sombras da corda que une as marionetes ao rei. Em *La dispute,* um parente próximo de *Così fan tutte*, a disputa surge no círculo real, e sua solução experimental é levada a cabo em *enfants sauvages* que encenam o tema para o gozo real [78]. Em *Così*, a presença palpável desse olhar desapareceu. O papel das pessoas do teste é assumido pelos dois homens que fizeram a aposta e que atuam como seus representantes ideais, enquanto o filósofo assume o papel do diretor que cuida para que a performance seja realizada, para grande satisfação do Outro. O olhar ausente dirige a obra com uma mão invisível cuja extensão é o filósofo [79].

Máquina e gozo

O que é esse uso de máquinas, mecanismos e autômatos, essa grande obsessão do Iluminismo? Primeiro, são mecanismos projetados meticulosamente e com habilidade para serem apresentados ao olhar do Outro e para servir ao seu suposto gozo. Lembremo-nos de Vaucanson, o famoso construtor do autômato, que fascinou os salões de Paris nos anos 1730-1750, precisamente no período da moda das comédias de Marivaux, apresentando seu *joueur de flûte*, que podia tocar doze melodias; seu *canard digérateur*, o pato digestor, e o modelo automático do sistema circulatório que foi financiado e patrocinado por Louis XV. Lembremo-nos das experiências pioneiras de Leonardo da Vinci, que construiu um leão com movimento que foi saudar – não é uma coincidência – Louis XII em sua chegada a Milão em 1499 e que mostrava no peito o emblema real, a flor-de-lis (Fiordiligi, fica-se tentado a acrescentar) [80]. Lembremo-nos das maravilhas mecânicas e hidráulicas escondidas nos jardins de Louis XIV para o seu gozo pessoal. Mais tarde, o autômato construído pelos Jacquet-Droz, pai e filho, na Suíça, entre 1760 e 1773, entre eles o desenhista que podia desenhar – o que mais, senão?—o retrato de Maria Antonieta [81]. E por último, mas não menos importante, o próprio La Mettrie, que elevou uma fantasia onipresente ao nível de um sistema filosófico e que encontrou o refúgio contra os processos na corte de Frederico, o Grande. O próprio imperador escreveu *Éloge de la Mettrie*, um panegírico para ser colocado na abertura de suas obras póstumas, e La Mettrie durante sua vida não economizou elogios para o imperador (a quem chamava de "O Salomão do Norte" e definia como um modelo para o governo ideal). Voltaire e Diderot nunca lhe perdoaram por ter o status de protegido do monarca (pode-se pensar em ciúmes, porque eles mesmos não eram muito melhores). Portanto, há uma conexão forte e bastante óbvia entre o autômato e o Outro representado pelo monarca.

Esse laço necessário foi destacado por Foucault:

> O grande livro do Homem-máquina foi escrito ao mesmo tempo em dois registros: o registro anatômico-metafísico, cujas primeiras páginas foram escritas por Descartes e que depois seria escrito por médicos e filósofos; e o registro técnico-político, que era formado por uma série de regulamentos e por métodos calculados e empíricos relacionados com o exército, com a escola e com o hospital, para controlar e corrigir as operações do corpo humano. Esses dois registros são bem diferentes, já que havia a questão, por um lado, da submissão e do uso e, por outro, do funcionamento e da explicação. Havia um corpo útil e um corpo inteligível. Mas, no entanto, há pontos de

> superposição entre um e outro. *L'Homme-machine* de La Mettrie é tanto uma redução materialista da alma quanto uma teoria geral de adestramento, no centro da qual reina a noção de "docilidade" que une o corpo analisável ao corpo manipulável. Um corpo é dócil se pode ser submetido, usado, transformado e melhorado. Os celebrados autômatos, por outro lado, não eram apenas um modo de ilustrar um organismo, eram também marionetes políticas, modelos de poder em pequena escala. Frederico II, o meticuloso rei das pequenas máquinas, dos regimentos bem treinados e dos exercícios extensos, estava obcecado por elas (Foucault 1995, 136)

Vamos colocar desta maneira: antes que as máquinas e os autômatos se tornassem úteis, antes que pudessem servir como bases para a revolução industrial, eles habitaram o espaço de uma fantasia, oferecendo a si mesmos para o olhar do Outro [82]. Antes que pudessem fornecer lucros, eles puderam fornecer o gozo do Outro (vale lembrar que Lacan baseou seu conceito de mais-gozar no conceito de mais-valia de Marx). As máquinas produzem gozo, mas para quem? O que fascina o olhar e o coloca na posição de poder é acima de tudo sua disponibilidade e total transparência. Máquinas e autômatos não têm segredos; qualquer um tem acesso a suas molas e alavancas escondidas. O que faz do mecanismo um mecanismo é o fato de que qualquer um pode entendê-lo e qualquer um pode fazê-lo [83]. Disponibilidade e transparência também são as características principais das marionetes em *Così*. Esse é o ponto aonde Foucault quer chegar: aqui, se está a apenas um pequeno passo da fantasia do mecanismo pan-óptico, esse olhar universalizado do Outro, cujo lugar qualquer um pode vir a ocupar. Uma vez que o mecanismo do mecanismo foi assimilado, esse lugar deixou de ser privilégio do rei; a dominação pode funcionar sem um senhor, ou seja, pode funcionar precisamente como uma máquina. Os procedimentos de instrução, disciplina, controle e assim por diante podem separar o lugar do Outro do lugar do senhor. O lugar pode ser despersonificado e operacionalizado com o espaço vazio do poder.

Por outro lado, o mais-gozar que a fantasia atribuiu ao Outro podia gradualmente colher seu material e contrapartida quantificável no lucro mensurável. Podia ser economizado, canalizado, investido e acumulado. A fantasia assumia uma nova função, e isso só podia ser conquistado somente por meio de sua amalgamação com outro grande tema do Iluminismo, a utilidade. Lembremo-nos da análise de Hegel sobre o Iluminismo em sua *Phenomenology*, em que é visto precisamente através da redução universal à utilidade, Nutzlichkeit, a disponibilidade para o sujeito. E esse aspecto nos deixa a um pequeno passo de outro grande tema obsessivo, aquele que mostra o gozo como algo a ser calculado, *le calcul des jouissances*. Desse modo, a fantasia, com o olhar e o gozo do Outro como seu núcleo, como seu *enjeu*, poderia com um leve desvio mudar completamente a sua função. Com Mozart, ainda podemos ver seu pano de fundo em vias de desaparecimento em um ponto onde ainda podia corroborar o antigo regime que estava a ponto de sumir, mas em que também podia, ao mesmo tempo, tornar-se o precursor de outra época. Mozart, o grande divisor de águas.

Vamos voltar agora a *Così*. Seria possível dizer que esta ópera apresenta um passo à frente e um passo atrás quando comparada com a conclusão de *Figaro*, isto é, com o momento utópico de *liberté, egalité, fraternité*. É um passo adiante na medida em que questiona as afirmações de liberdade e igualdade e revela seu lado pessimista oculto, o que mutila a glória da nova autonomia e inspira resignação. Após a queda do senhor, o paraíso não conseguiu se materializar.

> Contra a frivolidade e a vida livre da aristocracia, a burguesia proclamou a pureza do sentimento, da emoção, e não menos importante, da moralidade como virtude burguesa. Da Ponte e Mozart não apenas não respeitaram isso, mas na verdade desmascararam essa proclamação completamente. A ilustração a que as pessoas no palco, e também o público, são expostos abalou as fundações da nova sociedade burguesa, antes mesmo de que ela fosse consolidada. (Kunze 1984: 433).

Então, o que está em questão não é a crítica e a destruição dos falsos ideais elevados da velha ordem, mas sim aqueles que a nova ordem tomou como sua base e que incitaram a ascensão da burguesia contra a moral lassa e o privilégio do gozo da nobreza. A libertinagem era vista como a parte usurpada do gozo agarrado pela nobreza por meio de seu status social imerecido e pelo abuso desse status, *Figaro* e *Don Giovanni* encarnavam essa visão. Em contrapartida, a burguesia postulava amor verdadeiro e moralidade genuína, um matrimônio que não fosse apenas uma convenção estabelecida, mas que fosse baseado na intimidade autêntica do sentimento, uma instituição que brotasse da natureza humana. Mas foi precisamente essa pretensão que *Così* pôs em xeque. Sua antropologia subjacente é completamente diferente da de *A Flauta Mágica*.

Também representa um passo atrás, porque a própria estrutura de *Così* está imbuída da fantasia da dominação que prevaleceu ao longo dos primeiros dois séculos de ascensão da ópera, a fantasia do Estado absolutista. Apresenta sua transformação máxima e mais sutil, o olhar ausente do senhor, o gozo intangível de um Outro elusivo. A monarquia absoluta como cenário do nascimento e ascensão da ópera sobrevive em sua forma mais sublimada e refinada. *Così fan tutte*, assim, está muito à frente do seu tempo, bem como muito atrás. Ultrapassa seu momento histórico – precisamente e literalmente o momento da revolução – e também fica para trás quando ele acontece. Desse modo, de todas as óperas de Mozart, esta é a mais fora do lugar, a mais difícil de situar, uma fonte de escândalo perpétuo.

Por estar ao mesmo tempo muito adiante e muito atrás, é de certa forma uma parente próxima de *Don Giovanni*. Nessa outra ópera, o herói também era autônomo demais para ser aceito pela ordem burguesa, e a peça tinha que seguir o passo a passo de uma fábula moral sobre punição para o intruso, que é levada a cabo pelos poderes do Além na velha tradição pré-moderna dos milagres católicos (Brophy chega a falar de uma "contra-revolução católica" após o radicalismo de *Figaro* – ver Brophy 1988: 203, 232, e assim por diante). Esse é um passo adiante que assume a forma de um passo atrás. Mas se em *Don Giovanni* esse passo paradoxal se concentrava na figura altamente ambígua do senhor presente de modo poderoso, em *Così* o que resta é um olhar ausente, sua sombra filosófica, uma forma elusiva que evita o confronto. Ele não pode se reconciliar com a comunidade, reduzida à medida humana, nem ser mandado para o inferno.

O mito racionalista do Iluminismo

Die Zauberflöte, escrita um ano e meio mais tarde, como um curioso último desejo operístico, possui basicamente o mesmo problema – como lidar com o senhor na nova era do Iluminismo – mas sob uma luz completamente diferente. Não foi escrita para a corte, mas para o Theater auf der Wieden, um fato imediatamente evidente, tanto em sua estrutura dramática quanto em sua forma musical. Foi pensado para um público completamente diferente, não era mais a classe alta aristocrática e o rei. Não falta humor comum e até algumas piadas quase que vulgares adequadas ao gosto do público alvo e também não faltam efeitos especiais ou variadas maravilhas dos contos de fadas; a história parece bastante heterogênea, até mesmo inconsistente, e quase mal montada. A heterogeneidade musical fica lado a lado com a outra, exibindo uma incrível mistura de gêneros e níveis diferentes, do menor ao maior, desde coros sacros até sucessos populares. Não exibe uniformidade de conceito, mas sim uma curiosa estrutura de adição (Schulz 1991: 346) e de justaposição que quase antecipa o teatro épico de Brecht. Em comparação com as três grandes óperas escritas sobre a base de libretos de Da Ponte, pertence a um gênero completamente diferente, já que é uma *Singspiel* escrita em alemão, incluindo diversos diálogos falados, como era comum nas comédias populares, e não faz parte da altamente codificada tradição italiana.

Uma controvérsia que durou dois séculos também rondou *Die Zauberflöte* e mais uma vez dizia respeito em primeiro lugar à discrepância entre a música e o libreto. Em diversos casos, houve opiniões críticas a respeito da música, não em relação à qualidade inquestionável de muitos momentos extraordinários, mas sim à considerável heterogeneidade e irregularidade do todo [84]. Mas a maior parte das críticas era dirigida contra o autor do libreto, Schikander, cujo texto foi considerado *ein Machwerk* (trabalho remendado e malfeito). A palavra foi repetida teimosamente em muitas discussões e provém de nada menos que do *Aesthetics* de Hegel (Hegel 1970, 15:207).

A história é bem conhecida. A Rainha da Noite pede ao príncipe Tamino que salve sua filha Pamina, que foi capturada pelo malvado tirano Sarastro. Para incentivar a coragem de Tamino, a rainha entrega a ele uma flauta mágica e um carrilhão, além do criado Papageno e três rapazes que devem mostrar a ele o caminho. Depois de chegar ao templo de Sarastro, Tamino descobre que Sarastro é o líder espiritual de uma comunidade de sacerdotes que defendem os ideais de justiça, amor e humanidade e que Sarastro não é um vilão, mas um sábio que estava protegendo Pamina da iniquidade da mãe. Tamino quer ser admitido na comunidade, mas primeiro tem que passar por provas muito difíceis. Finalmente, ele também conquista Pamina, que o acompanha em suas provas e no final ele se torna um governante ilustrado e justo.

Um primeiro grupo de perguntas se refere à ruptura que acontece no meio da obra. Os que são aparentemente os mocinhos se tornam os vilões e vice-versa; o bem e o mal trocam de lugar. Essa transformação estava planejada no começo? Inúmeras pistas indicam que não. Três mulheres, as servas da Rainha da Noite, salvam a vida de Tamino na primeira cena e depois aparecem como as guardiãs da verdade na cena seguinte. A Rainha da Noite legitima a si mesma através do seu sofrimento como uma mãe cuja filha lhe foi roubada. Tamino consegue superar todos os obstáculos graças à ajuda dos presentes – especialmente a flauta mágica – dados a ele pela rainha, que depois vem a ser a personificação dos poderes das trevas. Agora, a quem servem os três rapazes, que foram dados a Tamino pela rainha e que, mais tarde, em todos os momentos decisivos, salvam tanto Tamino quanto Pamina de grandes perigos, tornando possível um final feliz e a destruição da rainha? No começo, não há nem um vago sinal de que possa haver semelhante mudança, um final tão inesperado. Muitas interpretações compartilham a opinião de que a mudança de perspectiva ocorreu quando a peça estava sendo escrita, na verdade, quando a maior parte do trabalho já estava terminada. Por essa razão, parte da inconsistência pode ser atribuída a traços indeléveis da primeira versão. Houve sempre muita especulação sobre as razões para a mudança. Uma sugestão frequente afirma que pode ter sua origem em uma competição. Na época em que a ópera estava sendo escrita, a ópera de Muller *Kaspar der Fagottist oder die Zauberzyther* (baseado na história de Liebeskind *"Lulu oder die Zauberflöte"*, de *Dschinnistan*, a coletânea de histórias orientais reunidas por Wieland) estava sendo encenada com bastante sucesso em Viena. Essa história também era uma das fontes para *Die Zauberflöte*, mas sem a reviravolta do meio. Mozart e Schikaneder se decidiram por outro final para superar a competição e apresentar algo novo para o público. Brophy (1988), que fez, junto com Jacques Chailly, uma extensa pesquisa sobre a história de *Die Zauberflöte*, pesquisou razões para os princípios ideológicos maçônicos da ópera, que Mozart e Schikaneder, ambos franco-maçons, tentaram conservar e esconder ao mesmo tempo. De qualquer modo, chegaram a um meio-termo que mostra algumas contradições e lacunas [85].

O sucesso extraordinário da ópera e sua crescente popularidade despertaram inúmeras críticas, mas não foi preciso esperar muito pelos inúmeros defensores. Não é difícil criticar *Die Zauberflöte* e ironizar seus truques baratos e frequentes, mas conta-se que Goethe dizia: "É preciso mais formação intelectual para reconhecer o valor desta ópera do que para negá-lo" (ver Riehn 1985:37) [86]. Os críticos podem acertar o alvo sem dificuldade alguma, mas não estão vendo a essência. Em sua obra *Aesthetics* (na parte que se refere a tratar a relação entre texto e música), Hegel fala de muitos intérpretes que consideram o texto de *Die Zauberflöte* um mero remendo malfeito, "mas esse remendo é um dos libretos mais louváveis. Schikaneder, depois de muitas produções malucas, fantásticas e banais, acertou em cheio". E isso sem mencionar "que, em função da profundidade, da doçura charmosa e da alma da música, tudo se expande e povoa nossa imaginação e aquece nosso coração (1970, 15:207). Também Beethoven ficou encantado (ele escreveu as famosas variações em *"Bei Männern, welche Liebe fuhlen"*). Wagner ficou entusiasmado, ele considerava esse trabalho a primeira ópera alemã, a criação e o exemplo insuperável de um novo gênero, o milagre que ocorreu em meio à banalidade de um teatro suburbano.

A mudança não usual de posição entre o bem e o mal configura apenas um lado da ambiguidade do todo. Se levarmos o modelo mitológico egípcio a sério, não é difícil reconhecer que a Rainha da Noite é caracterizada com os atributos da deusa Ísis. Ela só é descrita como a "Rainha da Noite" no final; no começo, aparece como "a rainha estrelada", como a Rainha da Lua e, portanto, como uma extensão da deidade do sol Osíris, não como seu oposto. (De acordo com o mito egípcio, depois que Osíris foi assassinado, foi revivido por sua irmã-esposa Ísis. Mais tarde, o culto a Ísis constituiu a base para os Mistérios Eleusinos, e em uma forma revisitada também pode ser encontrado nas obras de Aupuleius, que chega a chamá-la de *Regina coeli*, uma designação que mais tarde só seria atribuída à Virgem Maria). O coro de sacerdotes canta a louvação de Ísis e Osíris (2.10), e quando Tamino e Pamina passam por todas as provas, o coro exalta sua iniciação nos segredos de Ísis ("*Der Isis Weihe ist nun dein*"), embora a antes boa rainha mitológica tenha se transformado em uma rainha má. A história de *Die Zauberflöte* também pode ser interpretada como a combinação de dois mitos gregos muito conhecidos: a história da deusa Demeter (a versão grega de Ísis), cuja filha Perséfone é roubada por Hades, o deus do inferno, e acima de tudo, a história de Orfeu e Eurídice. Assim como Orfeu, Tamino tenta salvar sua amada Pamina do cativeiro; assim como Orfeu, ele consegue domar as criaturas da natureza com o poder de sua música; e também assim como Orfeu, ele é proibido de se virar na direção da amada. Tamino não pode falar uma única palavra com Pamina durante a primeira prova, mas, ao contrário de Orfeu, ele obtém êxito, porque seu coração não falha no momento crucial. E por fim, o nome Sarastro vem do nome persa Zoroaster, ou seja, Zaratrusta (para uma análise mais detalhada, ver Brophy 1988: 131-202).

Embora seja possível encontrar os materiais de construção de cada elemento de *Die Zauberflöte* em elementos de diferentes mitos (essa base se expande de modo significativo quando a corrente maçônica do século XVIII é levada em conta, especialmente o romance *Sethos*, de Terrasson, escrito em 1732), e embora possa se ver essa ópera meramente como uma colcha de retalhos de diferentes fragmentos mitológicos algumas vezes contraditórios, e embora sempre seja possível se convencer de que não há nada de novo sob o sol, ao se pensar assim perde-se o ponto essencial. Além de seu extenso pedigree mitológico, *Die Zauberflöte* representa acima de tudo a tentativa de um novo e artificial mito – o mito sobre o Iluminismo. Proporciona uma base mitológica para o Iluminismo, a antiga história da vitória da luz sobre as trevas é usada como modelo imediato para a campanha vitoriosa do Iluminismo. Enquanto as óperas anteriores de Mozart titubeavam entre um retrato relativamente realista do presente (*Figaro, Così*) e um passado distante mítico da *opera seria*, esta ópera é um estranho amálgama das duas correntes. Oferece uma mitologia da razão que triunfava na época, uma canção mitológica de louvor à humanidade que não mais está a serviço da misericórdia do Outro. Se *Die Zauberflöte* é interpretada como um mito fundacional do Iluminismo que foi produzido no momento de seu triunfo, então a Rainha da Noite podia ser vista como a personificação imediata do despotismo (naquele tempo, associações com Maria Teresa brotavam imediatamente) e seu desaparecimento. "Os raios do sol expulsam a noite", diz Sarastro no final (e fica-se tentado a acrescentar: "Assim falou Zaratrusta"). O novo sujeito começou sua trajetória a serviço da velha ordem – a Rainha

– e através de um processo de *Bildung* é elevado à luz onde a velha ordem é destruída.

Antes de retornarmos à natureza mítica de *Die Zauberflöte*, outro problema decisivo precisa ser discutido. Quando a história de *Die Zauberflöte* é comparada com a primeira das óperas de Mozart a ser examinada aqui, *Die Entfuhrung aus dem Serail*, inúmeras características paralelas se tornam evidentes. As duas histórias são sobre salvar a amada do cativeiro e apresentam dois casais, os senhores (Tamino-Pamina) e os criados (só que Papageno só conquista uma companheira no final); mais uma vez, temos a dupla do governante (Sarastro) e do vizir maligno (Monostatos) e o aparente mal acaba sendo o bem – e, assim como o Paxá Selim, o detestado déspota que mantém Constanze capturada, finalmente demonstra misericórdia, também Sarastro se transforma de vilão bárbaro em um benfeitor nobre. O rapto do templo, que se propõe a libertar a bela Pamina, é frustrado, assim como o rapto do harém, e os fugitivos são apanhados no final do primeiro ato. Nesta ópera, eles são devolvidos a Monostatos, assim como Osmin os devolve em *Die Entfuhrung*. Precisam se prostrar diante do governante, admitir seu crime e implorar por misericórdia. O sujeito, para ser merecedor da misericórdia, precisa permanecer no campo da verdade (Papageno: "Meu filho, o que devemos dizer agora?"; Pamina: "A verdade, mesmo que fosse um crime!) e da confissão (Pamina: "Meu senhor, é verdade que eu desobedeci!"); o sujeito deve estar disposto a arriscar a própria vida pela verdade. Sarastro, em sua posição de déspota, concede misericórdia, prova que tem poder e prova que merece o título com que o coro canta sua louvação "Ele é nosso ídolo", *Abgott*, a imagem de Deus.

Esse paralelismo estrutural leva a uma surpresa: toda a ação de *Entfuhrung* já terminou na metade de *Die Zauberflöte*. A fuga frustrada seguida pelo ato de misericórdia preenche apenas o primeiro ato da ópera; o gesto de misericórdia não conclui a ópera, mas apenas o seu começo. O que vai acontecer no decorrer do resto? Em que dimensões vai entrar a segunda parte se a primeira já percorreu todos os passos padronizados?

Die Zauberflöte começa em um registro e termina em outro muito diferente. Enquanto a primeira parte diz respeito à salvação da amada do cativeiro, a tarefa clássica do herói clássico, esse nobre empreendimento se mostra desnecessário no meio do caminho, porque o tirano está do lado do herói. A partir de agora, o herói precisa dominar outra tarefa: ele precisa provar a si mesmo, superar desafios e mostrar que é merecedor de seu status. Ele só pode conseguir tudo isso através da auto-disciplina, auto-conhecimento, domínio sobre suas inclinações e paixões, e emancipação de sua própria natureza ao obter autonomia por meio da contenda. Ele não precisa mais triunfar sobre o tirano, mas apenas sobre si mesmo. O ato de misericórdia não é mais suficiente: depois que a misericórdia foi concedida, cabe ao sujeito realmente provar o seu valor. Rogar ao Outro, expressando humildade e súplica, não é suficiente, e a magnanimidade do Outro também não é mais o bastante. *O registro da misericórdia é seguido pelo registro da autonomia*. O final da trajetória foi alcançado, e a viagem começa. Nas provas a que alguém tem que se submeter, é preciso superar sua própria natureza. É preciso provar ter controle e renunciar aos próprios desejos. Tamino não pode falar uma única palavra para sua amada Pamina; ele tem que ser capaz de renunciar a ela para merecê-la. A prova da água e do fogo traz reminiscências de ritos de iniciação antigos: o sujeito precisa passar pela morte simbólica para experimentar o renascimento. Algumas interpretações ressaltaram o fato de que a iniciação realizada no segundo ato de *Die Zauberflöte* tem suas raízes nos ritos de iniciação das lojas maçônicas. Um dos princípios dos franco-maçons era que o candidato devia se livrar do medo da morte durante a purificação, para se libertar do medo que fazia as pessoas obedecerem e do terror do inferno inspirado pela antiga religião. Só aqueles que conseguem vencer a morte, que aceitam a morte, podem ser livres. Mozart escreve em uma famosa uma carta ao seu pai, de um franco-maçom para outro:

> Como a morte, quando a analisamos de perto, é o verdadeiro objetivo de nossa existência, eu estabeleci nos últimos anos relações tão próximas com essa melhor e mais verdadeira amiga da humanidade que sua imagem não apenas não é mais aterrorizante para mim, mas é realmente tranquilizadora e consoladora! E agradeço ao meu Deus por me conceder graciosamente a oportunidade... de aprender que a morte é a *chave* que abre a porta para a nossa verdadeira felicidade /*den Schlussel zu unserer wahren Gluckseligkeit*/ (4 de abril de 1787, um ano e um mês antes da morte de seu pai; citado em Brophy 1988: 201-202) [87].

Os dois homens com armadura diante "dos portões do terror" através dos quais Tamino e Pamina têm que entrar falam o mesmo idioma: "Se ele conseguir conquistar o medo da morte / ele irá se alçar da terra até o céu!" [88]. E Tamino responde: "O medo da morte não vai me impedir".

O segundo ato é repleto de provas através das provas. Três trajetórias se desenvolvem ao longo do processo. A primeira é o de Papageno. Papageno não é capaz de enfrentar as provas, sendo guiado como é pelo princípio do prazer, ao qual não consegue resistir; gosta de comer e de beber, e deseja ardentemente uma esposa, que ele termina por conseguir no final. Papageno ganha o status de criado que nunca conseguiria competir por uma posição mais alta; esse é o status que obteve por escolha própria, de certo modo, conferido a ele com justiça, porque ele era incapaz de renunciar a seus desejos e não conseguia se alçar acima de sua própria natureza [89]. Papageno não pode ser iniciado. Embora mesmo ele estivesse disposto a sacrificar a própria vida, colocando-a em risco através do suicídio planejado para conquistar sua amada. Mesmo o simples gozo não iniciado não pode ser conquistado sem risco, embora sua vontade de cometer suicídio fosse uma repetição humorística do gesto de Pamina (aqui, Papageno toca o Sol menor de Pamina).

A segunda trajetória é a de Tamino: direto, sem dúvidas ou hesitações. Isso na verdade transforma Tamino em uma figura desinteressante, porque ele deixa de ser um sujeito. Ele também – e especialmente – não é mais interessante musicalmente; não é conferida a ele nenhuma ária em todo o segundo ato. No seu caminho de provas, ele se torna uma figura pálida e anêmica.

A terceira trajetória é a de Pamina. Paradoxalmente, ela é o único sujeito autêntico, com experiências, no segundo ato. A mãe, a Rainha da Noite, força Pamina a se vingar, literalmente colocando uma adaga em sua mão, com a qual ela deve assassinar Sarastro. Tamino a rejeita e se recusa a falar uma única palavra com ela (isso é parte das provas dele, mas Pamina não sabe disso). Ela realmente tem que dar a ele o último adeus. E tudo isso a leva ao desespero, à beira do suicídio, o que é provavelmente o momento musical mais sublime de toda a ópera (ária 2.17 em Sol menor) [90]. Nesse momento, é possível perceber a última versão do lamento de Ariadne, seu pedido para "dar a volta", o final da trajetória escolhida por Monteverdi. No caminho dessa experiência e desespero, Pamina se torna uma pessoa que pode se emancipar e emancipar outros. Ela pode guiar Tamino através da senda das provas: "Eu mesma vou guiar-te; o amor irá me conduzir!". Essa é também uma das transformações fundamentais na segunda parte: a pessoa que deveria ser salva se torna a própria salvadora (ver Nagel 1985: 92, 102, e *passim*). Ela não é mais uma vítima passiva esperando por seu príncipe e lamentando a sua perda e sua desgraça, mas, ao contrário, obtém sua própria autonomia [91]. A iniciação "masculina" só é possível com a orientação de uma mulher que, na última instância, liberta e redime o homem [92].

Já argumentei que o coração de Mozart está ao lado das mulheres. Assim como o elemento feminino possibilitou a reconciliação da comunidade em *Figaro*, em *ZauberflÖte* a elevação à humanidade universal só é possível através da mulher. Somente o elemento feminino permite a relação entre (auto-)conhecimento, razão, amor e felicidade; torna possível a reconciliação que eleva a suposta masculinidade do conhecimento e da razão ao amor e à felicidade, a reconciliação da autonomia com a natureza. Portanto, essa ópera aparentemente anti-feminista pende para o lado de Pamina, em termos tanto do libreto quanto da música. Embora a ópera esteja entremeada por muitos comentários notoriamente anti-feministas ("Uma mulher faz pouco, conversa muito", diz o porta-voz do templo para Tamino; "Cuidado com os artifícios femininos; este é o primeiro dever da irmandade" [2.11]) A irmandade de homens iniciados de Sarastro é – como a franco-maçonaria – sem dúvida alguma extremamente machista. No entanto, todos os momentos sublimes estão do lado de Pamina. Além da ária (2.17), também há o dueto sobre o amor (1.7) que ela canta com Papageno, o que, aliás, é uma estranha celebração do amor cantada com o criado, não com o amado, que desse modo coloca o amor além das divisões de classe e dos sentimentos mais imediatos; o dueto com acompanhamento de sinos é o primeiro final; o quarteto com os quatro rapazes (no começo do segundo final) e assim por diante. No que diz respeito à música, Pamina sozinha supera toda a companhia masculina de sacerdotes.

Ele é um homem – mais do que isso, ele é um príncipe

A trajetória para provar a autonomia, a trajetória para a humanidade universal por meio da auto-purificação, do conhecimento e do amor se abre para além do gesto de misericórdia do governante. A intriga planejada pela Rainha da Noite contra o monarca é conduzida em nome da vingança e da paixão e termina por ser despótica, a autêntica personificação do princípio contra o qual supostamente está lutando. No lado oposto, o aparente déspota abre o caminho para a universalidade e a humanidade, para a iniciação a serviço da humanidade para um "reino sem súditos" (Nagel 1985: 25). Duas árias são particularmente indicativas desse aspecto, e como uma se segue à outra, formam o núcleo dramatúrgico do segundo ato. Podem ser interpretadas como um manifesto e um contramanifesto e são colocadas em posições de oposição máxima, tanto no que se refere ao texto quanto à música. A ária da Rainha da Noite (2.14) começa com "Meu coração ferve com a vingança infernal", e a ária de Sarastro (2.15) começa com "Dentro destes portais sagrados, desconhece-se a vingança!". A primeira ária é colocada em Ré menor; a segunda, na harmoniosamente distante Mi maior. O tempo da primeira é um tempestuoso e nervoso *allegro assai*, o da segunda é um lento e solene largueto. No que diz respeito à fórmula, a primeira ária é uma ária de *coloratura*, que apresenta um brilhante esplendor técnico, uma ária dramática típica de oper seria, enquanto a segunda é uma simples canção estrófica típica do *Singspiel*; a primeira alcança o tom mais alto cantado na ópera e a segunda desce até o mais baixo.

Pode-se considerar o mito da fundação do Iluminismo apresentado em *Die Zauberflöte* como uma realização excelente do programa filosófico exposto pelo jovem Hegel em um fragmento escrito quatro ou cinco anos mais tarde que se tornou conhecido como *"Das älteste Systemprogramm des deutschen Idealismus"*:

> Aqui, eu gostaria de falar primeiro de uma ideia que, até onde eu sei, nunca apareceu em nenhuma mente humana: precisamos ter uma nova mitologia, essa mitologia deve servir a ideias, precisa ser uma mitologia da *razão*. Antes de nós transformarmos as ideias em *aesthetic*, isto é, em mitológicas, elas não têm interesse algum para as pessoas; e vice-versa, antes que a mitologia se torne racional, o filósofo precisa ter vergonha dela. O aspecto iluminista e o não iluminista precisam se unir, a mitologia precisa se tornar filosófica e as pessoas, racionais, e a filosofia precisa se tornar mitológica para tornar os filósofos sensuais. Então, a unidade eterna reinará entre nós. (Hegel 1970, 1: 236).

A abordagem de *Die Zauberflöte* é precisamente unir a mitologia e a razão, ou seja, unir o racionalismo do Iluminismo com tudo que parece se opor a ele; criar um mito sobre o triunfo da razão; reconciliar as pessoas com a filosofia, a razão com o amor, e a sensualidade com o conceito; e estabelecer uma religião de humanidade e amor. Se Mozart fica no ponto de intersecção entre dois mundos, entre duas ordens sociais e até mesmo entre duas ontologias, que são postas em um equilíbrio frágil e contraditório, ou em outros termos, na intersecção entre misericórdia e autonomia (para usar os termos mais econômicos de Nagel), então, pode-se considerar *Die Zauberflöte* uma tentativa de tornar esses dois mundos compatíveis em um ponto de fusão mítico, utópico. Em *Figaro*, testemunhamos o triunfo do Iluminismo, e depois duas tentativas diferentes de demonstrar sua natureza problemática ao enfatizar seu lado oposto, em Don Giovanni e em *Così*. Em *Die Zauberflöte*, lidamos com um manifesto declarado do Iluminismo que não é mais perseguido por algum lado oposto, seu oposto, ao contrário, é desautorizado no mito. O incompatível parece reconciliado no mito, a autonomia está de mãos dadas com a misericórdia.

Enquanto Tamino enfrenta suas provas no começo do segundo ato, um dos sacerdotes dúvida que ele seja capaz de superar essa tribulação. "Ele é um príncipe", afirma o sacerdote, e Sarastro refuta a afirmação com sua famosa resposta: "Mais do que isso. Ele é um homem!". Tamino é mais do que um príncipe, ele é humano [94]. Depois das provas em que Tamino prova seu valor como ser humano, ele finalmente se torna um governante que une os poderes espirituais e seculares em uma só pessoa.

O pano de fundo político de *Die Zauberflöte* é que a seita de sacerdotes de Sarastro só serve às grandes metas da sabedoria e da humanidade, e é essa característica precisamente que exclui qualquer ligação com poderes seculares. O bom rei, o pai de Pamina e falecido marido da Rainha da Noite, era um amigo de Sarastro, e como não confiava na esposa, legou a Sarastro, antes de sua morte, o Sétuplo Circulo Solar, que é a chave para os segredos da natureza e o símbolo do poder real. Ele também confiou Pamina aos cuidados de Sarastro (deixou para a esposa apenas o reino e a flauta mágica). Como príncipe, Tamino é um estranho, um forasteiro (as instruções de palco iniciais indicam trajes japoneses para o personagem), e como tal ele pode se tornar governante se ele, graças ao seu heroísmo, triunfar sobre a Rainha da Noite, que usurpou o poder e pôs a perder sua legitimidade. Portanto, *Die Zauberflöte* soluciona um problema eminentemente político: como resolver a crise de um governo. A solução oferecida pela ópera, que eliminaria o perigo de crises similares no futuro, diz que o novo poder deve ser baseado no culto à sabedoria, que foi essencialmente separado dele até então (e Sarastro precisa esclarecer certas apreensões dos sacerdotes a esse respeito). Em termos lacanianos, S1 tem que se unir a S2: o significante do senhor tem que se unir ao significante do conhecimento. Na última cena, os sacerdotes entregam a Tamino o Círculo do Sol [95].

Tamino se legitimou através de sua coragem e humanidade, e por isso ele merece se tornar rei. Ele se elevou acima de sua humanidade particular e, portanto, será um governante sábio em nome do universal, um rei-filósofo. Na etapa final, a afirmação de que "mais do que um príncipe, ele é um homem", sofre uma transposição para "mais do que um homem, ele é um príncipe". Mas é isso precisamente o que a lógica da misericórdia pretendia. Se a lógica da misericórdia determinou em grande parte a ação no primeiro ato, o segundo ato já é conduzido por algo que poderíamos chamar de a lógica reversa da misericórdia. Desde a primeira perspectiva (que determinou, por exemplo, *Idomeneo, Die Entfuhrung, La clemenza di Tito,* e assim por diante), o monarca (ou a deidade) já era o Outro "por seu próprio ser" desde o começo, e no final provava, através de sua misericórdia, que ele realmente havia ocupado essa posição o tempo inteiro em função de suas qualidades, sua grandeza humana e sua dignidade. A perspectiva da segunda parte de *Die Zauberflöte*, porém, é inversa: alguém que primeiro prova sua grandeza humana pode chegar a ser governante, ele eleva a si mesmo à posição do Outro. Enquanto ele, na primeira perspectiva, provou, por meio de sua coragem e sacrifício que era digno do ato de misericórdia do Outro, agora prova que ele é digno de ser o Outro que irá conceder misericórdia. Portanto, o registro da autonomia que se desenvolve na segunda parte, acima e além do registro da misericórdia, nada mais é do que a misericórdia virada pelo avesso [96].

A ligação mítica entre dois conceitos sob outros aspectos inerentemente incompatíveis determinou a estrutura geral do movimento maçônico, e provavelmente proporcionou muito da atração geral que o movimento exerceu, tão difundido na época e defendido por Mozart com grande entusiasmo. A franco-maçonaria tenta impor as ideias do Iluminismo de uma forma anti-iluminista. Por um lado, preconiza a elevação à humanidade universal e à razão; por outro lado, se vale de lojas secretas, seitas dos iniciados e conspirações clandestinas, justamente o oposto de um público racional e universal, algo que Kant descreveu como a estrutura mais importante do Iluminismo. No entanto, antes de *liberté, égalité, fraternité* se tornar o lema da Revolução Francesa, era o lema de uma loja maçônica francesa (ver Riehn 1985: 47-48). Também *l'Être suprême*, o conceito despersonalizado de deidade, pertenceu aos maçons antes de ser louvado pela revolução. A franco-maçonaria foi capaz de unir católicos, protestantes, judeus e deístas sob a mesma bandeira. Não obstante, o acesso à universalidade era reservado para os escolhidos e para os iniciados, que tentavam manter sua posição excepcional e privilegiada. Sinais secretos, símbolos místicos, invocações, códigos secretos, ritos codificados de iniciação, nova cabala, todos esses itens estão presentes em profusão. Os próprios representantes do Iluminismo se tornaram uma seita secreta que lutava para levar a humanidade à razão e ao progresso, se tornando uma auto-escolhida vanguarda a serviço da razão histórica. A crença na razão tornou-se uma nova religião organizada sob a forma de uma nova igreja [97] (e também é por isso que a Igreja Católica se opôs ao movimento maçônico). A diferença entre forma e conteúdo, entre universal e particular não poderia ter sido maior. O Iluminismo estava preocupado com a abolição das classes sociais, mas os próprios franco-maçons pretendiam se tornar uma classe social à parte, uma nova nobreza e um novo sacerdócio, se bem que em nome da razão.

Os não iniciados e os não ilustrados permanecem do lado de fora, como as mesmas pessoas que supostamente deveriam compor a comunidade universal. No segundo ato de *Die Zauberflöte*, Papageno continua excluído da sabedoria e do ofício religioso em nome da razão. Ele mesmo se exclui: os subordinados atribuem a si mesmos uma posição inferior e permanecem na "minoria por sua própria culpa", *die Selbstverschuldete Unmundigkeit,* como Kant definiu, de modo incomparável (Kant 1996: 58). Mais ainda, os subordinados ficam satisfeitos com sua subordinação; ocupam a posição correspondente à sua natureza e habilidades, das quais não querem se separar. Essa é a contradição interna de *Die Zauberflöte*, a ocultação da divisão que o mito deseja unir. Mozart quer segurar os dois lados da questão na mão ao mesmo tempo e não quer renunciar a nenhum. Quer uma reconciliação da monarquia e da Revolução na qual o príncipe e a razão reinariam supremos, de mãos dadas.

Ao mesmo tempo em que a exclusão de Papageno representa o exato oposto das declarações de Sarastro e dos proclamados ideais de humanidade, amor e razão, Mozart toma o partido de Papageno no aspecto musical. Ele canta a primeira e a última árias; sua presença e todas as brincadeiras vulgares e a magia de sua música são muito mais convincentes do que as palavras edificantes dos sacerdotes, que parecem sem vida em comparação com ele. A opinião de Adorno (1986) de que *Die Zauberflöte* representa o último ou talvez o único momento de fusão da música erudita e da popular parece referir-se especialmente a Papageno. Uma certa ambiguidade musical permeia o todo. É difícil encontrar um amante da música que escolha entre os personagens de *Die Zauberflöte,* Sarastro e seus sacerdotes como seus preferidos. Seu "tipo de moral média que sobressai por sua generalidade" já foi tratado com ironia por Hegel (1970, 15:207) que também duvidava do alcance de seus ensinamentos solenes. Outra regra geral: os princípios morais não podem ser musicados; não importa o quão louváveis sejam, a música vai se revoltar contra eles [98]. Ninguém sabia disso tão bem quanto Kierkegaard, o maior moralista entre os amantes de música (e o maior amante de música entre os moralistas): "O proclamado objetivo do desenvolvimento em *Die Zauberflöte* é o amor determinado com ética, ou o amor no casamento, e aí reside o erro fundamental desta obra; porque o que quer que esse amor seja do ponto de vista espiritual ou mundano, uma coisa ele não é, não é musical, é até mesmo completamente não musical" (1992: 89).

Vimos que nas óperas anteriores de Mozart os conjuntos apresentavam as estruturas musicais mais sutis e complexas e podiam ser considerados seus momentos mais fortes. Por essa razão, sua ausência em *Die Zauberflöte* é ainda mais sintomática. Depois de um incompleto quarteto inicial (1.1) e de um quinteto (1.5), os conjuntos virtualmente desaparecem, pelo menos na forma que definia muito das óperas anteriores (ver Stricker 1980, 333). Vimos que a ideia fundamental dos conjuntos era a utopia de uma sociedade civil, a manutenção da individualidade através dos conflitos e reconciliações inerentes à comunidade. Mas aqui o coro de sacerdotes assume o papel de comunidade ideal, enfrentada pelos indivíduos e suas árias ou duetos, no máximo. Os dois finais também são muito diferentes dos finais anteriores. A utopia da comunidade, em que cada indivíduo vive em um estado simultâneo de conflito e harmonia com os outros, dá lugar a uma ideia diferente da comunidade, a idealizada fraternidade comum, que mantém a individualidade fora de si mesma. A individualidade passa a remeter a um princípio negativo, ou como o lamento solitário e desesperado de Pamina ou como a insistência de Papageno em prazeres mundanos, comparados com o prazer ideal, ou como o poder destruidor da Rainha da Noite. A comunidade fica do outro lado, desindividualizada e supra-individual.

Vimos que o principal objetivo de *Die Zauberflöte* é unir de modo mítico a lógica da misericórdia e a lógica da autonomia, poder mundano e poder espiritual, S1 e S2, o triunfo da revolução e a forma da antiga soberania. Outro mito fundacional precisa ser acrescentado a este e será o elemento fundamental do todo: a criação do casal. A ascensão do Iluminismo e da revolução burguesa fez surgir uma nova unidade entre homem e mulher. *Die Zauberflöte* põe em música as ideias do jovem Hegel, mas também, e de modo especial, as ideias de Rousseau. Sua obra *Émile* introduz um novo paradigma do casal como a cura para todos os males da ordem que está expirando e como o motivo para a renovação das condições sociais.

> Émile é muito mais do que um tratado sobre educação. Nela, precisamos ler a invenção e a construção de um objeto que não tem precedentes: o casal, a ilustração e a ideia do relacionamento sexual possível, feliz e da mesma classe, porque é fundado na natureza. Aos olhos de Rousseau, essa é a única revolução imaginável, a única alternativa séria para o despotismo. Reinventar homem e mulher, oferecendo uma fórmula para o seu relacionamento, e finalmente mostrando que essa relação claramente produz todas as outras (pais-filhos, Estado-cidadão, etc.), significa uma fundação para a unidade com dois lados que será *o* tema político como garantia da preservação do Estado, se não da injustiça, pelo menos dos riscos de despotismo. (Grosrichard 1998:179)

Tamino e Pamina são a personificação musical de Émile e Sophie, o começo de uma nova humanidade, uma nova era, uma nova harmonia. "Homem e mulher, e mulher e homem, alcançam a deidade" (1.7).

A distância para *Così fan tutte* é enorme, embora seja verdade que mesmo aqui, algo bem irônico, o amor aparece mecanicamente, de certa forma: basta mostrar a foto de Pamina para Tamino e descrever o príncipe bem apessoado para Pamina e o amor surge antes mesmo que eles tenham se visto pessoalmente. E assim que se encontram, percebem imediatamente que foram feitos um para o outro ("É ele!", "É ela!"). Mas independentemente disso, o ideal só pode ser realizado de forma que os dois sejam absolutamente únicos e não intercambiáveis, as duas metades de um todo ideal, e essa fusão vai tão longe que no final da ópera o coro se dirige a eles no singular: *"Du edles Paar"* (Tu, nobre casal), *"Der Isis Weihe ist nun dein"* (A consagração de Ísis agora é tua). O casamento deles é completamente diferente do casamento de *Così*, porque é oriundo de outra antropologia: é um casamento baseado na natureza humana e com ela, e não um casamento projetado para se opor à natureza humana nem para neutralizar suas fraquezas. A natureza do casal forma a base para a nova moral – sua natureza verdadeira e enfática, provada na renúncia às inclinações naturais e dos prazeres mundanos. Essa união harmoniosa representa o propósito mais alto da natureza: "Não há nada mais nobre do que mulher e homem" (1.7). Todos os casais de Mozart até agora haviam sido problemáticos, constantemente se separando e voltando a se unir, corroídos pelo ciúme e pelas dúvidas, mas Tamino e Pamina são elevados ao nível de duas metades platônicas que finalmente se encontraram. Assim como os casais anteriores de Mozart, Tamino e Pamina precisam superar a prova de amor, mas esta prova é imposta desde fora; é uma questão externa que não afeta sua devoção mútua interna. É precisamente essa fantasia que vai sustentar a invenção burguesa do casal e o novo entendimento do casamento e da moral. Vimos anteriormente algo que podia ser chamado de rejeição fetichista da cisão entre a misericórdia do Outro e a autonomia do sujeito, aqui temos uma rejeição correlata na economia sexual.

A unificação do casal, a bem sucedida relação entre os sexos só pode ser levada a cabo sob a orientação e proteção de Sarastro, a figura do bom pai, assim como Émile e Sophie só puderam se unir graças à proteção do professor. O professor, assim como Sarastro, era um pai substituto, Émile era órfão. Tamino também é um estranho sem pais. Nos dois casos, a educação, *Bildung*, de um sujeito natural em direção à autonomia se faz possível através da autoridade da figura do pai. A função do pai é coberta pelo gesto mítico da rejeição. Em contraste com a estátua do Comendador, que voltou como a figura terrível do pai morto para punir o filho rebelde, Sarastro apresenta sua versão boa e mansa, o lado que generosamente permite que o filho ascenda ao trono do pai enquanto sua sombra vingadora é atribuída, também de modo mítico, à mãe maligna. O romance familiar é ascendido a um mito geral familiar através do gesto da rejeição.

Dois mundos se unem nas óperas de Mozart: um que está sendo criado e que agora celebra sua vitória e outro que ainda não desapareceu completamente; embora tenha perdido sua substância, mantém ainda sua forma brilhante. Nas óperas de Mozart, os dois mundos e seus princípios básicos parecem ter alcançado uma reconciliação utópica sustentada pela música. Encenam o surgimento do mundo burguês com seu ponto de partida mítico na comunidade não totalitária, assim como a estrutura deslocada da lógica da misericórdia, que parece unir ou coabitar com a anterior em uma reconciliação pacífica. Já o Iluminismo, ainda o gesto de misericórdia – esse era o ponto utópico da história europeia onde a reconciliação ambivalente entre o Iluminismo e a tradição, as duas ontologias e teorias sociais, pareciam possíveis. Mas ao mesmo tempo eles também mostram o limite dessa reconciliação, eles medem seu preço e apontam suas pressuposições contraditórias.

Se *Figaro* é o momento de vitória do Iluminismo e *Don Giovanni* e *Così fan tutte* o colocam em dúvida, então *Die Zauberflöte* representa a transição para o mito no sentido atribuído por Lévi-Strauss, um "modelo lógico para resolver uma contradição (uma tarefa insolúvel, se a contradição for real)" (1974: 254). Representa a tentativa de acreditar em duas teses contraditórias simultaneamente. Desse modo, o círculo se fecha em *Die Zauberflöte*: os dois mundos, em cujo delicado ponto de interseção se situa Mozart, descobrem sua mítica unidade nesse círculo.

Mas se a tensão entre o sujeito e o Outro encontrou uma válvula de escape no mito, ainda se estendeu até a margem do problema real: a lógica da subjetividade autônoma, que se livrou do Outro através do Iluminismo, é suficiente? Se a fantasia do Outro se rompeu em pedaços e foi desacreditada, considerada uma ilusão, será que pressupor que se pode simplesmente construir o novo mundo nos ombros do sujeito autônomo é uma ilusão similar? Esse sujeito não requer também o Outro, sem o qual corre o risco de se desintegrar? Não perdemos a própria subjetividade quando o Outro é abolido? Que status pode ser atribuído agora ao Outro?

Três continuações

A partir de *Die Zauberflöte* – a última vontade de Mozart, de certa forma – podem ser encontradas três continuações que seguem três direções diferentes.

A primeira continuação é histórica. Em junho de 1791, quando Mozart escreveu o primeiro ato de *Die Zauberflöte*, a *Constituante* francesa discutia se deveria ser revogado o privilégio do rei de conceder anistia de acordo com a sua vontade, o que elevava o rei a uma posição excepcional, acima da lei, e infringia o princípio de igualdade perante a lei. Teoricamente, esse direito real já havia sido destruído pelos filósofos (na visão de Bentham, "o objetivo de todo perdão é que o tirano seja elogiado por sua misericórdia e que as leis passem a ser menos severas". Kant compartilhava essa opinião), mas agora havia chegado o momento para a implementação prática e política dessa postura. Pétion, o principal orador contra o rei, proferiu a famosa afirmação: *"La clémence d'une nation est d'être juste"* (A clemência que uma nação é ser justa) (Nagel 1985: 107). Dois anos mais tarde, Fichte incluiria a seguinte frase em seu famoso manifesto: "Não, príncipe, o senhor não é o nosso *Deus*. Não precisa ser *misericordioso* conosco, só precisa ser *justo*". (Fichte 1971:9) [99]. Assim, o rei deveria ser despojado do status que o tornava capaz de conceder misericórdia, esse atributo emblemático de sua soberania. Mas assim que o primeiro passo foi dado, o segundo teve que vir com uma necessidade inexorável: não havia mais misericórdia para o rei, seu status real era uma violação dos direitos naturais. O rei não seria mais tratado com a nobre magnanimidade do Paxá Selim, mas sim de acordo com o veredicto de Osmin: "primeiro decapitado, depois enforcado". A misericórdia havia acabado; não haveria mais um Outro do Outro.

A segunda continuação é musical. Beethoven escreveu a última ópera de Mozart, por assim dizer: *Fidelio*, a única ópera de Beethoven, pode ser vista, até certo ponto, como uma continuação de *Die Zauberflöte*. Pamina deixou de ser vítima a ser salva e passou a ser a salvadora, e essa transformação alcança sua realização completa e explícita em *Fidelio*, onde Leonora se veste como homem e assume o posto de criado do guarda da prisão para salvar seu amado Florestan da prisão. No momento decisivo, ela revela sua verdadeira identidade e o salva da morte. Don Pizzaro, o diretor da prisão que queria se vingar de Florestan, ignorando a lei, e desejava usurpar o direito do Outro do Outro, recebe o merecido castigo no final, enquanto Florestan é perdoado. O ato de misericórdia não é mais desempenhado pelo rei, mas por seu representante, o ministro Don Fernando. No entanto, as indicações de encenação nos dizem que o ato de misericórdia é encenado diante da estátua do rei, que domina a última cena, imóvel e silencioso. Em *Idomeneo*, o gesto de misericórdia divina foi reduzido ao mínimo; em *Die Entfuhrung*, Selim só tinha um papel falado – ele não podia mais cantar a misericórdia; em *Le clemenza di Tito* só o que resta é uma casca vazia de misericórdia; e finalmente, o rei em *Fidelio* nada mais é do que uma estátua, os últimos restos de pedra do Outro. *Fidelio* também conclui as óperas de Mozart no que diz respeito a seus aspectos musicais, com empréstimos e citações constantes. Musicalmente, está especialmente em débito com *Così fan tutte*, a ópera a que Beethoven dedicou especial indignação. A famosa ária de Leonora "*Abscheulicher*" – sua estrutura e até mesmo o tom em Mi maior – é baseada na ária de Fiordiligi ("*Per pietà, bem mio, perdona*", 2.25) [100]. O famoso quarteto "*Es ist so wunderbar*" é inconcebível sem o cânone "*E nel tuo, nel mio bicchiero*" e assim por diante.

A terceira continuação é literária. Goethe, quando era diretor do teatro em Weimar, não gostou muito do libreto de *Die Zauberflöte* e encomendou outro libreto para a mesma música [101]. Anos depois, ele mesmo decidiu escrever uma continuação, mas só produziu um fragmento [102]. Na obra dele, encontramos os mesmos personagens vários anos mais tarde. As forças da escuridão estão preparando outra conspiração: em seu reino nas profundezas da terra, a Rainha da Noite planeja raptar uma criança, o filho de Tamino e Pamina. Embora o plano não seja bem sucedido, seus assecals conseguem trancar a criança em um ataúde de ouro. Ele está vivo, mas permanece preso "entre duas mortes". As forças da luz teriam que libertá-lo dessa condição. A redenção final não acontece; o fragmento é interrompido e permanece em uma ambiguidade ansiosa. Uma sombra escura caiu sobre o triunfo de *Die Zauberflöte*; a vitória da luz não parece ter trazido consigo a redenção [103]. Basta citar apenas alguns dos versos cantados pelo coro de sacerdotes nessa sequência:

> Es soll die Wahrheit
> Nicht mehr auf Erden
> In schöner Klarheit
> Verbreitet werden.
> Dein hoher Gang
> Wird nun vollbrarcht,
> Doch uns umgibt
> Die tiefe Nacht.
> (Goethe 1981:374) [104]

A distância que separa os raios de sol de Sarastro que dissipam as trevas no final de *Die Zauberflöte* dos versos escritos por Goethe cinco ou seis anos mais tarde é a mesma distância entre o triunfo do Iluminismo e o começo da modernidade. Seria possível até aventurar uma definição provisória de modernidade a partir daí: começou no momento em que nós tornamos conscientes de que o triunfo da luz nos empurrou para uma escuridão mais profunda e mais radical do que aquela que havia sido dissipada. O coro de Goethe parece falar nosso próprio idioma, e Mozart permanece como o marco final de uma era que se foi para sempre.

Die Zauberflöte foi colocada no contexto de realização do programa filosófico inicial de Hegel e o próprio Hegel teve que vivenciar a mesma mudança radical. Para ser capaz de encontrar uma base moderna para sua filosofia, ele teve que desistir do entusiasmo pela mitologia da razão e da esperança de uma unidade feliz entre os dois princípios. Mais uma vez, somente sete anos se passaram entre o verso citado anteriormente e as seguintes palavras do manuscrito de *Jenaer Realphilosophie*, o começo da realização do seu sistema:

> O ser humano é essa noite, esse nada vazio, que contém tudo em sua simplicidade; uma riqueza infinita de muitas representações, imagens, nenhuma das quais pertence a ele, ou não estão presentes. Essa noite, o interior da

natureza, que existe aqui –puro eu [reines Selbst] – em representações fantasmagóricas, é noite em volta, na qual aqui uma cabeça sangrenta dispara; lá, outra espantosa aparição branca, de repente aqui diante dela, e assim também desaparece. Vê-se essa noite quando se olha seres humanos nos olhos. Em uma noite que se torna horrível... Aqui, a noite do mundo se aproxima. Nessa noite, o ser se retirou. (Hegel 1976: 187).

Notas

1 As opiniões depreciativas sobre a ópera constituíam um gênero em si mesmo, especialmente no século XVIII. "Pode-se permitir que uma ópera seja extravagantemente luxuosa em sua decoração, já que sua única intenção é gratificar os sentidos e manter uma atenção indolente por parte do público" (Joseph Addison); "Sempre que vou à ópera, deixo meu senso e minha razão na porta, com meu meio guinéu" (Lord Chesterton); "Vai-se assistir a uma tragédia para se emocionar, vai-se à ópera porque se tem qualquer outro interesse ou para facilitar a digestão" (Voltaire). Para encontrar todas essas citações e muitas outras, ver Watson 1994: 319-324.

2 Kafka morreu no dia 3 de junho de 1924 em um sanatório perto de Viena. A noite de abertura de *Erwartung* aconteceria três dias mais tarde, no dia 6 de junho, no Neue Deutsche Theater em Praga, cidade de Kafka. Essa simples coincidência passou a ficar carregada de significado.

3 *Dafne* também foi a primeira ópera alemã, composta por Heinrich Schutz em 1627. *Capriccio* (1942), a última ópera de Strauss, é outra candidata, só que por demais óbvia. Com sua discussão sobre o valor relativo das palavras e da música na ópera e a possibilidade de um casamento feliz entre as duas, parece uma última ópera artificial e envergonhada de si mesma, retomando o debate que envolve o nascimento da ópera. Talvez esse seja o problema com toda o *opus* de Strauss: com sua tentativa de chegar a uma síntese, ele tentou demais ser o último compositor de ópera.

4 Em uma pesquisa com 252 companhias e festivais de ópera do mundo inteiro realizada entre 1988 e 1989, estabeleceu-se uma lista com as 100 óperas produzidas com mais frequência. Somente duas óperas antes de Gluck conseguiram entrar na lista: *Poppea*, de Monteverdi e *Giulio Cesare*, de Haendel. Quatro

das óperas de Mozart ficaram entre as dez mais, e *Figaro* ficou no posto número um. Ver Lindenberger 1998: 43-44.

5 Parte do segredo do grande sucesso de Wagner e de Verdi durante o século XIX tem a ver com o fato de que foram capazes de proporcionar o suporte mitológico precisamente para essas duas nações que não haviam conseguido se constituir como Estados nacionais. A ópera assumiu o lugar do Estado ausente, de certo modo, e se mostrou extremamente útil em sua formação. O significante ofereceu, com magnanimidade, uma pequena ajuda: o nome Verdi podia ser lido como uma abreviação de *Vittorio Emmanuelle Re d'Italia.*

6 O culto da autenticidade ganhou uma confirmação gigantesca há alguns anos com a retransmissão megalomaníaca pela televisão da Tosca de Puccini, que foi encenada nos exatos lugares e nas horas mencionadas na história e foi transmitida ao vivo para dezenas de países (o último ato, com a execução ao amanhecer no alto do Angel Castle, foi encenado às cinco da manhã). Para essa empreitada absurda, um conceito de autenticidade – a suposta autenticidade da cultura erudita – estava diretamente ligado a outro conceito muito diferente, e foi traduzido para esse mesmo conceito, o culto à autenticidade da televisão, promovido pela TV em sua própria base ideológica – a do slogan da CNN: "assista enquanto está acontecendo". Inclusive a luxuosa produção recente de *Turandot*, encenada na locação exata, na Cidade Proibida, em Pequim e também retransmitida ao vivo é outra confirmação importante desse meu ponto de vista para os céticos.

7 "Os teatros líricos são uma instituição que difere de outros asilos de loucos só pelo fato de que seus residentes eludiram a certificação oficial" (citado em Watson 1994: 322). Ernest Newman, o autor dessa frase, escreveu alguns dos melhores livros sobre o principal repertório de ópera, portanto sabia muito bem do que estava falando.

8 Embora os especialistas o tenham em alta consideração, nenhuma obra de Monteverdi jamais foi encenada no Metropolitan.

9 Jacopo Peri já era totalmente consciente disso. Na introdução à sua *Eurydice* (1600), ele escreveu o seguinte: "Eu não ousaria afirmar que os gregos e os romanos já usavam esse estilo de canto, porque cheguei à conclusão que ele só se torna possível como tal através de nossa música, para torná-lo adequado para o nosso idioma" (citado de Tomlinson 1990: 8). Um pouco mais tarde, Monteverdi, em uma discussão com Artusi, teria que defender seu direito de

violar as regras estabelecidas, presumivelmente permanentes, caso a expressão o forçasse a fazer isso.

10 Pode-se mais uma vez pensar em Wagner como o caso mais expressivo. A suposta recriação daqueles que parecem ser os mais conservadores antigos mitos alemães requer a inovação mais ousada na música e uma revolução no conceito de encenação teatral.

11 Em seu "Discorso sopra la musica" (1628), Giustiniano Vincenzo afirma que "a música tem um efeito enorme não apenas nas pessoas, mas também nos animais, que não têm intelecto". Ele também aborda questões como por que é preciso cantar quando se pesca peixes-espada (e em grego, ainda por cima), o efeito calmante da música no crescimento do bicho-da-seda e assim por diante (citado de Salazar 1980: 50, 53-54).

12 A honra da última personificação na verdade pertence à obra de Haydn, *L'anima del filosofo, ossia Orfeo ed Eurídice.* Foi escrita em 1791, o mesmo ano de *A Flauta Mágica,* mas nunca foi terminada nem foi encenada na época (a primeira apresentação só aconteceria em 1951). No século XIX, tanto a cantata de Berlioz *Mort d'Orphée* (1827) quanto a opereta satírica *Orphée aux enfers* (1858, a quem devemos o famoso cancã) pertencem a um mundo totalmente diferente, embora ambas estejam em extremos opostos. E isso sem mencionarmos as elaborações do tema durante o século XX por Stravinsky, Tippett e Birtwistle.

13 É essencial que Orfeu acompanhe seu canto com a lira, colocando-se a si mesmo sob os auspícios de Apollo. A lira proporciona o equilíbrio harmônico, a estrutura, posiciona seu canto dentro do simbólico. Poderíamos dizer: Orfeu pode domar animais selvagens e a natureza, porque domou em primeiro lugar sua própria voz, sua natureza íntima. Porque quando ele fracassa nessa tarefa e olha para trás, perde Eurídice.

14 *Flectere si nequeo superos, Acheronta movebo* (Virgílio, *Aeneid (Eneida),* 7: 312): "Se não posso dobrar os deuses de cima, comoverei os poderes infernais" (citado em Freud 1976: 769).

15 Darwin, em *The Descent of Man, (A origem do homem)*, tenta ficar à altura de sua fama de que seria antecessor de Freud no que diz respeito a esse tema: "Eu concluo que as notas musicais e os ritmos foram adquiridos primeiramente pelos progenitores masculinos ou femininos da humanidade com a intenção de encantar o sexo oposto" (citação de Watson 1994: 350). Vamos chamar

essa ideia provisoriamente de "a teoria Papageno da música". Sob essa luz da ligação entre as funções erótica e religiosa da música, pode-se reinterpretar a elaboração de Lacan em *Encore*, sobre "Deus e a *jouissance* da mulher" (Lacan 1975: 61).

16 "Qual é a razão desse poder da música que consegue despertar amor apaixonado, especialmente no que diz respeito às mulheres, que estão habituadas a ouvir serenatas cantadas para elas?... Os teólogos deveriam explicar por que a música desperta emoções nas almas, conduzindo-as à devoção e ao fascínio das cerimônias sacras" (citação de Salazar 1980: 52-53).

17 Sobre a arte e a abundância do eco como recurso musical no final da música do Renascimento e no começo da do Barroco, ver Sternfeld 1993: 197-226 e *passim*.

18 É altamente significativo que esse não seja o final original pretendido por Striggio e encenado em 1607. O final original fica mais perto do mito grego. Depois da segunda perda de Eurídice, Orfeu jura nunca mais amar outra mulher e de modo um tanto inconsequente profere alguns comentários desabonadores sobre as mulheres em geral. Ele é interrompido pelas bacantes que levam o comentário a sério e ficam com a última palavra, o coro final, enquanto Orfeu sai de cena. Esse final, o Bacanal, já estava presente na versão de Poliziano em 1480, a "mãe de todos os Orfeus" que viriam depois. Monteverdi encomendou um final diferente para a versão impressa de 1609, acorde com suas próprias convicções e essa é a única versão existente da música.

19 Para uma comparação detalhada entre as versões de Monteverdi e Gluck, assim como as mudanças que ocorreram entre as duas, ver a obra clássica de Kerman (1957: 25-49).

20 A volta ao final de Rinuccini já havia sido instigada pelas versões anteriores de Orfeu, a de Fux em 1715 e a de Wagenseil em 1750.

21 Além das frases de abertura de *Twelfth Night*, de Shakespeare, existe outra variação: "Dê-me um pouco de música, música, alimento caprichoso / de nós que comerciamos no amor" (*Antony and Cleópatra* 2.5.1-2). Depois de ter escolhido algumas das sublimes palavras de Shakespeare sobre os poderes da música para que servissem aos meus propósitos, permitam-me que cite também uma frase mais lasciva: "Os astuciosos filhos da mãe/ Tem um truque eficiente para levar damas para a cama./ Uma canção francesa e um violino não têm rival. (*Henry VIII*, 1.3.39-41).

22 A equação é, naturalmente, um grande lugar comum e um clichê na poesia e na música. Então, eis aqui um músico: "Qual dos dois poderes, amor ou música, é capaz de elevar o homem ao auge mais sublime? É uma grande pergunta, mas me parece que pode ser respondida assim: o amor não pode expressar a ideia de música, mas a música pode dar uma ideia de amor. Por que separar um do outro? São as duas asas da alma" (Berlioz, *Memoirs,* citado por Watson 1994: 349).

23 Temos a informação de Follino sobre a primeira récita: O lamento "foi interpretado com tanta emoção e de forma tão devota que nenhum dos que estava ouvindo ficou impassível, nem houve entre as mulheres alguma que não derramasse lágrimas ao ouvir aquela queixa" (citado por Sternfeld 1993: 177).

24 O Consort of Musicke, sob a direção de Anthony Rooley, produziu um fantástico registro de uma variedade de versões do lamento de Ariadne no século XVII. Além da ópera de Monteverdi, há obras de Bonini, Pari, Costa, Il Verso e Rascarini (ver Harmonia Mundi GD 77115). O próprio Monteverdi, muito significativamente, produziu três versões: além do lamento *per voce sola,* há também um madrigal em cinco partes, que nos faz lembrar do posicionamento ambíguo de Monteverdi, com cada pé em uma época diferente, e finalmente a transcrição do lamento original para um texto diferente em latim, o de Maria pranteando o Cristo morto. O lamento original, altamente sexual, pode ser reinterpretado, sem nenhuma mudança real, de modo altamente religioso, mostrando a ligação estreita entre a função erótica e a religiosa que habitam o ponto central da música.

25 Ver Clément 1979 para obter um catálogo bastante impressionante. Sternfeld ressalta a mudança de cenário institucional como um fator: "Não há nenhuma razão para que Desdêmona (Rossini, 1816), Norma, Lucia, Leonora (em *Forza*), Aída, Carmen, Mimi, Tosca e Mélisande não morram no final da ópera. Não há nenhuma festa na corte, nenhum banquete" (1993: 50).

26 Não há nenhuma evidência clara de que *Orfeo,* que apareceu em versão impressa em 1609 e foi reeditado em 1615, tenha tido novas representações ao longo do século XVII, depois das duas iniciais nos dias 24 de fevereiro e 1ºde março de 1607. É possível que algumas tenham sido realizadas. Sua seguinte encenação, a da redescoberta, ocorreria em 1904 em Paris, graças aos esforços de Vincent d'Indy, depois que alguns trechos da partitura foram impressos em 1881. Esses fatos parecem difíceis de acreditar e absurdos, dada a força da música de Monteverdi.

27 Ver o engenhoso paralelo de Kivy entre a ária *da capo* como forma musical e a psicologia apresentada em *Passions d'âme*, de Descartes, com sua visão de "emoções como peças de decoração discretas: bem definidas e bastante diferentes umas das outras, a tal ponto que podia haver um catálogo... feito com elas"(1999: 101). E o catálogo cartesiano básico contém apenas seis: surpresa, amor, ódio, desejo, alegria e tristeza, e...todas as outras ou são compostas por algumas dessas seis ou são variações delas" (Descartes, citado por Kivy 1999: 101).

28 Além dessas, Mozart escreveu uma dúzia de óperas, nenhuma das quais pode se comparar às sete magníficas, apesar de alguns momentos poderosos. Nos últimos tempos, vêm sendo feitas muitas tentativas de reabilitar essas óperas, que gradualmente foram se tornando parte do repertório e suas gravações atualmente estão disponíveis facilmente. Das sete óperas enumeradas, *Idomeneo* e *La clemenza di Tito* só conquistaram amplo reconhecimento ao longo dos últimos trinta anos. Diante do renovado interesse internacional em Mozart, essa lista pode se tornar maior. O compêndio mais abrangente de todas as óperas de Mozart é proporcionado por Mann (1977), que se concentra principalmente na descrição objetiva tanto da parte dramática quanto da musical e não tenta enveredar pela interpretação. A obra de referência clássica mais antiga é Dent (1947).

29 Essa mesma estrutura pode ser encontrada em outras óperas menos conhecidas de Mozart. Por exemplo, em *Lucio Silla* (1772), *Il re pastore* (1775) e assim por diante.

30 Gostaria de ressaltar aqui que a leitura do brilhante trabalho de Nagel, *Autonomie und Gnade* (1985) foi a principal fonte de inspiração para este estudo, embora eu tenha opiniões diferentes das dele em relação a muitas questões.

31 Para o contexto político desta obra, ver Till 1992: 263 ff.

32 Essa ausência pode ser interpretada sobre o pano de fundo da ideologia subjacente. No que se refere meramente aos meios musicais, há com certeza algum nível de afinidade em muitos aspectos. Paradoxalmente, a música de Bach, de modo geral, mostra mais tensão dramática do que a ópera contemporânea dele; em suas cantatas e paixões, artifícios operísticos são utilizados de uma forma que supera a ópera daquela época. Ver Kerman 1957: 65-70.

33 A ópera de Rossini, composta em 1816, se baseia no *Le Barbier de Séville* de Beaumarchais, de 1775. Trinta anos antes, em 1786, Mozart compôs a conti-

nuação da história em *Le nozze di Figaro,* baseada na obra de Beaumarchais *Le Mariage de Figaro,* encenada por primeira vez em 1784. Essa sequência temporal é altamente reveladora. Quando Rossini compôs a primeira parte da história de Fígaro em 1816, com um enorme sucesso, foi precisamente para inaugurar a Restauração. Depois de anos de tumulto revolucionário e de guerras Napoleônicas, o *Figaro* de Rossini apresentava o mundo como ele costumava ser antes, quando senhores e criados ainda estavam em seus lugares legítimos. Rossini, cuja carreira se desenvolveu exatamente entre 1814 e 1830, era o compositor da Restauração por excelência e criou óperas *serias* e *buffas* de grande sucesso, que devem ser entendidas como novas versões desses gêneros. Todas as suas óperas estão impregnadas do conhecimento de que mostram um mundo que já desapareceu e que não é mais possível (da mesma forma que a Restauração era também uma nova versão), uma consciência que podia assumir formas tanto burlescas quanto nostálgicas. A estratégia musical de Rossini deve ser entendida tendo como pano de fundo duas outras estratégias musicais da mesma época: a de Beethoven e a de Schubert. O estilo final de Beethoven é uma tentativa heróica não de uma nova versão, mas sim de levar o estilo clássico a suas conclusões extremas, acompanhando-o até sua decomposição. Schubert (que era um grande admirador tanto de Rossini como de Beethoven) conseguiu inaugurar o novo paradigma do romantismo, o ambiente musical apropriado para a cultura burguesa pós-revolucionária. Todas as suas óperas foram fracassos e foram espetacularmente eclipsadas pela nova intimidade das *Lieder*, que refletiam um novo tipo de subjetividade. Para discorrer sobre toda essa questão de modo detalhado seria necessário um desenvolvimento mais aprofundado, que só conseguiria nos desviar da delimitação do nosso objetivo atual.

[34] Uma tradução grosseira diria: "Depois do almoço, a sra. Catherine veio nos visitar. Jogamos com as cartas do tarock. Às sete horas, fomos passear no jardim. Estava acontecendo a tempestade mais bonita do mundo". Tarock não é tarô, mas sim um jogo de cartas muito popular no Império Austríaco.

[35] Esta é uma fórmula muito satisfatória promovida por Kivy (1999: 252 ff) e também tinha a intenção de fazer uma crítica expressa ao título da obra clássica de Kerman *Opera as Drama (A ópera como drama)*, de 1957.

[36] Esse exemplo serviu como modelo diversas vezes. Para uma análise musical detalhada, ver Rosen 1971:290-295, e para a análise do conteúdo emocional, ver Kivy 1999: 241-251.

37 Till (1992) tem outra sugestão interessante aqui: texto envolvendo domínio racional da emoção deve ser falado em vez de cantado, porque a música, especialmente para a estética do século XVIII, é a linguagem das paixões e nunca poderia comunicar a racionalidade de forma convincente (111). Isso suscita outra questão: a misericórdia era concebida originalmente não como o triunfo da racionalidade sobre as paixões, mas como o triunfo do amor sobre leis severas sustentadas pela racionalidade. Mas os dois caminhos terminam por coincidir (ou faz-se com que coincidam), porque para que alguém seja elevado à altura de demonstrar misericórdia como uma expressão de amor verdadeiro, é preciso que esse alguém chegue a dominar suas paixões. O amor verdadeiro exige auto-disciplina, e o triunfo do coração é o triunfo da razão, pelo menos se acreditamos em *Die Zauberflöte*, mas voltaremos a isso mais adiante.

38 A figura da mulher como redentora foi usada finalmente à moda épica e de modo bastante catastrófico, por Wagner, mas esse é outro ponto que não pretendo discutir aqui.

39 Talvez na parte mais radical de todo o texto da peça de Beaumarchais, Fígaro e Suzanne chegam a repetir as palavras da condessa: eles também o perdoam. Dão a si mesmos o direito de serem os sujeitos que perdoam, sem pedir permissão, eles se reconhecem como sujeitos que foram ofendidos e estão portanto em posição de perdoar o senhor.

40 Musicalmente, existe também a simetria tonal com o início: a curta bravura da abertura em Ré maior é seguida por uma queda para a subdominante Sol maior para o primeiro dueto entre Susanna e Fígaro – o momento da harmonia inicial antes que surja o conflito – e depois no *finale*, a nota Sol maior do perdão é seguida por uma mudança ascendente para a dominante Ré maior, a tonalidade fundamental da ópera, para a curta bravura do coro de conclusão.

41 Se acreditarmos em Jeanne Louise Campan, a ideia de que a queda da Bastilha surgiu em *Figaro* saiu de ninguém menos do que o próprio Louis XVI. Campan recebeu ordens do rei para ler a peça para ele em privado para que o rei pudesse ver por si mesmo se havia necessidade de censura. Quando ela chegou ao monólogo, o rei teria dito: "Seria preciso derrubar a Bastilha se a produção desta peça não for um erro perigoso". Mas claro, a srta. Campan escreveu suas memórias após a queda da Bastilha. Ver Beaumarchais 1985:17.

42 Nesse aspecto, *La serva padrona,* de Pergolesi, que estabeleceu o modelo de *opera buffa,* parece ser uma anti-ópera: apenas uma *soubrette* e um baixo são suficientes para a peça inteira.

43 Durante muito tempo, acreditava-se que a ária de Susanna "*Al desio*" (KV 577), que Mozart compôs para a performance de *Figaro* em Viena em 1789 foi escrita para a condessa.

44 Em função do seu nome, Cherubino é logicamente chamado por diminutivos; Fígaro o chama de *"Narcissetto, Adoncino d'amor"*. Na mesma ária, *"farfalone amoroso" (borboleta amorosa)* também insinua sua natureza angelical e erótica.

45 Não posso discutir aqui uma ambiguidade sexual extremamente importante que acompanhou a ópera através dos séculos XVI e XVII, a saber, o papel proeminente desempenhado pelos *castrati* e os complexos entrelaçamentos criados nas definições de masculinidade e feminilidade em função disso. Um dos primeiros decretos da Revolução Francesa foi a proibição dos castrados, que emblematicamente personificavam a monstruosa "contranatureza" do *ancien regime.* Não se permitiu que as mulheres cantassem nos palcos em Roma até 1823. Esse fato é descrito de forma magistral no famoso conto de Balzac "Sarrazine" (que ficou ainda mais famoso pela excelente análise de Barthes em S/Z), em que um jovem francês se apaixona loucamente por uma bela prima donna romana, sem saber que "ela" é um *castrato.* Para uma discussão mais detalhada sobre esse personagem paradoxal, ver Salazar 1980: 121-133; ver também Barbier 1989 e Ortkemper 1993.

46 Brophy (1988: 106) sugere, na verdade, que a ária 1.6 pode ser interpretada como um "monólogo do falo" (precedendo em dois séculos os atualmente famosos *Monólogos da vagina*): *Non so più cosa, cosa faccio, / Or di foco, ora sono di ghiaccio... / Ogni donna cangiar di colore, / Ogni donna mi fa palpitar. / Solo ai nomi d'amor, di diletto / Mi si turba, mi s'altera il petto / E a parlare mi sforza d'amore / Um desio ch'io non posso spiegar! / Parlo d'amor vegliando, / Parlo d'amor sognando / ... E se non ho chi m'oda / Parlo d'amor con me."* (Não sei mais quem eu sou ou o que estou fazendo, / Ora estou ardendo, ora sou feito de gelo... / Toda mulher me faz mudar de cor, / Toda mulher me faz tremer. / Diante da simples palavra amor ou amada / Meu coração pula e palpita, / E falar disso me enche / De um desejo que não consigo explicar. / Falo de amor quando estou acordado, falo dele em meus sonhos... / E se não tenho ninguém que me ouça / Falo de amor para mim mesmo.) Sua segunda ária, 2.12, é parecida: *"Sento um affetto / Pien di desir, / Ch'ora è diletto / Ch'ora è mártir. / Gelo, e poi sento / l'alma avvampar, / E in um momento / Torno a gelar. / Ricerco um bene / fuori di me. / Non son chi'l tiene / non son cós"è. / Non trovo pace / Notte nè di, / Ma pur*

mi piace / Languir così". (Eu tenho um sentimento / Repleto de desejo / Que ora é prazer, / Ora é tormento. / Eu me congelo, depois sinto / Meu espírito arder em chamas, / E no momento seguinte / Virar gelo novamente. / Eu busco um tesouro / Fora de mim mesmo, / Não sei quem o guarda / Nem o que é. /... Não encontro paz / De noite nem de dia / No entanto, extenuar-se assim / É puro deleite.)

47 Em muitas versões do mito de Don Juan (por exemplo, nas duas mais famosas, de Molière e de Molina), o pai também faz parte do elenco. Naturalmente, Don Juan sempre trata seu pai sem respeito e sem escrúpulos, ele infringe os laços com seu pai com a mesma consistência com que trata todos os outros laços estabelecidos pela ordem do pai.

48 Isso também foi ressaltado por Kerman, que vê a questão mais como um "erro dramático": "Se se afirma que a falta de identidade de Don Giovanni é exatamente o elemento mais forte de sua personalidade, esse é um argumento vazio. Na ópera, acredita-se em tudo o que é apresentado de forma convincente pela música. Presumivelmente, a falta de caracterização de Don Giovanni atraía particularmente os críticos românticos. Seus sonhos e idealizações podiam se desenvolver na relativa vacuidade de Mozart". (1957: 121). Ver também Stricker 1980: "Quando Don Giovanni canta, ele toma emprestado todos os estilos, da *seria* à *buffa*: ele fala com todos em seus idiomas para dominar a todos" (251).

49 "O epílogo definitivamente não fornece respostas para as perguntas; apenas mostra como a vida é enfadonha sem o Don" (Kerman 1957: 122). Era prática comum ao longo do século XIX omitir o finale e terminar a ópera com a descida de Don ao inferno. Isso combinava muito mais com a onda de finais catastróficos.

50 Mitos que têm sua origem nos tempos modernos, isto é, mitos que não são uma revisão de alguma história antiga, são raros. O mito de Fausto foi criado em paralelo ao mito de Don Juan e pode ser visto como seu suplemento e seu pólo oposto, e dois séculos mais tarde, *Frankenstein* foi criado como um estranho *post-scriptum.* Para uma comparação de Don Juan e *Frankenstein,* ver Brophy 1988: 240-241. A melhor argumentação sobre Don Juan como um mito é provavelmente a de Rousset 1976.

51 Quase ao mesmo tempo em que Kierkegaard estava escrevendo isso, o próprio Venusberg era musicado e colocado no palco na *Tanhäuser* de Wagner, que não é

nada além da versão de Wagner do problema eminentemente "kierkegaardiano" da relação entre Cristianismo e sensualidade. *Either/Or* foi publicado em 1843, e a primeira versão de *Tanhäuser* foi encenada pela primeira vez em 1845.

52 Segundo Kierkegaard, esse é o defeito fatal de todas as figuras literárias de Don Juan, de Molière a Byron. Don Juan raciocina, argumenta e é forçado a falar constantemente, a filosofar e a refletir. "Na ópera, não apenas se fala de um sedutor, Don Giovanni é um sedutor" (1992: 124). Kierkegaard considera o Don Juan de Molière "moralista demais", precisamente em função de sua fala; além disso, sua falha é que sua sedução tem origem na inveja e no ciúme – ele deseja o objeto de desejo do outro. Seu desejo não é apenas desejo, mas o desejo do desejo, o desejo do Outro. Em outras palavras, é um desejo e não mais um instinto como se supõe que seja na música.

53 "O que é essa força? Ninguém pode dizer. Mesmo que eu perguntasse a Zerlina antes de ela ir ao baile 'o que é essa força com que ele te cativa?", ela responderia: 'Ninguém sabe". E eu diria: "'Muito bem dito, minha criança! Tu falas com mais sabedoria do que os homens sábios da Índia, *richtig, das Weiss man nicht;* e a infelicidade é que eu também não posso te dizer" (Kierkegaard 1992: 108).

54 Aqui, usei essa teoria de modo *naif*, abstraindo os problemas intrincados de sua estratégia textual, que imediatamente envolve cada uma de suas teses em um labirinto de identidades elusivas. Claro que Kierkegaard publicou *Either/Or* sob o pseudônimo Viktor Eremita, que se apresenta como o simples editor dos textos escritos por A e B, encontrados por acaso. A e B, claro, defendem pontos de vista opostos. Às teorias expostas por A na primeira parte (entre elas, as teorias sobre Don Juan), B responde na segunda parte. A voz de Kierkegaard é a primeira ou a segunda, ou talvez ambas ou nenhuma? Será que esse homem terrivelmente sério e profundamente irônico está rindo de nós?

55 Outra teoria, na verdade extremamente oposta, sobre Don Juan foi desenvolvida por Felman (1979). Para ela, ele é um ser de discurso por excelência, um grande manipulador da palavra que pode levar o discurso ao seu limite extremo. É a palavra que une e cria a ligação social, mas Don Juan é uma pessoa que transgride todas as ligações e obrigações, enquanto, ao mesmo tempo, usa o poder de união da palavra. Seu poder é o poder da performance, da promessa, e em última análise do amor. Conquista a todos com esse poder, enquanto ele mesmo escapa dos laços que cria, estando sempre em outro lugar. O objeto do prazer evocado é uma aparência produzida pela auto-referência da linguagem.

Pela antecipação, pela suposição da identidade e pelo referente, que seus interlocutores são requeridos a fornecer à medida que são seduzidos pela palavra dele. Ele mira no ponto em que as palavras produzem o surgimento do prazer além da palavra. Consequentemente, Felman considera a versão de Molière como a máxima personificação do mito. Nos dois casos, o mito de Don Juan cai na falta de referência: em um caso fora do discurso, onde só pode ser evocado pela música, e no outro, dentro do discurso, como sua subversão.

56 Traduzido literalmente, esse título significa "Todas fazem assim" (as mulheres) e é retirado de *Figaro,* quando Don Basilio diz de passagem: "Così fan tute le belle" (trio 1.7). Mozart destaca essa citação ao repetir o tema que acompanha essas palavras na abertura de *Così fan tutte.*

57 Talvez seja adequado resumir brevemente a trama: dois homens jovens, Guglielmo e Ferrando se vangloriam sobre a beleza e a virtude de suas noivas, Fiordiligi e Dorabella. O velho filósofo Don Alfonso, cético quanto às virtudes femininas, propõe uma aposta por 100 cequins: no espaço de um dia, as virtudes tão glorificadas ficarão arruinadas se os jovens aceitarem seguir suas sugestões. Então, levam a cabo um experimento. Os dois homens fingem partir para o campo de batalhe e voltam rapidamente disfarçados de oficiais albaneses. Com a ajuda da criada das damas, Despina, e sob a supervisão de Don Alfonso, eles tentam seduzir suas noivas, que não os reconhecem, já que cada um deles corteja a prometida do outro. Após uma série de complicações, as duas damas cedem e finalmente estão preparadas para se casar com seus novos amores. Mas no meio da cerimônia de casamento, os dois soldados voltam em suas identidades iniciais e exigem vingança. A intriga finalmente é esclarecida e as duas damas desonradas pedem perdem, e são perdoadas, graças em parte à pressão de Don Alfonso. E então, tudo está em ordem de novo. Mas será que está?

58 E.T.A. Hoffmann foi praticamente o único que não se juntou a esse coro. Não em vão ele adotou Amadeus como seu terceiro nome.

59 "Oh, quão caro e acima de todo reconhecimento Mozart é para mim. Não lhe foi possível inventar música para Tito como a de Don Giovanni, para Così fan tutte como a de Figaro! Como isso teria vergonhosamente profanado a Música"! (Wagner, citado por Einstein 1979: 459).

60 Uma pista negativa sobre sua autenticidade é o fato de que Da Ponte nunca mencionou essa história em suas memórias. Se fosse verdade, ele provavelmente não teria perdido a oportunidade de se vangloriar a respeito.

61 É possível encontrar a seguinte sugestão sobre a estrutura social de *Così:* "Se Don Alfonso ('intelligentsia') é o verdadeiro 'perpetrador', ele só pode abrir os olhos dos casais enganados ('burguesia') com a ajuda da criada ('a classe operária')" (Mezzocapo de Cenzo e MacGabham 1991: 285). Se seguíssemos essa sugestão, obteríamos nada menos que a ligação entre filosofia e a classe operária com que sonhava Marx.

62 Na primeira representação, eles eram quase que literalmente um casal estranho, porque os dois papéis eram interpretados por Bussani e sua mulher. A notória produção de *Così* feita por Peter Sellars usou a ligação entre a criada e o filósofo como fio condutor, a pressuposição era que o verdadeiro drama acontece nessa ligação, apoiada em veladas sugestões eróticas e traumáticas. O momento crucial de seu relacionamento é o sutil quarteto 2.22(*"La mano a me date")* em que Don Alfonso atua como porta-voz dos dois homens, enquanto Despina fala pelas duas mulheres. Os dois atuam como intérpretes do desejo do Outro e assim entram em um jogo ambíguo de mediação. Depois que o contato entre os dois casais é estabelecido, eles desaparecem rapidamente, mas e quanto aos seus próprios desejos? Existe algo parecido a uma mediação neutra? O que os mediadores desaparecidos fazem depois de desaparecerem?

63 Durante o século XVIII, um gênero curioso e agora quase esquecido de óperas de marionetes alcançou grande popularidade. *Così fan tutte* talvez represente sua melhor personificação: os próprios atores assumem o papel de marionetes.

64 A história de Ovídio se baseava em um mito grego no qual Céfalo esconde sua identidade e seduz sua própria mulher, Prócris, e ela depois usa o mesmo truque com ele para se vingar.

65 O cânone é usado aqui para obter a sublimidade do momento, mas Mozart podia usá-lo também para o objetivo oposto, para suas composições com os textos mais vulgares e escatológicos inventados por ele mesmo (por exemplo, K. 231, K. 233, K. 560, e assim por diante). Por ser a forma mais codificada, apresentava o maior contraste com a vulgaridade dos conteúdos.

66 O tema desse cânone é reminiscente do trio *Soave sia il vento* (1.10), o momento sublime da separação no primeiro ato; o momento de reunião encobre o momento da despedida. Também é possível ouvir um eco dos dois duetos (2.23 e 2.29) em que as damas sucumbiram ao charme dos dois novos apaixonados (ou será que foi ao contrário?). Mozart é um mestre em condensar momentos prévios significativos.

67 Talvez seja oportuno acrescentar que Mozart se encontrou, de certa forma, em uma situação semelhante antes do seu casamento. Depois de ser rejeitado por Aloysia Weber, casou-se com a irmã dela, Constanze. Para ele, também, o amor teve relação com substituição e intercâmbio. Uma irmã é tão boa quanto a outra?

68 Grupos de comediantes costumavam encenar as chamadas *pièces de transformation,* nas quais as *soubrettes* frequentemente mudavam de roupa e assumiam diferentes papéis, desde o mais alto até o mais baixo na escala social; falavam diversos idiomas e assim por diante. (Ver o depoimento de Goldoni em Einstein 1979: 460). O disfarce era um modo ideal de expressar a psicologia mecânica do Iluminismo: uma pessoa pode ser reduzida à função que se denota de suas roupas e suas relações podem ser reduzidas a reflexos condicionados provocados por sinais externos. O disfarce é o começo da psicologia behaviorista.

69 A obsessão pelos disfarces começou muito antes e a fantasia do século XVII parecia particularmente impressionada com disfarces que encobriam a identidade sexual. Esses disfarces eram mais ambíguos ainda se se tem em conta a presença ubíqua dos *castrati* na ópera (ver Salazar 1980 e Barbier 1989).

70 Dentro do entusiasmo geral por disfarces, *Così* também exibe duas instâncias do outro tipo comum: Despina, a *soubrette,* aparece disfarçada como um médico no primeiro final e como notário no segundo. A paródia social implícita demonstra nessas cenas como é preciso pouco para assumir o lugar privilegiado dos portadores dos aparatos ideológicos tradicionais: a roupa e algumas sentenças em um latim imperfeito.

71 "*Così fan tutte* é uma peça... sobre o problema de identidade e de intercambiamento. Se o amor é transferível, se seus objetos são intercambiáveis e cada indivíduo é substituível – os dois apaixonados ficam justificadamente indignados que seja necessário apenas um dia para que o mundo social e seus valores fundamentais sejam derrubados – se a dignidade pessoal e as demandas irrenunciáveis de repente se tornam uma ilusão por meio de um experimento ridículo, mas conscienciosamente preparado, o que acontece a partir daí? Aqui se abre um abismo que a música de Mozart não consegue fechar, mas pode não obstante... construir uma ponte sobre ele sem cair em uma utopia de salvação" (Kunze 1984: 453). Nagel provavelmente tinha essa citação na cabeça quando laconicamente comentou: "a ausência do abismo... é o abismo real em *Così fan tutte*" (1985: 42).

72 "Don Alfonso é consciente de que está testemunhando a despedida final... desse século de Iluminismo, ao ser um de seus últimos representantes, ao mesmo tempo um cínico e um humanista, um libertino frívolo e um sábio resignado em um só homem" (Schalz 1991: 345).

73 Essa contradição foi ressaltada de vários modos por diversos analistas perspicazes. Por exemplo: "No palco, vemos duas coquetes italianas que riem e mentem, mas na música, ninguém ri e ninguém mente" (Hyppolite Taine); "A música é, como era muito frequentemente antes, enganosa: ela pinta a beleza como a aparência da 'bondade'... Mozart queria que o víssemos como um 'diabolus ex machina' que nos dá desilusão como beleza" (Hildesheimer 1977: 316); "as emoções são sempre genuínas, essa é a mensagem da música, podemos apenas nos equivocar de pessoa ou trocar seu nome" (Wienold 1991: 320); "não é embaraçoso que de um ponto de vista estritamente musical acreditemos nas pessoas igualmente se são fiéis ou desonestas, sinceras ou mentirosas?" (Stricker 1980: 276-277); "em que música devemos acreditar, se não for nessa?" (Gulke 1991: 262).

74 Algumas razões plausíveis podem ser dadas em favor dessa hipótese: a maior compatibilidade entre os personagens dos casais trocados e acima de tudo a compatibilidade das vozes (Fiordiligi – soprano, Ferrando – tenor; Dorabella – mezzo-soprano, Guglielmo – barítono). "Quem já ouviu falar de uma prima donna se casando com um barítono?" (Hugues 1972: 187). A construção dramática, porém, oferece muitas razões contra essa solução (ver Kerman 1957: 112).

75 É por isso que acredito que não devamos nos preocupar, como muitos analistas fazem, sobre a futura felicidade dos dois casais. Pode-se aventurar a hipótese de que sua união será mais sólida do que a da maior parte dos casais de Mozart que supostamente devem viver felizes para sempre, embora – ou talvez justamente por essa razão – Mozart não possa celebrar suas reconciliações.

76 Comparem isso com a conclusão de *L'épreuve*, de Marivaux: *Maris jaloux, tendres amants, / Dormez sur la foi des serments, / Qu'aucun soupçon ne vous émeuve; / Croyez l'objet de vos amours, / Car on ne gagne pas toujours / A le mettre à l'épreuve.*" (Maridos ciumentos, doces amantes, / Durmam com a fé em seus votos, / Não deixem nenhuma suspeita perturbá-los; / Acreditem no objeto do seu amor / Porque nem sempre se ganha /Ao colocá-lo em teste). Tem a ver, portanto, com outro lugar comum do século XVIII.

[77] A nota Si bemol maior, geralmente uma tonalidade de alegria e confiança, mostra novamente seu lado traiçoeiro. Em *Don Giovanni,* Noske (1977) encontrou aproximadamente dez casos da mesma fórmula musical em vários lugares, sempre em Si bemol maior e sempre com a conotação de traição, *tradimento* (68-74).

[78] O *enfant sauvage,* outro mito obsessivo do Iluminismo, também era um objeto privilegiado para o olhar do rei. O rei transcende a margem superior da sociedade para basear sua legitimidade na natureza, assim como o *enfant sauvage* transcende a margem inferior como grau zero da subjetividade natural antes da entrada na cultura. Eles delimitam o espaço social desde extremos opostos. Não é coincidência que Kaspar Hauser, o mais famoso *enfant sauvage,* apresentasse uma condensação fantástica dos dois, dadas as inúmeras especulações sobre ter ascendência real.

[79] A produção de Sellars de *Così,* independentemente do que se possa pensar de suas extravagâncias, reinterpretou radicalmente a posição do filósofo. Ao se concentrar na ligação erótica problemática com Despina, ele perde seu status elevado e de exclusão.

[80] Assoun observa a propósito disso: "Devemos ter em mente esse laço simbólico entre o autômato e o poder" (1981: 158), mas ele não desenvolve a ideia para além dessa observação.

[81] Era particularmente atraente que o autômato pudesse desempenhar funções altamente espirituais, como pintar e compor música, e assim reduzir os ideais estéticos a um procedimento mecânico. Deve-se considerar também as composições de Mozart para instrumentos mecânicos, por exemplo, K. 594, K. 608, K. 616.

[82] Jacques de Vaucanson (1709-1782), nascido no mesmo ano que La Mettrie e que morreu no ano de *Die Entfuhrung,* era, além de inventor, inspetor da fábrica real de tecidos em Lyon. Em seu tempo livre, quando não estava ocupado construindo autômatos, também inventou um tear conduzido por uma roda de água que foi muito importante para revolucionar a indústria têxtil. Ele pode ser visto como uma figura metafórica emblemática situada na interseção de duas épocas.

[83] "A fonte do fascínio do autômato de Vaucanson era o fato de que eram criaturas sem segredos. Todo aquele que lia as descrições de Vaucanson sabia como funcionavam. É uma surpresa, então, que na Espanha a Igreja Católica tenha

ameaçado os construtores de autômatos com inquisição e tortura? Os segredos da vida que eram vigiados pela igreja não deviam ser cedidos a mecanicistas e filósofos que permitiriam sua desmistificação" (Wawrzyn 1990: 99).

84 Riehn (1985: 55-59) dá um número suficiente de razões convincentes para a análise da uniformidade musical da obra. Diz respeito, em primeiro lugar, aos motivos, porque inúmeros motivos posteriores podem ser derivados do primeiro tema da abertura. Isso reflete a maneira de Mozart de produzir motivos diferentes e cronologicamente distanciados sobre a base de uma série de transformação ordenada, que dá ao todo uma uniformidade oculta, invisível à primeira vista.

85 Há outra especulação que diz que Shikaneder não era o único autor do libreto (ou nem sequer o mais importante deles), porque naquela época era prática comum que os grupos de teatro escrevessem seus textos coletivamente. O candidato citado com mais frequência para a co-autoria (ou até mesmo para a autoria predominante) é Karl Ludwig Giesecke (um maçom também) que, depois de suas aventuras teatrais na juventude, fez carreira como geólogo, estudando rochas da Groenlândia, e se tornou um renomado professor de mineralogia na Universidade de Dublin. Durante uma visita posterior a Viena, ele teria confirmado sua autoria. Ver Hildesheimer 1977: 333-335.

86 Embora Riehn tenha mostrado que não se pode provar que essa frase citada com frequência realmente seja de Goethe e que, portanto, pode ser acrescentada ao grupo de lendas sobre Goethe, alguns dos outros comentários do escritor alemão sobre o assunto se inclinam nessa mesma direção.

87 Mozart se tornou um membro dos franco-maçons em 1784, provavelmente influenciado pelo Barão Von Gemmingen, que ele conheceu em Manheim em 1778. O pai dele, Leopold, seguiu a entrada do filho nessa ordem fraternal em 1785. Os franco-maçons foram perseguidos durante o reinado de Maria Theresa. Joseph II, porém, foi mais tolerante com eles.

88 No motivo de dois homens com armaduras, Mozart, de forma altamente extraordinária, cita um coral luterano. Há diversas outras citações e adoções: o tema da abertura é adotado de Clementi, no grande sucesso *"Ein Mädchen oder Weibchen"* (2.20), o coral de Scandelli é citado; o motivo da ária de Monostatos (2.13) é retirado de Myslevecek; a primeira ária da Rainha da Noite é adotada de Benda; e assim por diante. Ver Riehn 1985: 65.

89 "Lutar não é meu talento. Basicamente, também não quero nenhuma sabedoria. Sou uma espécie de filho da natureza, me deleito com dormir, com comida e

bebida; e se fosse possível em algum momento que eu conseguisse uma bela esposa..." (o diálogo com os padres depois de 2.10).

90 Segundo a convenção operística de que todas as pessoas importantes se apresentam com uma ária e que desse modo definem a si mesmas, Tamino recebe a sua (1.3). Pamina não recebe uma ária dessas no começo. Ela é, porém, duplamente recompensada em sua ária "final" na qual sua identidade é definida no umbral da morte – *"So wird Ruh im Tode sein!"* (Stricker 1980: 326).

91 "Sua transcendência deu clareza ao momento dramático, bem como desassossego, mas independente do fato de ela ser passiva ou ativa, ela nunca é a irmã de nenhuma outra heroína de Mozart" (Stricker 1980: 326).

92 O velho misógino Schopenhauer viu o problema e a inconsistência justamente nesse ponto: "Em *Die Zauberflöte,* esse hieróglifo grotesco, porém significativo e com muitos ângulos, o princípio fundamental seria completamente simbolizado, se no final Tamino ficasse livre de seu desejo de possuir Pamina e em vez disso solicitasse e recebesse a consagração no templo sozinho, em contraste com seu oposto necessário, Papageno, que receberia com justiça a sua Papagena" (citado em Riehn 1985: 45). Wagner seguiria exatamente essa ideia em *Parsifal*, que pode ser lida como uma transformação de *Die Zauberflöte* cerca de cem anos mais tarde.

93 *"Zuerst werde ich hier Von eine Idee sprechen, die, soviel ich weiβ, noch in keines Menschen Sinn gekommen ist – wir mussen eine neue Mythologie haben, diese Mythologie aber muβ im Dienste der Ideen stehen, sie muβ eine Mythologie der Vernunft sein. Ehe wir die Ideen ästhetisch, d. h. mythologisch machen, haben sie fur das Volk kein Interesse; und umgekehrt, ehe die Mythologie vernunftig ist, muβ sich der Philosoph ihrer schämen. So mussen endlich Aufgeklärte und Unaufgeklärte sich die Hand reichen, die Mythologie muβ philosophisch werden und das Volk vernunftig, und die Philosophie muβ mythologisch werden, um die Philosophen sinnlich zu machen. Dann herscht ewig Einheit unter uns"* (Hegel 1970 1: 236). Esse famoso texto de três páginas foi escrito provavelmente no final de 1796 ou no começo de 1797. Foi publicado pela primeira vez em 1917 e, embora a caligrafia seja de Hegel, a autoria ainda é objeto de discussão. É muito provável que Schelling e Hölderin também estivessem envolvidos.

94 Riehn contribuiu com dois paralelos contemporâneos para esse ponto, de dois autores tão diferentes quanto Schiller e De Sade. Vejam, por exemplo, De Sade: "Seus governantes só sabem como ser reis, eu aprendi a ser humano" (*Aline et Valcour,* citado em Riehn 1985: 53).

[95] Existe um paradoxo aqui: o Iluminismo colocou em pauta a separação entre Igreja e Estado; o remédio proposto por Mozart, porém, significa que eles deveriam unir-se, embora ele tivesse em mente uma igreja diferente.

[96] Aqui minha interpretação diverge totalmente da visão de Nagel, que sobre outros aspectos é uma análise muito lúcida e inspiradora (o mesmo acontece no caso de *Così,* sobre a qual Nagel, curiosamente, tem pouco a dizer).

[97] "O gordo padre maçônico Sarastro", escreve Engels no fim de *Anti-Duhring.* Na Áustria do século XVIII, a franco-maçonaria não incluía ainda as posturas anti-católicas veementes que desenvolveria mais tarde.

[98] Também em *Così fan tutte* Don Alfonso recebe apenas uma pequena ária. Mesmo que sua moral seja de um contraste evidente em relação à de Sarastro, seu ensinamento moral não pode ser musicado.

[99] O título do manifesto é *"Zuruckforderung der Denkfreiheit Von den Fursten Europen, die sie bisher unterdruckten"* (Exigir de volta a liberdade de pensamento dos príncipes da Europa, que a suprimiram por muito tempo) (Fichte 1971: 9). O lugar e o ano de publicação estão indicados como segue, na página do título: "Heliópolis, no último ano da velha escuridão (1793)". Heliópolis era a antiga cidade egípcia do sol.

[100] "Não é coincidência que Beethoven tivesse imitado essa ária na ária de Leonora. Em vez de das duas trompas *obbligato* de Mozart, Beethoven naturalmente usou três" (Einstein 1979: 462). A ironia não intencional é que Beethoven – para o modelo de virtude "verdadeira" – usou a ária em que Mozart mostra os últimos esforços da virtude antes de sua queda.

[101] No prólogo do novo texto, escreveu: "Comprovou-se que era simplesmente impossível para nós encenar *Die Zauberflöte* em Weimar seguindo o original, que Mozart enobreceu com sua música celestial" (citação de Riehn 1985: 38). Ele encarregou seu cunhado, Vulpius, cujas habilidades poéticas não eram superiores às de Schikaneder, de escrever o texto novo.

[102] O trabalho sobre o fragmento foi abandonado em primeiro lugar porque ficou demonstrado que era impossível encontrar um compositor adequado para realizar semelhante tarefa. Schiller já havia dito a Goethe que mesmo o melhor texto não consegue fazer a ópera. Em função do enorme sucesso de *Die Zauberflöte,* diversas imitações rapidamente apareceram durante os anos seguintes: *Zauberrring, Zauberspiegel, Zauberpfeil, Zauberkrone,* e assim por diante (e mesmo após três décadas, Schubert ainda escreveu a música de palco

para *Die Zauberharfe* e diversas árias adicionais para *Zauberglöckchen*). Em 1798, o próprio Schikaneder escreveu uma sequência de *Die Zauberflöte* com o título de *Das Labyrinth oder Der Kampf mit den Elementen,* uma peça com uma quantidade incrível de mágica, truques de palco e máquinas; a música foi composta por um Peter Von Winter (ver as notas do editor em Goethe 1981: 712-713).

[103] Mesmo Papageno e Papagena não podem mais ser felizes: "O mundo inteiro não é mais belo... O que aconteceu a nós dois?" (Goethe 1981: 367). Pamina também não pode: "Estou como se tivesse sido atingida por um raio; /Como posso depender de vós, deuses / se vós afastais a sabedoria de nós?" (394).

[104] "Nesta terra, a verdade não mais será divulgada com bela claridade. Seu caminho se concluiu, mas estamos cercados pela noite profunda".

"EU NÃO COMANDO MEUS SONHOS"

Slavoj Žižek

No texto que acompanha uma das gravações de *Così,* de Mozart, a parceria entre Mozart e Da Ponte é proclamada como "tão memorável quanto as de Verdi e Boito, Gilbert e Sullivan, Strauss e Hofmannstal ou quanto a de Wagner consigo mesmo" [1]. O surpreendente é como é permitido enumerar a relação incestuosa de Wagner consigo mesmo em uma série com outras relações "normais", insinuando que Wagner teve sorte de encontrar o libretista certo, isto é, *ele mesmo.* Uma formulação que se encaixa perfeitamente na leitura desconcertantemente autocentrada da história anterior da ópera e da música em geral: as características que ele enfatiza como mais progressistas em compositores anteriores (por exemplo, o grande *finale* do segundo ato de *Le nozze,* de Mozart) são as características que é capaz de interpretar que apontam para ele, para sua noção e prática do "drama musical". No entanto, e se Wagner estivesse certo? E se sua obra efetivamente marca uma conquista única, um ponto de inflexão que nos permite interpretar adequadamente e retroativamente as ambiguidades e inovações dos compositores anteriores, bem como conceber o que se segue como a desintegração do equilíbrio wagneriano único? Borges uma vez observou, a respeito de Kafka, que alguns escritores têm o poder de *criar seus próprios precursores.* Essa é a lógica da reestruturação retroativa do passado através da intervenção de um novo *point-de-capiton*: um ato realmente criativo não apenas reestrutura o campo de possibilidades futuras, mas também reestrutura o passado, ressignificando os eventuais traços prévios de forma a que apontem para o presente. A aposta subjacente do atual ensaio é endossar a noção de que essa é a posição de Wagner. Para colocar a questão de forma direta e ingênua, e se *Tristão e Isolda* e *Parsifal* simples e efetivamente são (pelo menos de um determinado ponto de vista) as duas maiores obras de arte da história da humanidade?[2]

A contrapartida adequada para o ensaio de Dolar sobre Mozart teria sido começar a análise com *O holandês voador* (ou *O navio fantasma)*, que ocupa na obra de Wagner o mesmo papel estrutural de *O rapto do Serralho* em Mozart: ela apresenta sua matriz elementar. Isso quer dizer que embora as óperas de Mozart apresentem uma série de variações sobre o mesmo motivo básico (o gesto de misericórdia do senhor que reúne o casal apaixonado), *O rapto do Serralho*, com sua ingênua afirmação única da força do amor que conquista tudo, realmente se destaca diretamente como (de nenhum modo a melhor forma, e precisamente por essa razão) a personificação desse motivo básico (o final de seu segundo ato, com seu triunfante quarteto "Es lebe die Liebe!", é único em sua ingenuidade, em sua falta da posterior e famosa ironia de Mozart). Quando, após o ponto mais baixo de *Così fan tutte,* com sua extraordinária conclusão pascaliana de que o amor é gerado de forma mecânica quando se segue o ritual externo, Mozart procura restabelecer a ingenuidade pura do poder do amor em *A Flauta Mágica;* esse retorno às origens já é falsificado, contaminado pela artificialidade, como os pais que, ao contar histórias aos filhos, fingem que realmente acreditam nelas.

E ocorre algo similar com Wagner: no que diz respeito à pureza de *O Navio Fantasma*, fica-se tentado a afirmar que *Tannhäuser* e *Lohengrin,* embora fossem suas obras mais populares durante a época da vida do compositor, não são realmente representativas de seu estilo (ver Tanner 1997), porque lhes falta um típico herói wagneriano. Tannhäuser é comum demais, simplesmente dividido entre o amor puramente espiritual (por Elizabeth) e o excesso de prazeres eróticos terrenais (proporcionados por Vênus). Incapaz de renunciar aos prazeres terrenais ao mesmo tempo em que almeja livrar-se deles, Lohengrin é, pelo contrário, celestial demais, uma criatura divina (artista) desejando viver como um mortal comum com uma mulher fiel que confiaria nele totalmente. Nenhum dos dois está na posição do típico herói wagneriano, condenado à existência imorredoura de sofrimento eterno (o mais perto que chegamos disso é a longa "narrativa romana" do herói, perto do fim de *Tannhäuser,* o primeiro exemplo íntegro do extenso sofrimento do herói, que impede que ele morra.). E não é que, mais uma vez, de modo similar, *Meistersinger (Os mestres cantores de Nuremberg)* é comum demais, com sua aceitação da realidade social e *Parsifal* é celestial demais em sua rejeição ao amor sexual e dessa forma a tríade de *Tristan, Meistersinger* e *Parsifal* repete em um poder mais alto a trilogia de *O navio fantasma, Tannhäuser* e *Lohengrin?* [3] No entanto, como já fiz uma tentativa de semelhante interpretação [4], preferiria realizar aqui um movimento similar na direção *oposta*: ler a *Tristão e Isolda* de Wagner como a obra de nível zero, como a perfeita formulação máxima de uma determinada visão filosófico-musical, e a partir daí interpretar os trabalhos posteriores (do próprio Wagner e também de outros compositores) como variações sobre esse tema, como postos na trajetória da desintegração da síntese única de *Tristan* que culmina na muito celebrada *Liebestod* para a qual a ópera inteira se inclina como sendo sua resolução final.

A pulsão de morte e o sublime wagneriano

Nós cantamos por diferentes razões: bem no começo de *Eugene Onegin,* Pushkin apresenta a cena de mulheres cantando enquanto colhem morangos em um campo, com a explicação amarga de que são obrigadas a cantar por sua senhora para que não possam comer os morangos enquanto os colhem. Então, por que canta Isolda? A primeira coisa a ser notada é a dimensão performativa, auto-reflexiva da canção final de Isolda. Quando Romeu encontra Julieta morta no final do balé de Prokofiev *Romeu e Julieta,* sua dança expressa seu esforço desesperado para ressuscitá-la. Porém, aqui a ação acontece em dois níveis, não apenas no nível do que a dança traduz, mas também no nível da dança em si mesma. O fato de o Romeu dançante estar se arrastando ao redor do corpo de Julieta, que está suspenso como um calamar morto fora da água, pode ser interpretado como seu esforço desesperado para devolver seu corpo inerte ao estado da dança em si mesma, para restaurar sua capacidade de magicamente negar a gravidade e flutuar livremente no ar. Assim, sua dança é de certo modo uma dança reflexiva, dirigida para a (in)habilidade de dançar de sua parceira morta. O conteúdo designado (o lamento de Romeu por sua Julieta morta) é sustentado pela auto-referência da forma em si mesma. E é comparável ao canto de Isolda: no sublime momento da *Liebestod*, o canto de Isolda como tal está em jogo. Aqui, o canto não representa apenas seu estado interior, seu desejo de se unir a Tristão em sua morte. Ela morre de cantar, de se imergir na canção; em outras palavras, a identificação culminante com a voz é o próprio meio de sua morte.

Em que, então, consiste essa *Liebestod*? A resposta parece clara: a combinação eclética de Wagner do nirvana budista (mediado através de Schopenhauer) e de erotismo metafísico. A oposição estruturante é aquela entre dia e noite: o universo diurno das obrigações simbólicas e das honras versus sua revogação noturna na "*höchste Lust*" da auto-obliteração erótica. Não surpreende que essa penetração no esquecimento da noite esteja associada com a Irlanda, como coloca Heinrich Böll em seu maravilhoso livro *Irish Diary* (1957), os bares irlandeses tinham pequenas cabines isoladas com uma cortina de couro, com correias graças às quais um bêbado podia se prender ao assento e se submergir na "noite do mundo", fugindo do mundo diurno da família, honra, profissão e obrigações e nadando na escuridão até ficar sem dinheiro e ser compelido relutantemente a voltar para casa. Então, tudo parece claro: a pulsão de morte erotizada, a suspensão da ordem simbólica. Mas aqui, no entanto, surge a primeira complicação. Sim, *Tristan* é a história de uma paixão letal que encontra sua solução na auto-obliteração extática, mas o próprio *modo* dessa auto-obliteração está o mais longe possível da violação apaixonada de todas as regras – a imersão na noite é apresentada como um procedimento frio, declamatório, distanciado. Não surpreende que talvez a montagem definitiva de *Tristan* nas últimas décadas, a feita por Heiner Muller, o herdeiro não oficial de Brecht, enfatizava precisamente esse aspecto de um ritual quase que mecanicamente representado.

Uma olhada nos outros heróis wagnerianos pode ser um auxílio neste ponto. Começando pelo caso paradigmático, o Holandês Voador, os heróis são possuídos pela paixão incondicional por encontrar a paz final e a redenção na morte. Sua dificuldade é que em algum momento do passado cometeram algum ato maligno atroz, e o preço que precisam pagar não é a morte, mas sim a condenação a uma vida de sofrimento eterno, condenados a vagar desamparados, incapazes de realizar sua função simbólica. Isso nos dá uma pista para a canção wagneriana por excelência que é o lamento (*Klage*) do herói que mostra seu horror diante da necessidade de existir como um monstro imorredouro ansiando pela paz na morte. Vamos considerar o grande monólogo introdutor do Holandês e o lamento do moribundo Tristão e os dois grandes lamentos do sofredor Amfortas. Embora não haja um grande lamento por parte de Wotan, a despedida final de Brunnhilde – *"Ruhe, Ruhe, du Gott!"* – aponta para a mesma direção: quando o ouro é devolvido ao Reno, é permitido finalmente a Wotan morrer pacificamente.

A solução de Wagner para a colocação em oposição de Eros e Tanatos é a identidade dos dois pólos: o próprio amor culmina em morte, seu verdadeiro objeto é a morte, e ansiar pelo amado é ansiar pela morte. Será que o que Freud chamou de pulsão de morte *(Todestrieb)* é o impulso que assombra o herói wagneriano? É precisamente a referência a Wagner que nos permite ver como a pulsão de morte freudiana não tem nada a ver com o anseio por auto-aniquilação, pelo retorno à ausência inorgânica de tensão de vida. A pulsão de morte não reside nos heróis de Wagner que desejam encontrar a paz na morte. É, ao contrário, *justamente o oposto de morrer,* um nome para o estado imorredouro da própria vida eterna, para o terrível destino de ficar preso no ciclo repetitivo e infinito de vaguear com culpa e dor. O falecimento final do herói wagneriano (a morte do Holandês, de Wotan, Tristão, Amfortas) é, portanto, o momento de sua *liberação* das garras da pulsão de morte. Tristão, no Ato III, não está desesperado por culpa do seu medo de morrer, mas sim porque sem Isolda ele não pode morrer e é condenado ao anseio eterno. Ele espera ansiosamente pela chegada de Isolda para poder morrer. A perspectiva que o apavora não é morrer sem Isolda (a queixa padrão de um amante), mas sim a da vida infinita sem ela. O paradoxo da pulsão de morte freudiana é, portanto, que esse é o nome dado por Freud para o oposto do que o termo pareceria significar, pelo modo como a *imortalidade* aparece dentro da psicanálise, por um excesso misterioso de vida, por um impulso imorredouro que persiste além do ciclo (biológico) de vida e morte, de geração e corrupção [5]. A lição final da psicanálise é que a vida humana nunca é "apenas vida": os seres humanos não estão simplesmente vivos, mas estão possuídos pelo estranho desejo de aproveitar a vida em excesso, atados de modo apaixonado a um excedente que desbarata o curso normal das coisas.

Tamanha luta para experimentar a vida em seu ponto mais excessivo é o tema das óperas de Wagner. Esse excesso inscreve a si mesmo no corpo humano na forma de uma ferida que faz com que o sujeito não morra, privando-o da capacidade de morrer (além da ferida de Tristão e de Amfortas, há também, naturalmente, *a* ferida, aquela de "O médico rural", de Kafka). Quando sua ferida é curada, o herói pode morrer em paz. Por outro lado, como Lear (2000) tem razão em enfatizar, a figura da vida ideal equilibrada, liberada dos excessos perturbadores (digamos, a contemplação aristotélica) é também um substituto implícito para a morte. O estalo de Wagner foi combinar esses dois aspectos opostos do mesmo paradoxo: *Livrar-se da ferida, curá-la, é em última análise o mesmo que se identificar total e diretamente com ela.* Será que esse estalo não diz respeito ao centro mesmo do Cristianismo? Cristo não é aquele que curou a ferida da humanidade tomando-a completamente para si? É aqui que a originalidade de Wagner aparece: ele deu à figura do Cristo uma virada excepcional. Embora Cristo fosse o puro que tomou para si a ferida (o maior sofrimento), Parsifal (o Cristo wagneriano) *não* cura a ferida de Amfortas ao tomá-la para si; em um claro contraste com Cristo, ele traz a redenção ao manter completamente sua pureza, ao resistir à tentação do excesso de vida (a tentação que trouxe devastação para o Reino do Graal, quando o pai de Amfortas, Titurel, sucumbiu por ter gostado excessivamente do Graal) e não ao assumir o fardo do pecado. Por essa razão, Parsifal não precisa morrer, mas pode diretamente se impor como novo governante. Gutman está certo ao afirmar que as cenas do templo de *Parsifal* "são, em certo sentido, Missas Negras, pervertendo os símbolos da Eucaristia e dedicando-os a um deus sinistro" (1990: 432).

Na história da ópera, é possível perceber esse excesso de vida em duas versões principais, italiana e alemã, Rossini e Wagner. Então, talvez, embora sejam os grandes opostos, a conhecida consideração particular de Wagner por Rossini, assim como o encontro dos dois em Paris, atesta uma afinidade mais profunda. Em contraste com o universo de Wagner, o de Rossini é decididamente pré-romântico, um universo em que os personagens malignos sentem a necessidade de declarar suas maldades para suas vítimas. Até mesmo Pizarro, no grande confronto no Ato II da ópera *Fidelio,* de Beethoven, declara quem ele é a Florestan antes de matá-lo; ele quer que Florestan *saiba* que vai matá-lo. A tendência obscura de semelhante auto-exibição pode ser percebida em *Les liaisons dangereuses,* de Laclos. Nessa obra, Valmont, o herói, quer seduzir Madame de Tourvel não em um momento temerário de paixão, mas em total consciência. Ele quer que ela se veja sendo humilhada e não consiga resistir: "Deixe-a acreditar na virtude, mas que sacrifique essa virtude por mim; deixe-a ter medo de seus pecados, mas que eles não a freiem" [6]. O plano de Valmont é "deixá-la plenamente consciente do valor e da extensão de cada um dos sacrifícios que ela faz; não proceder tão rápido com ela de modo que o remorso seja incapaz de acompanhar; é mostrar a ela sua virtude exalando o último suspiro em prolongadas agonias; manter esse espetáculo sombrio incessantemente diante de seus olhos" (Laclos 1961: 150). Somente na manhã seguinte a consciência de seu ato tomará conta dela. A situação aqui é antitrágica: em uma tragédia propriamente dita, o sujeito realiza o ato fatídico sem ter consciência de suas consequências, que só o alcançam depois; aqui, no entanto, nenhum intervalo de tempo abre espaço para a experiência trágica, porque o ato em si coincide com a consciência total de suas consequências. Essa é a posição sadista de transpor para o Outro a ruptura subjetiva em sua essência.

De um modo similar, os dois homens em *Così fan tutte* querem que suas noivas os vejam humilhados. A questão não é apenas testar sua fidelidade, mas envergonhar as noivas compelindo-as a confrontarem publicamente sua infidelidade (vale lembrar o final, quando, depois do contrato de casamento com os dois albaneses, os dois homens voltam em suas roupas verdadeiras e revelam que eles eram os albaneses). O desejo enigmático não é o das mulheres (é estável ou fugaz?), mas o dos homens: que tipo de diabrete da perversidade estimula os dois jovens cavalheiros a submeter as damas a uma provação tão cruel? O que os está impulsionando a jogar na desordem o idílio harmonioso de sua relação de amor? Obviamente, querem suas noivas de volta, mas só depois de terem sido confrontados com a vaidade de seu desejo feminino. Como tal, a posição deles é estritamente a mesma do pervertido de De Sade: seu objetivo é deslocar para o Outro (vítima) a divisão do sujeito desejante. Isto é, as noivas desventuradas precisam assumir a dor de achar seu desejo repulsivo.

Com o típico vilão do final do romantismo (por exemplo, Scarpia, na *Tosca* de Puccini), temos uma constelação completamente diferente, perceptível não apenas no final extremamente obsceno do Ato I, mas também ao longo do Ato II: Scarpia não quer apenas possuir Tosca sexualmente, mas quer também testemunhar sua dor e sua fúria impotente provocada pelos atos dele: "Como tu me odeias!... É assim que eu te desejo!". Scarpia quer despertar em seu objeto um ódio que surge da fúria de ter sido reduzida à impotência. Ele não quer seu amor, mas quer que ela se entregue a ele como o ato de humilhação suprema, uma vez que Tosca ama Mario e não ama Scarpia. O dele é o ódio do objeto feminino: o verdadeiro parceiro de Scarpia é o homem desejado/amado pela mulher, e por isso seu supremo triunfo vem quando Mario vê Tosca render-se a Scarpa em função do amor que sente por Mario e a amaldiçoa/rejeita violentamente por isso. Aí reside a diferença entre Scarpia e Valmont: enquanto Valmont quer que a mulher se odeie enquanto se rende a ele, Scarpia quer que ela o odeie, que odeie o sedutor (Ver Braunstein 1986: 91-92).

Rossini pertence à mesma série de auto-exibição, só que com uma mudança. Seus grandes retratos masculinos, os três de *Barbiere* (*"Largo il factótum"*, de Fígaro, *"Calumnia"*, de Basilio, e *"Um dottor della mia sorte"*, de Bartolo), e o auto-retrato de corrupção do pai em *Cenerentola,* representam uma reclamação irônica de si mesmo, onde alguém se imagina em uma posição desejada, bombardeado por pedidos de favor ou serviço; o sujeito assume os papéis daqueles que se dirigem a ele e então finge uma reação a isso. Vamos considerar com mais detalhe o pai em *Cenerentola:* quando sua filha se casar com o príncipe, as pessoas se dirigirão a ele para solicitar serviços na corte, oferecendo subornos e ele reagirá furiosamente, assombrado com tudo isso. O momento culminante da ária arquetípica de Rossini é o único momento de felicidade, da afirmação completa do excesso de vida; o sublime rossiniano surge quando o sujeito está assoberbado de solicitações e não é mais capaz de lidar com elas. No ponto alto desta ária factótum, Fígaro exclama: "Que multidão / de pessoas bombardeando-me com seus pedidos / -- tenham piedade, um de cada vez /*uno per volta, per carita!"*, referindo-se com isso à experiência kantiana do sublime, na qual o sujeito é bombardeado com um excesso de dados que ele é incapaz de compreender. A economia básica é obsessiva aqui; o objeto de desejo é a demanda do Outro. Esse excesso é o contraponto apropriado ao sublime wagneriano, à *"höchste Lust"* da imersão no vazio que conclui *Tristão e Isolda.* Existe, claro, algo pré-romântico, pré-psicológico e caricato nessa auto-exibição total e é por isso que, com o começo da psicologia romântica, Rossini estava certo em parar de compor e adotar a postura satisfeita de um *bon vivant* – essa era a única coisa eticamente adequada a se fazer (seu longo silêncio é comparável ao de Sibelius e, na literatura, ao de Rimbaud e Hammett). Essa oposição entre os sublimes rossiniano e wagneriano se encaixa perfeitamente na oposição kantiana entre o sublime matemático e o dinâmico [7]; como acabamos de ver, o sublime rossiniano é matemático, representa a inabilidade do sujeito para compreender a quantidade pura de demandas que o inundam, enquanto que o sublime wagneriano é dinâmico, representa a força esmagadora de uma demanda, a demanda incondicional de amor [8].

A escolha forçada

A referência a esse excesso de vida nos permite justificar uma das supostas contradições na trama do *Anel*: em sua queda, os deuses supostamente devem pagar o preço por terem perturbado o equilíbrio cósmico (apropriando-se do ouro que devia ter ficado no fundo do rio Reno); no entanto, como o ouro – o anel – é finalmente devolvido ao Reno, por que os deuses perecem mesmo assim? O único modo de responder a esse enigma é introduzir a diferença entre *duas* mortes: o necessário falecimento biológico e a chamada segunda morte, o fato de que o sujeito morreu em paz, com suas contas saldadas e sem débitos simbólicos para assombrar sua memória. O próprio Wagner mudou o texto do *Anel* no que se refere a esse ponto crucial: na primeira versão da advertência de Erda na cena final de *Rheingold*, os deuses perecerão se o ouro não for devolvido ao Reno, enquanto que na versão final, eles perecerão de qualquer modo. A questão é simplesmente que antes de seu falecimento, o ouro deve ser devolvido ao Reno para que eles possam morrer da forma adequada e evitar "a perdição nas trevas sem retorno". A dívida não saldada, o pecado mortal de perturbar o equilíbrio natural é o que *impede* Wotan de morrer. Ele só pode morrer e encontrar a paz depois de saldar sua dívida [9].

O que encontramos nesse espaço misterioso entre as duas mortes é a palpitação de uma substância de vida que não pode perecer nunca, como a ferida de Amfortas em *Parsifal*. Basta lembrar de Leni Riefenstahl que, em sua busca infindável pela substância de vida primordial, concentrou sua atenção primeiro nos nazistas, depois em uma tribo africana em que os homens apresentavam corpos com autêntica beleza e vitalidade masculinas e finalmente nos animais do fundo do mar, e parece que foi apenas aí, no mundo fascinante das formas de vida primitivas que ela encontrou seu autêntico objetivo e vocação. A vida submarina parece indestrutível, como a própria Leni: o que tememos quando vemos reportagens sobre como com quase cem anos de idade ela continua ativa, mergulhando para fazer um documentário sobre vida no fundo do mar é que ela não morra nunca. Definitivamente, nossa fantasia inconsciente é que ela é imortal. É crucial conceber a noção da pulsão de morte contra o pano de fundo desta segunda morte, como a vontade de abolir a palpitação rítmica indestrutível da vida após a morte (do Holandês, de Kundry e Amfortas), e não como a vontade de negar o ciclo imediato da vida biológica. Quando Parsifal consegue aniquilar o impulso sexual aparentemente patológico em si mesmo, isso abre os olhos dele para o charme inocente do imediato ciclo natural da vida (a mágica da Sexta-feira Santa).

Então, voltemos a Wotan. Ele quer expiar sua culpa para morrer adequadamente, em paz, e assim evitar o destino do monstro imorredouro que, incapaz de encontrar a paz até mesmo na morte, assombra mortais comuns. É isso o que Brunnhilde tem em mente quando, bem no fim de *O Crepúsculo dos deuses,* depois de devolver o anel para as donzelas do Reno, diz: *"Ruhe, ruhe, du Gott!"* (Descanse agora, descanse agora, deus!). Consequentemente, a pulsão de morte quer aniquilar uma certa dimensão da vida, porém, essa vida não é a simples vida biológica, mas sim a vida imorredoura do anseio eterno entre as duas mortes.

Essa noção da segunda morte nos permite localizar adequadamente a afirmação de Wagner de que Wotan se eleva à altura trágica de desejar a própria ruína: "Isso é tudo o que precisamos aprender da história da humanidade: desejar o inevitável e levá-lo a cabo" (citação de Cord 1983: 125). Sua afirmação deve ser tomada literalmente, em toda a sua paradoxalidade. Se algo é em si mesmo inevitável, por que então deveríamos desejá-lo ativamente e trabalhar na direção de sua ocorrência é o que poderíamos perguntar. Esse paradoxo, central para a ordem simbólica, é o anverso do paradoxo da proibição de algo impossível (incesto, por exemplo), que pode ser reconhecido até na famosa frase de Wittgenstein: "Acerca do que não se pode falar, o melhor é ficar em silêncio". Se de qualquer modo é impossível falar alguma coisa a respeito, por que acrescentar a proibição supérflua? O medo de que apesar disso alguém diga alguma coisa é estritamente análogo ao medo de que o que é necessário não ocorra sem o nosso auxílio ativo. A prova primordial de que não estamos lidando aqui com jogos lógicos fúteis é o predicamento existencial da predestinação, a referência protestante ideológica que sustentou a extraordinária explosão da atividade no começo do capitalismo. Isso quer dizer que, contrariamente à noção comum de que se tudo já está decidido de antemão, por que se preocupar em fazer alguma coisa, a consciência de que o destino das pessoas já estava traçado as propelia a uma atividade frenética. Vale o mesmo raciocínio para o stalinismo: a mobilização mais intensa do esforço produtivo da sociedade soviética era sustentada pela consciência de que eles estavam realizando apenas uma necessidade histórica inexorável.

Em um nível diferente, Brecht dá uma expressão comovedora a esse predicamento em suas chamadas peças de aprendizagem, especificamente em *Jasager*, em que um menino é solicitado a seguir livremente aquele que será seu destino de qualquer modo (ser jogado no vale). O professor explica a ele que é costume perguntar à vítima se ela concorda com seu destino, mas também é costume que a vítima responda que sim. Todos esses exemplos estão longe de serem excepcionais: a admissão em qualquer sociedade envolve um ponto paradoxal em que é ordenado ao sujeito que abrace livremente, como resultado de sua escolha, o que lhe seria imposto de qualquer forma (todos *devemos* amar o nosso país, os nossos pais, e assim por diante) [10]. Nosso ponto, porém, é que todos esses paradoxos podem ocorrer apenas no espaço da simbolização. A fenda em função da qual a demanda de abraçar livremente o inevitável não é uma tautologia sem sentido só pode ser a fenda que separa para sempre um evento na proximidade de sua crua realidade de sua inscrição na rede simbólica – abraçar livremente um estado de coisas impostas significa simplesmente integrar esse estado de coisas ao universo simbólico de cada um. Nesse sentido específico, o gesto de desejar livremente a própria morte sinaliza a disposição de aceitar a morte também no nível simbólico, abandonar a miragem da imortalidade simbólica.

Esse paradoxo de desejar (escolhendo livremente) o que é necessário, de fingir (mantendo as aparências) que uma escolha livre existe, embora realmente não exista nenhuma, tem uma relação muito próxima como a divisão da lei em ideal do eu (a lei escrita, pública) e supereu (a lei secreta, obscena, não escrita). Porque, no nível do ideal do ego, o sujeito quer a aparência de uma livre escolha, a injunção do supereu tem que ser passada nas entrelinhas. O supereu articula a injunção paradoxal daquilo que o sujeito, seu destinatário, tem que escolher livremente; como tal, essa injunção precisa permanecer invisível ao olhar público para que o poder permaneça operativo. Em resumo, o que o sujeito efetivamente quer é uma ordem com aspecto de liberdade, de livre escolha. Ele quer obedecer enquanto mantém a ilusão de liberdade e assim mantém as aparências. Se a ordem for dada diretamente, desviando-se da aparência de livre escolha, a humilhação pública fere o sujeito e pode induzi-lo a se rebelar; se não há uma ordem perceptível no discurso do senhor, essa falta de comando é vivida como algo sufocante e dá origem à demanda de um novo senhor que seja capaz de proporcionar uma injunção clara.

Podemos ver agora como a noção de escolher livremente algo que é inevitável é estreitamente co-dependente da noção de um gesto vazio simbolicamente, cujo objetivo é ser rejeitado. Um é o anverso do outro, ou seja, o que o gesto vazio oferece é a possibilidade de escolher o impossível, o que inevitavelmente *não* vai acontecer (no caso de Brecht, a expedição voltar com o menino doente em vez de livrar-se dele jogando-o no vale). Outro caso exemplar de um gesto vazio é encontrado na obra de John Irving *A Prayer for Owen Meany*. Depois que o menininho Owen mata acidentalmente a mãe de John – seu melhor amigo, o narrador – ele fica, obviamente, terrivelmente arrasado, e para mostrar o quanto lamenta, discretamente manda para John, de presente, uma coleção completa de fotos coloridas de estrelas do beisebol, seu tesouro mais precioso. Dan, o educado padrasto de John, diz a este que a coisa certa a ser feita é devolver o presente. O que temos aqui é uma troca simbólica em sua essência, um gesto feito para ser rejeitado; o objetivo, a magia da troca simbólica, é que embora no final estejamos onde estávamos no começo, o resultado geral da operação não é zero mais um ganho representativo para as duas partes, um pacto de solidariedade. E não é algo similar parte do nosso dia-a-dia? Quando, depois de uma competição feroz por uma promoção no trabalho com minha melhor amiga eu ganho, o mais adequado a fazer é me oferecer para declinar a promoção para que ela a receba, e o mais adequado para ela é rejeitar minha oferta, salvando desse modo a nossa amizade [11]. Em resumo, longe de defender uma hipérbole romântica vazia, a noção de Wagner de abraçar livremente o inevitável aponta para uma característica constitutiva da ordem simbólica.

No entanto, o gesto de Wotan de desejar sua própria destruição para expiar sua culpa e de Tristão e Isolda submetendo-se com dignidade ao seu desaparecimento no abismo do nada como clímax da realização de seu amor, esses dois casos exemplares da pulsão de morte wagneriana serão complementados por um terceiro, o de Brunnhilde, essa "mulher sofredora, autosacrificada" que "se torna finalmente a verdadeira e consciente redentora" (citado em Cooke 1979: 16-17). Ela também deseja sua aniquilação, mas não como um meio desesperado de compensar sua culpa; ela a deseja como um ato de amor destinado a redimir o homem amado ou, como o próprio Wagner descreveu em uma carta para Liszt: "o amor de uma mulher terna me fez feliz; ela se atreveu a jogar-se em um mar de sofrimento e agonia para ser capaz de me dizer 'Eu te amo!'. Ninguém que não conheça toda a sua ternura pode julgar o quanto ela teve que sofrer. Nós não fomos poupados de nada, mas como consequência eu estou redimido e ela é abençoadamente feliz porque tem consciência disso" (citado em Donington 1990: 265). Mais uma vez, deveríamos descer aqui das alturas míticas para a realidade burguesa cotidiana: mulher tem consciência do fato de que através do seu sofrimento, que permanece invisível para o conhecimento público, através da sua renúncia ao homem amado ou em prol dele (as duas estão sempre dialeticamente interligadas, porque na lógica fantástica da ideologia ocidental do amor, é pelo seu homem que a mulher deve renunciar a ele), ela torna possível a redenção do homem, seu triunfo social público – como Traviata, que abandona seu amor e assim permite sua reintegração na ordem social, como a jovem esposa na obra de Edith Warton *The Age of innocence*, sabe da paixão adúltera secreta do marido, mas finge ignorância para salvar seu casamento. Os exemplos possíveis são inumeráveis. Fica-se tentado a afirmar que Eurídice, ao se sacrificar, intencionalmente provoca Orfeu para que ele vire seu olhar para ela e assim a mande de volta para Hades, liberando sua criatividade e deixando-o livre para seguir sua missão poética e que esse é o mesmo caso de Elsa, que também intencionalmente faz a pergunta fatídica e assim liberta Lohengrin, cujo autêntico desejo, naturalmente, é permanecer como o artista solitário, sublimando seu sofrimento na criatividade. Podemos ver aqui o laço entre a pulsão de morte e a sublimação criativa, que proporciona as coordenadas para o gesto do auto-sacrifício feminino, esse objeto constante dos sonhos de Wagner: ao desistir de seu parceiro, a mulher efetivamente o redime, obrigando-o a escolher a trajetória da sublimação criativa e re-elaborar o produto cru de um falido encontro sexual real no mito do amor absoluto [12]. O que deveria ser feito, portanto, é ler a *Tristan* de Wagner da forma como Goethe explicou o seu *Werther:* ao escrever o livro, o jovem Goethe simbolicamente exteriorizou sua paixão e a levou até sua conclusão lógica (suicídio); desse modo, ele se liberou da tensão insuportável e foi capaz de voltar à sua existência cotidiana. A obra de arte atua aqui como complemento da fantasia; sua interpretação da relação sexual totalmente consumada sustenta o acordo em nossa vida social real – em *Tristan,* Wagner erigiu um monumento para Mathilde Wesendonck e para seu amor imortal por ela, e assim conseguiu superar sua paixão e retornar à sua vida burguesa normal [13].

A rejeição

Tristan não é apenas uma ópera: Michael Tanner (1997) estava certo em observar que para que *Tristan* faça sentido, deve-se abordá-la não apenas como uma obra de arte, mas como uma declaração ontológica sobre as últimas coisas, sobre o sentido da vida. O problema aqui não é o gracejo padrão pós-moderno sobre quem, em nossa cínica era pós-ideológica, ainda pode levar a sério grandes soluções metafísicas como a *Liebestod* wagneriana, mas é justamente o oposto, ou seja, a relação atual ambígua com a crença (ou convicções firmes). Basta mencionar dois exemplos inteiramente diferentes. Não é profundamente sintomático que – pelo menos em alguns países europeus – os padres e os políticos populistas de direita estejam entre os convidados mais populares dos debates e mesas-redondas da televisão? O que os torna tão fascinantes é sua insistência ingênua em condições firmes; o fato de que eles se atrevem a defender publicamente e firmemente suas convicções os tornam um alvo fácil. O segundo exemplo: por que os fãs insistem em assistir a um jogo de futebol ao vivo, mesmo que seja na frente da televisão? Por que isso nunca é a mesma coisa que assistir ao jogo depois? A única resposta honesta é que é para ajudar o seu time, para influenciar magicamente o jogo (e é por isso que, mesmo que estejam apenas diante da tela da TV, eles assoviam e gritam para apoiar o seu lado). Não é isso confirmado pela experiência *oposta*: trinta anos atrás, quando o público ainda estava impressionado pelos transplantes de coração, planos para sua transmissão ao vivo foram rejeitados por questões éticas – por quê? Porque a operação poderia fracassar e o paciente poderia morrer – como se o público fosse de algum modo ser parcialmente responsável por isso [14]. A lógica em funcionamento aqui é, naturalmente, a da rejeição fetichista, de "Eu sei muito bem, mas mesmo assim", que é operativo em toda parte em nossa vida diária (ver Mannoni 1969). Quando observamos um mágico no circo ou em uma casa de shows, sabemos muito bem que não há uma mágica real, e que ele está apenas fazendo uma prestidigitação inteligente, mas mesmo assim ficamos profundamente desapontados se somos capazes de destrinchar o truque e perceber como foi feito – queremos que seja perfeito [15]. E será que algo parecido não ocorre com os cinéfilos que se dedicam à arte de descobrir pequenas inconsistências ou erros que arruínam a ilusão? A identificação dessas gafes produz um prazer inenarrável, especialmente quando são encontrados em grandes clássicos. Lembremo-nos do caso mais famoso de Hitchcock: em seu *North by Northwest (Intriga internacional),* o garoto no restaurante cobre suas orelhas com as mãos segundos antes que Eva-Marie Saint atire em Cary Grant. Obviamente, ele sabia quando o tiro ocorreria por anteriores (e aparentemente infinitas) repetições da mesma cena, então, cobriu suas orelhas antes para evitar o impacto desagradável do som. A mágica de descobertas semelhantes está longe de perturbar nosso prazer ou de arruinar nossa suspensão de descrença, elas reforçam nossa relação de transferência com o mestre (exatamente da mesma maneira que descobrir alguma fraqueza trivial de uma pessoa pública – que essa pessoa é, afinal, humana como o resto de nós – só reforça nossa admiração por ela, ou seja, por seu status *extraordinário*). Existem, no entanto, duas versões opostas da lógica "Eu sei muito bem, mas mesmo assim" em relação à distinção entre crença *(croyance)* e fé *(foi).*

- *Eu não acredito (isto é, eu sei muito bem que não é verdade), mas, mesmo assim, tenho fé nisso!* Essa não seria a fórmula concisa do Judaísmo, em que a questão não é acreditar em Deus, mas sim ter fé (crença) nele, um engajamento/compromisso simbólico? Em função dessa mesma característica, o judaísmo se aproxima mais do paradoxo da religião ateísta: o que realmente importa não são suas crenças íntimas na existência de Deus ou em sua bondade, mas sim o fato de honrar o pacto com ele, de manter sua palavra e seguir os mandamentos divinos. O exemplo supremo aqui é a conhecida passagem dos diários de Anne Frank em que ela, de forma ingênua e patética, afirma sua fé na bondade da humanidade: "Tendo que testemunhar os bestiais crimes nazistas, eu realmente não acredito que as pessoas sejam essencialmente boas, estou muito ciente do quanto podem ser malvadas, mas apesar de tudo eu ainda acredito na bondade humana". E também não é essa a estratégia mais elementar de uma figura de autoridade que quer pressionar uma pessoa fraca? Exemplo: "Sei que você está vacilando, que você não está à altura da tarefa, você mesmo não acredita que pode conseguir, mas eu tenho fé em você".
- *Não tenho fé nisso, mas mesmo assim acredito nisso!* De acordo com Lacan, essa era a atitude dos antigos judeus em relação aos deuses e espíritos pagãos: não tinham fé neles (sua fé estava reservada para seu ciumento Deus), mas, no entanto, temiam essas outras deidades porque sua existência e seus poderes malévolos eram considerados muito reais.

E a metafísica wagneriana não está presa no mesmo predicamento? A característica principal da famosa fórmula de Wagner sobre a relação entre arte e religião ("Onde a religião se torna artificial, a arte tem o privilégio de redimir o cerne da religião" [Wagner 1972, 6: 211]) é que dá a volta na noção padrão hegeliana da supressão *(Aufhebung)* da arte na religião como a maior forma da expressão da ideia. Em Wagner, a arte salva o cerne da autêntica experiência religiosa que foi fossilizada em rituais institucionais sem vida. O problema com esta solução, naturalmente, é que suspende a crença religiosa como tal, transformando a experiência religiosa em um espetáculo estético que nos seduz sem nos obrigar a nos engajarmos seriamente. Em resumo, a pergunta "Quão a sério devemos levar a solução de Wagner atualmente?" deve ser feita de outro modo: "O próprio Wagner levava essa solução a sério?"[16] Será que não funcionava no modo de rejeição fetichista?

Talvez, o impasse que corrobora a estetização da religião transpareça mais sucintamente no seguinte dilema: se a arte é um discurso que "não sabe o que diz", isso significa que diz o que não sabe? E o oposto também vale? Se não digo o que sei, significa isso que sei o que não digo?

Notas

1 Steven Ledbetter, notas para Charles Mackerras, *Così fan tutte,* TELARC 80399, CD, 5.

2 O paralelo com Hitchcock, outro grande wagneriano, se impõe aqui com suas duas obras-primas absolutas, *Vertigo* e *Psycho.* Os ecos de *Tristão* em *Vertigo* são um tema padrão dos estudos sobre Hitchcock, e fica-se tentado a interpretar a grande trilogia hitchcockiana de *Vertigo, North-by-Northwest,* e *Psycho* como a versão de Hitchcock da trilogia *Tristan und Isolde, Meistersinger* e *Parsifal.* Nos dois casos, o elo mais fraco da corrente é o do meio (*Meistersinger* e *North-by-Northwest*), um interlúdio cômico e leve que condensa a história da normalização edipiana, da subordinação à lei paterna, que produz um final feliz com um casal "normal". E finalmente, assim como *Parsifal, Psycho* termina com uma *Spaltung* completamente insana: o fechamento é (r)estabelecido, o intruso externo é cancelado e o herói é completamente tomado pelo eterno-maternal feminino, que, para parafrasear Goethe, leva o herói na sua direção, para dentro de seu abismo (na última cena de *Vertigo,* Scottie é visto olhando fixamente para esse abismo, enquanto que no fim de *Psycho,* Norman é completamente engolido por ele). Uma análise mais profunda e mais detalhada teria que distinguir os deslocamentos entre essas duas séries, da mesma forma que a história de *Parsifal* se desfez em pedaços para Wagner uma vez que ele percebeu que Kundry, a sedutora, e Kundry, a redentora, são a mesma mulher, a história de *Vertigo* se desfaz em pedaços quando fica claro que a Madeleine sublime e a Judy vulgar são a mesma pessoa.

3 Se se concebe *Parsifal* como o ponto de conclusão da obra de Wagner, como sendo sua versão de *A Flauta Mágica,* é possível, obviamente, distinguir quantas óperas anteriores apontam nessa direção. Não apenas a própria *A Flauta Mágica,* mas, surpreendentemente, a negligenciada obra-prima de Joseph Haydn, *Armida,* de 1784 (em um jardim com donzelas-flores no castelo da montanha, a

sede do rei inimigo Idreno, o herói, Rinaldo, está sendo seduzido por Armida e precisa resistir à tentação. Armida se enfurece quando ele não sucumbe aos seus encantos; o jardim tem o mesmo status fantástico que o castelo de Klingsor em *Parsifal.* Quando Rinaldo atinge o mirto no meio da floresta com sua espada, milagrosamente a floresta desaparece). O interesse de Armida reside em seu *finale* curiosamente sinistro com o qual Haydn decidiu substituir o artificial final feliz da ópera anterior de Antonio Tozzi, sobre o mesmo assunto, composta em 1775. Não é simplesmente que o final seja trágico em vez de feliz, mas além disso ele é aberto e deixa a tensão sem resolver: ao som de música marcial, as emoções ambivalentes de Rinaldo ficam claramente demonstradas (está a caminho de se unir aos cristãos em sua batalha decisiva, porém declara que uma vez que tenha cumprido seu dever voltará para Armida), enquanto Armida continua consumida pela vingança. Fica-se efetivamente tentado a interpretar a inconsistência, a falta de uma resolução clara e as infinitas oscilações repetitivas da ópera de Haydn como um sinal que aponta para *Parsifal;* somente a solução radical de Wagner, a de rejeitar completamente os avanços femininos, é que resolve a tensão entre o amor e o chamado do dever.

4 Ver Capítulo 5 de Žižek 1993. Além disso, o volume atual canibaliza partes de meu outro ensaio sobre Wagner, "Não há relação sexual", que apareceu pela primeira vez em Salecl and Žižek 1996.

5 Para uma apresentação mais detalhada dessa noção de pulsão de morte, ver Capítulo 5 de Žižek 1999.

6 Laclos 1961: 33-34. Para uma leitura lacaniana detalhada da obra *Liaisons*, que eu cito aqui, ver Capítulo 6 de Zupančič 2000.

7 Para outro caso exemplar da oposição entre o matemático e o dinâmico, vamos recordar, da nossa experiência diária, como os homens tendem a entender mal o feminino "Bis!". Durante o cunnilingus, depois de tocar gentilmente o clitóris com a língua, um homem ouve a mulher satisfeita dizer "Sim! Sim! Mais", mas via de regra interpreta erradamente esse aviso como sendo um pedido para uma abordagem mais agressiva. Em vez de simplesmente continuar fazendo a mesma coisa, ele se torna mais violento, agressivamente sugando e mordendo o clitóris, com, naturalmente, o resultado catastrófico do retraimento da mulher.

8 Esse "excesso" italiano assume outra forma em Verdi, digamos, nos dois duos de pai e filha, Rigoletto e Gilda, de *Rigoletto*: nos dois, especialmente no segundo, (*"Vendetta")*, é como se a palavra cantando a si mesma se prendesse em um

ritmo propulsor louco da música orquestral, claramente excessivo em relação à sua função de expressar o que acontece entre os personagens.

9 O status do suicídio no Cristianismo torna diretamente palpável essa dimensão imorredoura; ao cometer suicídio, uma pessoa comete um pecado mortal, porque está anulando o divino presente da vida. Por isso, não pode ser enterrada em solo santificado nem receber os rituais adequados – a morte biológica não pode mais ser acompanhada/reforçada pela morte simbólica e é nesse espaço entre as duas mortes que os imorredouros vagam, assombrando os vivos. Desse modo, o suicídio condena o ser à vida eterna, à existência (ou insistência) imorredoura daqueles que não têm permissão de encontrar a paz na morte. Ao me suicidar, eu obtenho a imortalidade. Não a imortalidade de viver para sempre na memória histórica, mas sim a imortalidade obscena do corpo imorredouro (Aqui, me baseio em Zupančič 2000).

10 Para essa noção da escolha forçada que forma a base de nossa aliança social, ver também Capítulo 5 de Žižek 1989.

11 Claro, o problema é esse: e se o outro, para quem a oferta a ser rejeitada é feita, na verdade a aceita? E se o menino na obra *Jasager* de Brecht tivesse dito não e se recusasse a ser jogado no vale? E se, depois de ser superado na competição, eu aceitar a oferta de meu amigo de receber a promoção em seu lugar? Uma situação como essa é catastrófica, porque provoca a desintegração da aparência (de liberdade) que pertence à ordem social. No entanto, porque as coisas nesse nível são o que parecem ser, a desintegração da aparência equivale à desintegração da própria substância social, a dissolução do laço social. Sociedades anteriormente comunistas apresentam um caso extremo de semelhante livre escolha forçada; nessas sociedades, os sujeitos eram incessantemente bombardeados com o pedido de expressarem livremente sua atitude em relação ao poder, no entanto, todos eram cientes de que essa liberdade estava estritamente limitada à liberdade de dizer sim ao regime comunista. Por essa mesma razão, as sociedades comunistas eram extremamente sensíveis ao status da aparência; o partido governante queria a qualquer custo manter a ilusão de amplo apoio popular para o regime.

12 Podemos agora ver a diferença crucial entre o *Anel* e *Parsifal*: no *Anel*, o conhecimento ainda não é acessível ao "autêntico tolo" Siegfried – ele tem que morrer para que Brunnhilde, a mulher, possa se tornar inteligente ("*dass wissend wird ein Weib*"), enquanto em *Parsifal*, o próprio herói, o autêntico tolo, se torna inteligente (*"des reinsten Wissens Macht, dem zagen Toren gab")*. Syberberg estava

assim completamente justificado, em sua versão cinematográfica de *Parsifal,* em transformar Parsifal em uma mulher depois de sua conversão. No momento em que ganha acesso ao conhecimento, Parsifal efetivamente passa a ocupar a posição feminina de Brunnhilde.

13 No extremo oposto, Wagner compôs *Parsifal,* esse hino à rejeição radical da pulsão sexual, para ser capaz de continuar seu caso com Judith Gautier, a modelo da vida real em que baseou Kudry.

14 É similar à tortura em filmes *snuff:* ainda mais insuportável do que vê-los teria sido ver uma transmissão ao vivo de alguém sendo torturado – como se nossa postura passiva, nossa inabilidade para intervir, nos torne de algum modo co-responsáveis pelo horror do que está acontecendo.

15 Para a maioria dos exemplos aqui, assim como para seu pano de fundo teórico, estou profundamente em dívida com Pfaller 2000.

16 Vale lembrar de um detalhe interessante do filme *Matrix,* dos irmãos Wachowski. Quando Keanu Reeves tem que escolher entre a pastilha vermelha e a azul, sua escolha é entre verdade e prazer, entre o traumático despertar para a realidade ou a persistência na ilusão regulada pela Matrix. Reeves escolhe a verdade, em contraste com o personagem mais desprezível do filme, o agente-informante de Matrix entre os rebeldes, que, na memorável cena com Smith, o agente da Matrix, pega com o garfo um suculento pedaço de carne vermelha de um filé e diz: "Sei que é só uma ilusão virtual, mas não me importo com isso, porque tem sabor verdadeiro". Em resumo, ele segue o princípio do prazer, que diz a ele que é preferível permanecer dentro da ilusão, mesmo que se saiba que é apenas uma ilusão. No entanto, a escolha de *The Matrix* não é tão simples assim. O que exatamente Reeves oferece à humanidade no final do filme? Não um despertar direto no meio do deserto do real, mas sim um livre flutuar entre uma multidão de universos virtuais – em vez de ser simplesmente escravizado pela Matrix, é possível se liberar aprendendo-se a driblar suas regras. É possível mudar as regras do universo físico e assim aprender a voar livremente e a violar outras leis físicas. Em outras palavras, a escolha não é entre a verdade amarga e a ilusão agradável, mas sim entre dois modos de ilusão: o traidor fica ligado à ilusão da nossa chamada realidade, dominado e manipulado pela Matrix, enquanto que Reeves oferece à humanidade a experiência do universo como o parque de diversões no qual podemos jogar inúmeros jogos, passando livremente de um para o outro, remodelando as regras que estabelecem nossa experiência de realidade.

Capítulo I

"MAIS PROFUNDO DO QUE JAMAIS PENSOU O DIA"

Os E-se

O mito de Tristão e Isolda foi o primeiro a dar sentido total ao axioma do amor cortês. O amor é um ato de transgressão radical que suspende todos os laços sócio-simbólicos e, como tal, tem que culminar na extática auto-obliteração da morte [1]. (O corolário para esse axioma é que amor e casamento são incompatíveis; dentro do universo das obrigações sócio-simbólicas, o amor verdadeiro só pode ocorrer sob a aparência de adultério). E, no entanto, é simples demais reduzir a *Tristan* de Wagner à completa realização dessa noção transgressora de amor. Sua grandeza consiste na própria tensão entre seu projeto ideológico oficial e a distância desse projeto que está inscrita em sua textura. Como teria dito Althusser, a escrita de Wagner debilita seu próprio projeto ideológico explícito. A ópera parece celebrar sua imersão auto-obliterante na noite, mas o que efetivamente isso apresenta? A primeira tentativa dessa auto-obliteração (o dueto no Ato II) é brutalmente interrompida por aquele que se poderia dizer que é o mais violento *coitus interruptus* de toda a história da arte, o grito de Brangaene. A segunda tentativa é bem sucedida, mas de forma deslocada: os dois amantes não morrem juntos, mas sim um atrás do outro, e a morte deles é separada – novamente – pela intrusão da realidade comum externa. Primeiro, Tristão morre quando, em um ato de precipitação histérica, ele "ouve a luz" da chegada de Isolda. Depois, Isolda morre sozinha – mas será que é assim? O capítulo inteiro também pode ser lido como um argumento embasado a favor da encenação de Jean-Pierre Ponelle em Bayreuth em 1983[2], na qual apenas Tristão realmente morre. A chegada de Isolda e sua morte é apenas uma visão do Tristão moribundo, enquanto Isolda, de modo oportunista, permanece com seu marido. Não há então um reencontro completo, o que realmente temos é um reencontro fracassado, interrompido no Ato II, seguido (no Ato III) pela auto-obliteração e liberação como uma fantasia masculina solitária.

O modo como Tristão rasga suas ataduras em um gesto de suicida precipitação histérica é mais ambíguo do que pode parecer. Também pode significar que, estando ciente da chegada iminente de Isolda, na qual ele investiu tanto, ele não consiga suportar a perspectiva de realmente encontrá-la e prefere desaparecer de cena. (Ou será que é talvez, um ato de agressividade dirigido a Isolda, a fonte de seu sofrimento? É melhor morrer antes que ela chegue para que ela tenha que morrer sozinha, privada da morte compartilhada dos amantes. Não devemos esquecer que em seu monólogo, Tristão *amaldiçoa* a bebida que o fez se apaixonar por Isolda!) Reside aí outra assimetria entre Tristão e Isolda: foi Isolda, e não Tristão, que, muito antes dos eventos diretamente encenados na ópera, realizou o ato que selou seu laço de amor fatal. Em sua grande narração para Brangaene, o ponto central do Ato I, Isolda conta como, depois de matar seu noivo Morold em um duelo, o ferido Tristão se refugiou com ela, fingindo ser outra pessoa ("Tantris"). Por compaixão, Isolda, famosa por seus mágicos talentos de cura, cuidou dele, mas depois descobriu pela incisão na lâmina de sua espada (que encaixava perfeitamente com o pedaço de metralha que ela havia recolhido no corpo de Morold) que estava cuidando do assassino de seu prometido. Quando, seguindo os costumes da época, ela levantou a espada para atingi-lo, seus olhares se encontraram e o sofrimento, a rendição indefesa perceptível no olhar dele despertou nela não apenas compaixão, mas também o seu amor, e ela o deixou partir. Esse ato de Isolda foi um ato de amor no sentido pauliniano de suspensão do reino da lei; ao ajudar Tristão, Isolda infringiu as regras da substância ética a que ela pertencia e que exigia que a vingança fosse imposta como um dever. Em contraste com Isolda, cujo amor era resultado de um ato livre de compaixão que suspendia a lei moral predominante, o amor de Tristão por ela tem raízes nas inquietações de seu passado familiar condensados na antiga melodia *(die alte Weise)* que o assombra. Basicamente, Isolda é para Tristão um meio de elaborar seu passado traumático.

O projeto ideológico explícito de Wagner em *Tristão* é radical em sua própria simplicidade superficial. Reúne tudo ao que seu mentor, Schopenhauer, se opunha. Para Schopenhauer, a única salvação consiste em total auto-obliteração da vontade de vida, cuja expressão primordial é a ânsia por sexo, enquanto Wagner combina esses dois opostos; nossa própria rendição completa ao amor sexual traz à tona a auto-obliteração redentora. Nunca se deve esquecer que (em contraste com, digamos, *Romeu e Julieta*), a *Tristão e Isolda* de Wagner não é uma tragédia, mas sim uma peça musical estético-religiosa sagrada com um resultado "feliz", uma vez que se obtém a felicidade buscada. No entanto, como já enfatizamos, é crucial para *Tristan* a fenda entre a ideologia oficial dessa ópera e sua subversão através da própria textura da obra [3]. Essa subversão, de certo modo, dá a volta na ironia mozartiana na qual, embora as palavras do personagem exibam a postura da frivolidade cínica ou da manipulação, a música apresenta seus verdadeiros sentimentos. Em *Tristan,* a verdade final não reside na mensagem musical de realização amorosa de uma auto-obliteração apaixonada, mas na encenada ação dramática em si, que subverte a imersão apaixonada na textura musical. A compartilhada morte final dos dois amantes é abundante nas óperas românticas, basta recordar o triunfante *"Moriam' insieme"* de *Norma,* de Bellini. Com esse pano de fundo, dever-se-ia enfatizar como na *Tristan* de Wagner, na mesma ópera que eleva essa morte compartilhada ao seu objetivo explicitamente ideológico, isso é precisamente o que *não* acontece efetivamente. Na música, é como se os dois amantes morressem juntos, enquanto que na realidade, eles morrem um atrás do outro, cada um imerso em seu próprio sonho solipsista. Dentro da mesma linha, deveríamos imaginar como seria fácil para *Tristan und Isolde* terminar três vezes (pelo menos) antes do seu final oficial:

- E se, perto do fim do Ato I, quando Tristão e Isolda descobrem seu amor recíproco e ao mesmo tempo percebem a desesperança de sua situação, eles decidissem tomar a taça de veneno e morressem abraçados, e o navio terminasse trazendo dois corpos a Cornwall?

- E se, perto do fim do Ato II, se deixasse que os dois amantes consumassem sua paixão letal na culminação orgástica e "morressem inseparáveis" como anunciam em sua canção? Ou se o gesto de suicídio de Tristão ao deixar cair a espada fosse bem sucedido e em vez de apenas feri-lo, Melot o tivesse matado?
- E se, perto do fim do próprio Ato III, Isolda chegasse a tempo, para que os dois amantes pudessem retomar seu diálogo orgástico do Ato II e pudessem morrer juntos? Ou, uma última sutil variação, e se o segundo navio *não* chegasse e fosse permitido a Isolda terminar sua canção final e morrer quando escolhesse esse caminho, imediatamente após a morte de Tristão? Para resumir, e se tivéssemos uma situação tipo *Romeu e Julieta*, em que um amante morre depois do outro? Muitos comentaristas perceberam que nesse ponto, pouco antes da chegada de Brangaene, a música poderia ter ido direto para a transfiguração final.

O mais interessante desta última interrupção, ou seja, a chegada do segundo navio, que acelera o passo lento da ação de um modo quase cômico – em cinco minutos, acontecem mais eventos do que em todo o tempo anterior da ópera (a luta em que morrem Melot e Kurnewal, e assim por diante) – lembra *Il Trovatore,* de Verdi, onde nos últimos dois minutos acontecem muitas coisas. Isso é simplesmente a fraqueza dramática de Wagner? O que se deveria ter em mente aqui é que essa repentina agitação da ação *teve* que ocorrer como uma breve intrusão da realidade, permitindo a Tristão encenar o ato de auto-obliteração final de Isolda. Sem essa inesperada intrusão de realidade, a agonia de Tristão pela impossibilidade de morrer se arrastaria indefinidamente.

Se, então, cada um dos três atos de *Tristan* culmina em uma tentativa de morrer (o fato de beber a poção no Ato I, o dueto de amor e depois a exposição suicida de Tristão para Melot no Ato II, e a imersão de Isolda no transe, interrompida pela chegada de Brangaene no Ato III) e se, a cada vez, essa tentativa é frustrada pela intrusão da realidade cotidiana (a substituição da poção e o Coro de Pescadores anunciando a chegada do navio a Cornwall, a chegada do rei Mark, que interrompe a imersão dos amantes; e, novamente, a chegada de Brangaene e do rei no ato III), onde está o real lacaniano aqui? É a noite na qual o casal quer desaparecer ou a intrusão inesperada que frustra o transe dessa auto-obliteração? Paradoxalmente, o real não é o abismo da noite no qual a realidade se desintegra, mas o próprio obstáculo contingente que aparece uma e outra vez, impedindo o desenrolar sem acidentes da imersão extática dentro da noite; esse obstáculo materializa a impossibilidade inerente que mina desde dentro a fantástica imersão dentro da noite.

Tristão e Isolda lutam pela imersão especular compartilhada na coisa em que sua diferença é cancelada – é sobre isso o longo dueto do Ato II, com sua (precoce) conclusão: "Tu (I) Isolda, Tristão (I) (tu), não mais Tristão, não mais Isolda! Sempre anônimo, nunca se separando, mais uma vez aprendendo, mais uma vez ardendo; unidos infinitamente na alegria (*einbewusst)*, amor sempre intenso, o maior prazer do amor *(höchste Liebeslust).*" A própria linguagem articulada parece se desintegrar nesse processo e vai se parecendo mais e mais a uma infantil inversão no espelho, com cada vez menos sintaxe. Essa "regressão" linguística que articula essa fusão, essa falta de clareza das identidades individuais não funciona como um tipo de inversão das famosas palavras de *Tarzan:* "Eu não Tarzã, você não Jane"? É justificável que Poizat chame essa suspensão de sintaxe e de significado de *ecolalia:* Tristão e Isolda cada vez mais apenas ecoam as palavras um do outro, independentemente do significado, e por isso o texto é aqui intraduzível (ver Poizat 1998: 209). Essa elevação irreprimível na direção da felicidade suprema da auto-obliteração é repentinamente, e de modo brutal, interrompida por Brangaene (que já lembrou gentilmente aos amantes que a noite logo estará terminada); as indicações de cena de Wagner dizem: "*Brangaene solta um grito lancinante. Tristão e Isolda continuam arrebatados.*" A realidade do dia intervém: o rei Mark surpreendeu os dois amantes. Duas características são cruciais aqui. Primeiro, a elevação extática da melodia é interrompida pelo grito inarticulado. Em segundo lugar, esse grito, embora interfira de um jeito totalmente inesperado, como uma repentina intrusão violenta, é, no entanto, necessário por razões estritamente estruturais, dá corpo ao obstáculo que de modo intrínseco impede a completa realização da fantasia da auto-obliteração. Em outras palavras – e Poizat enfatiza isso corretamente -- esse grito, embora chocante, aparece no lugar que foi preparado para ele pela inteira intensificação musical precedente. Não poderia ter emergido em nenhum outro lugar que não este, isto é, no umbral da aproximação do casal "maior prazer do amor", designando a reversão repentina e inevitável do prazer excessivamente intenso em horror (Ver Poizat 1998: 210) É por isso que, se fôssemos ouvir a música sem saber quem está cantando o quê, tenderíamos a atribuir o grito de Brangaene à própria Isolda, como se, ao chegar perto de mais da *jouissance* excessiva, a felicidade tenha que virar o seu oposto. O trauma verdadeiro passa a ser não a intervenção da realidade externa, que interrompe a imersão bem-aventurada, mas a inversão desse prazer; a realidade objetiva intervém para exteriorizar o impedimento intrínseco, para sustentar a ilusão de que sem sua intervenção a imersão maravilhosa teria chegado ao seu clímax de êxtase.

Uma leitura atenta do texto do longo dueto do segundo ato pode expor facilmente as características quase imperceptíveis, mas cruciais, que diferenciam a posição de Tristão da de Isolda. Justo antes do desvio do longo intercâmbio reflexivo para o êxtase final declamatório que começa com o famoso *"so sterben wir, um ungetrennt"*, depois que Tristão tagarela sobre como mesmo que ele encontrasse a morte que deseja, o amor dentro dele não poderia perecer ("Se o amor não vai morrer dentro de Tristão, então como pode Tristão morrer amando?"), Isolda, com gentileza, mas de modo firme, lembra a ele que não está sozinho nessa situação: "Mas o nosso doce amor, não é ele Tristão e – Isolda?" Quando Tristão repete sua afirmação de que a morte não poderia destruir o amor deles, Isolda proporciona a fórmula concisa da morte de ambos: "Mas essa pequena palavra 'e' – se ela tivesse que ser destruída, como, senão através da perda da própria vida de Isolda, Tristão poderia ser levado pela morte?" Em resumo, é só na morte dela, e através dessa morte, que ele será capaz de morrer. A *Tristan* de Wagner não oferece então *o* caso da "interpassividade" da morte em si mesma, do "sujeito que deve morrer" [4]? Tristão só pode morrer ao transpor/deslocar sua morte para Isolda. Em outras palavras, só na medida em que ela experimentar a felicidade completa da auto-obliteração letal por ele, em seu lugar. Em outras palavras, o que realmente acontece no Ato III de *Tristan* é apenas a longa "viagem para o mais profundo da noite" de Tristão, e em relação a isso, a morte de Isolda é o complemento fantástico do próprio Tristão, a construção delirante que permite que ele morra em paz.

Em sua famosa análise do ser-para-a-morte em *Sein und Zeit,* Heidegger enfatiza que não se pode morrer por procuração; a morte é radicalmente de cada um, outra pessoa pode morrer por alguém, mas não pode tirar de alguém sua própria morte (Heidegger 1977: 240). É, então, isso o que acontece no final de *Tristan?* Não exatamente – o que vemos aqui é a divisão entre a realidade da morte e a fantasia em seu aspecto mais radical: enquanto Tristão está morrendo, ele está vivenciando sua própria (horrível) morte como a morte (feliz) de outra pessoa, de sua amada. (A lógica de incorporar um estímulo externo na narrativa do sonho – por exemplo, quando um ruído ameaça me acordar, prolongo meu sono inventando rapidamente uma cena que inclua esse ruído – é levada aqui até seu extremo.) Mas e quanto ao ponto de Lacan que diz que acordamos na realidade para escapar do trauma encontrado no sonho? Em outras palavras, por que Tristão não acorda quando está sendo engolido pela *Liebestod* de Isolda? A resposta é que acordando ele teria que confrontar o trauma realmente insuportável (Isolda não chegou, e ele está sozinho). Isto é, ele teria que abandonar a fantasia final do feminino e se abrir para a realidade do desejo da mulher. Então, mais uma vez, não há relação sexual, nem uma simultânea auto-obliteração orgástica de um casal (como o triunfante "*Moriam' insieme*" no fim de *Norma)*, mas o homem solitário enganado por uma felicidade falsa através do delírio. Como tal, o Ato III de *Tristan* é quase insuportável em sua intensidade; Wagner não estava exagerando de modo algum quando, em abril de 1859, escreveu essas linhas para Mathilde Wesendock, brincando e falando sério ao mesmo tempo: "*Tristan* está se transformando em algo *terrível*! O ato final!... Temo que a ópera seja banida, a menos que a coisa toda seja parodiada em uma interpretação ruim: só performances medíocres podem me salvar! Interpretações perfeitamente *boas* estarão destinadas a levar as pessoas à loucura. Não posso imaginar isso de outra maneira. Isso é o quão longe eu cheguei!!" (citado em Vetter 1992: 153).

A morte de Tristão parece ser o epítome da dimensão trágica transformando-se na dimensão cômica: morrer como processo de mais de uma hora de canto exaustivo – não surpreende que o primeiro Tristão, Ludwig Schnorr Von Carolsfeld, realmente tenha morrido de exaustão depois das primeiras récitas em Munique em 1865. Não é significativo até que ponto o longo monólogo de Tristão no terceiro ato é só sobre ele e não sobre Isolda? "Ele é a parte central do Ato III. Isolda não entra até ele estar pronto para morrer, e sua *Liebestod* é uma reflexão amplificada da conversão dele, mais ativa" (Kerman 1957: 162). A velha melodia *(alte Weise)* que persegue Tristão desde o começo do Ato II e que é tocada pelo pastor que está vigiando a chegada do navio de Isolda é um tipo de código do destino de Tristão, condensando sua relação com seu casal progenitor e desse modo estabelecendo as coordenadas de seu desejo. Em poucas palavras, essa melodia representa a falta primordial que se espera que Isolda, dotada de poderes de cura extraordinários, possa remediar. (Uma característica que une Tristão e Parsifal é que as mães de ambos foram marcadas por imensa dor. Parsifal também descobre que o nome de sua mãe é Herzeleide, "aquela com o coração sofredor").

A viagem de Tristão às profundezas da noite

A viagem interior do Tristão ferido no Ato III ocorre em dois ciclos, cada um deles estruturado como a sucessão de recordação-maldição-recaída-antecipação (ver Kerman 1957: 162-168). No Ato III, Tristão já é um homem morto-vivo, vivendo entre as duas mortes, que não se sente mais confortável na realidade, que foi puxado para a vida cotidiana desde o domínio ditoso da noite e anseia por voltar para lá. NO primeiro ciclo, Tristão culpa seu amor por Isolda por tê-lo arrastado "do reino ilimitado da noite infinita" de volta para a realidade comum do dia: "O amor veio para me afligir, foi o amor que me levou adiante e me fez buscar a luz do dia". Por causa de seu amor por Isolda, agora é somente na unificação com ela que Tristão pode encontrar novamente a paz: "Eu preciso buscá-la, eu preciso vê-la, eu preciso encontrá-las, porque somente unido a ela pode Tristão encontrar a liberação". Essa recordação culmina com ele amaldiçoando o dia em que perturbou sua paz: "Dia desgraçado, brilhe de novo!" Depois de cair para trás exausto, ele recupera sua força tendo alucinações sobre a chegada de Isolda: "Está se aproximando! Está se aproximando com valentia e rapidez. Está ondulando! A bandeira ondula no mastro. O navio! O navio! Está rodeando o recife! Tu não o vês? Kurwenal, não o vês?" Decepcionado quando fica sabendo que não há navio, Tristão cai em uma recordação mais antiga: depois de proporcionar uma descrição oportuna de seu predicamento imorredouro ("Embora eu esteja desejando ardentemente morrer, esse mesmo desejo me impede de morrer!"), ele identifica a causa do predicamento na poção de amor: "Eu esperava que a poção me curasse completamente, em vez disso um poderoso encantamento veio sobre mim: que a morte nunca me encontraria e que a aflição me prenderia para sempre." No entanto, em vez de simplesmente culpar a bebida, ele admite que foi ele mesmo quem a preparou (isto é, planejou seu triste destino) a partir da cadeia de acontecimentos que começou com a morte precoce de seus pais: "Por mim, por mim, essa poção foi elaborada. Da aflição do pai e da desgraça da mãe, de lágrimas de amante de tanto tempo atrás.../... Eu destilei o veneno da loucura." Consequentemente, essa auto-análise proto-freudiana só pode terminar com Tristão assumindo total responsabilidade por seu destino, ou seja, amaldiçoando a si mesmo: "Eu amaldiçoo a ti, bebida obscura fatal! E amaldiçoo aquele que a preparou!" Esse fato de repetição é crucial: não se pode adquirir diretamente a posição autêntica. A primeira tentativa necessariamente termina na mistificação reificante ("É o destino, não eu!"), e só através da repetição do ciclo de recordações pode-se efetivamente assumir o próprio passado [5].

Quando se analisa a "Grande Fuga" de Beethoven, opus 133, fica-se quase tentado a citar o ataque do jornal *Pravda* à *Lady Macbeth* de Shostakovich: "A música grasna, pia, resfolega e arfa" [6]. Essa estranha peça é o testemunho de uma batalha heróica, mas em última análise fracassada de dominar o material musical? Começa com quatro temas totalmente incongruentes, feitos com o mesmo grupo de notas, algo parecido a "uma folha mnemônica de um caderno de desenhos, uma série aleatória de anotações" (Kerman 1966: 277-278), em contraste com o começo do quarto movimento da Nona Sinfonia, onde Beethoven apenas recapitula os temas dos primeiros três movimentos. Depois de duas tentativas fracassadas de organizar o material, voltamos para a mesma série de anotações – a síntese se desintegra. Também é possível pensar em termos de um aspecto cômico mais do que um aspecto trágico-metafísico, um tipo de brincadeira em técnica musical. Qualquer que seja o resultado, permanece o fato de que a "Grande Fuga" é "uma violência controlada sem paralelo na música anterior ao século XX e que só foi antecipada por Mozart na fuga em Dó menor para dois pianos (K.426)" (Lam 1986: 109). Mais precisamente, a excepcionalidade da fuga é que ela não é simplesmente uma explosão expressionista no estilo dionisíaco, mas uma explosão muito mais turbulenta de loucura violenta dentro dos limites da razão, o que torna palpável a loucura e a violência inerentes à própria razão: "O poder desse clímax vem de sua estrutura harmônica subjacente, que é de uma simetria típica de Bach. Qualquer expressionista pode produzir um efeito de violência caótica, mas Beethoven nunca perdeu contato com a Era da Razão. Existe um pano de fundo de progressão harmônica perfeitamente normal sustentando as vibrações incessantes do primeiro violino, a figura estranha do contra-tema no segundo e o cânone inflexível das duas partes mais baixas" (Lam 1986: 113). Para nós, o interesse está no paralelo estrutural entre a "Grande Fuga" e o Ato III de *Tristão e Isolda*; ambos compartilham a mesma estrutura repetitiva da dupla tentativa fracassada de elevar a si mesmo, assim como uma cromaticidade similar.

É como se só se permitisse a chegada de Isolda depois que Tristão esclarecesse sua posição subjetiva: o segundo colapso de Tristão depois da maldição é seguido de um novo entusiasmo antecipatório, que desta vez demonstra ser justificado. Em vez da antiga melodia triste, o pastor começa a tocar uma canção alegre, avisando que o navio de Isolda está realmente atracando. A reação de Tristão a essa notícia é significativa; em uma explosão de loucura alucinatória violenta, ele se levanta e rasga as ataduras de seu ferimento, deixando que o sangue saia livremente, porque ele sabe que agora finalmente pode morrer ("Isso, sangue meu! Flua alegremente agora! Dissolva-se, mundo, enquanto corro até ela"), e então na visão final, única e precipitada que mistura os sentidos ("O quê? Eu ouço a luz?"), ele morre nos braços de Isolda. Não é esse "eu ouço a luz!" um encontro com o real impossível em seu aspecto mais puro? Ou seja, na medida em que o objeto-voz é aquele que nunca pode ser ouvido (com nossos ouvidos), o único modo de percebê-lo é com nossos olhos, e vice-versa, o único modo de perceber o objeto visual (o olhar) é com nossos ouvidos, para ouvi-lo. Talvez essa passagem seja efetivamente o verdadeiro lugar de nascimento do modernismo (como August Everding afirmou uma vez). O modernismo começa com esse entrecruzamento entre diferentes formas de percepção, quando "ouvimos com nossos olhos" e "vemos com nossos ouvidos".

A *Liebestod* final – ou melhor, a ascensão, como foi chamada por Wagner, já que, em um deslocamento curioso, a designação *Liebestod,* estabelecida por Wagner para o Prelúdio é agora aplicada normalmente ao *finale* – assinala o mergulho na eterna bem-aventurança da auto-obliteração, que até então era repetidamente interrompida. Aqui é crucial a diferença entre Tristão e Isolda: Tristão está, até a sua morte, histericamente nervoso; mesmo sua morte é um pulo para a frente, não uma auto-obliteração calma e "de abandono". Só Isolda pode finalmente alcançar isso, e ela é, como tal, a fantasia de Tristão. A morte de Isolda é, portanto, apenas a culminação do longo processo de morte de Tristão. Através da imersão de auto-obliteração de Isolda no "prazer maior", é ele quem finalmente encontra a paz. Na *Liebestod* final, Isolda é completamente o sintoma do homem (Tristão). Por essa razão, deve-se ouvir a "ária" final de Isolda como a conclusão de *todo* o Ato III (ou até mesmo da ópera) e não se deve "fetichizá-la" em uma peça separada de sete minutos. Isolada, não tem sentido, porque lhe falta o pano de fundo da tensão que finalmente ela resolve; o desempenho usual da *Liebestod* de Isolda como um evento em separado é completamente enganoso. O que se perde nesse isolamento é seu aspecto topológico, Isto é, o fato de que a canção final de Isolda é o ponto culminante do longo processo de morte de Tristão. Tristão só encontra a libertação final quando se identifica com um olhar puro observando o espectro de Isolda. O paralelo estrutural com a versão de Syberberg de *Parsifal* é crucial aqui: da mesma forma que depois da experiência transferencial do sofrimento de Amfortas ("A ferida! A ferida!") e a rejeição que se segue dos avanços de Kundry, Parsifal I (um menino) é substituído por Parsifal II (uma jovem fria), depois que a viagem interior da sofrida auto-análise de Tristão se completa, uma mulher tem que substituí-lo para desempenhar o ato final de transfiguração [7]. O que isso significa é que paradoxalmente, na oposição entre *Tristan* e *Parsifal*, é a última ópera que, apesar de (ou melhor, por causa de) sua aparente e enganosa misoginia, esconde um potencial feminista secreto (depois de sua rejeição aos avanços femininos, Parsifal assume uma posição subjetiva feminina, extraindo-se da lógica fálica), enquanto que o fato de Tristão se aferrar à aparição de Isolda como sua redentora final é prova de que Isolda foi reduzida a uma fantasia masculina.

Além disso, longe de ser uma mera auto-obliteração na noite do mundo em que todos os laços com os outros são suspensos, o delírio final de Tristão envolve a referência ao grande Outro como o *terceiro* elemento, presente sob a forma do olhar para o qual o espectro de Isolda dirige sua súplica. Em sua canção final, Isolda começa ecoando o apelo anterior de Tristão para Kurwenal ("Tu não vês? Kurwenal, tu não vês?"): *"Não consegues ver* como ele / Tristão / está sorrindo?" O Tristão que morre não está diretamente fascinado pela visão de Isolda, mas pelo olhar que percebe essa visão; o adequado objeto da fantasia é o olhar fantasiado, não a cena fantástica em si [8]. Mais precisamente, a *Liebestod* de Isolda é claramente dividida em duas partes, a primeira sendo uma calma narrativa na qual a tensão vai se acumulando quando ela se dirige ao outro ("Vós não o vedes?... Vejam-no, meus amigos!"), enquanto que a segunda começa quando Isolda assume sua solidão, concedendo que só ela vê Tristão vivo e sorridente: "Vós não o sentis e não o vedes? Será possível que somente eu ouça essa melodia assombrosa e gloriosa?" (Deve-se prestar atenção aqui como neste ponto Isolda repete a confusão de sentidos de Tristão: ela também ouve o que os outros não podem ver.)

É essa pressuposição de sua solidão, essa renúncia à comunidade simbólica que permite que Isolda se perca nesse transe orgástico mortal. Isso significa que nesta segunda parte, Isolda assume completamente a posição de Weininger de não ser nada além da figura no sonho de Tristão: na alucinação de sua auto-obliteração orgástica, Tristão fantasia sua própria morte real. (A encenação de Ponelle pode ser justificada também pelo fato de que, anteriormente na narrativa, Tristão já tinha tido uma alucinação da chegada do navio de Isolda – Ponelle simplesmente repete a alucinação). Nesse clímax de auto-obliteração, a chamada pequena morte do orgasmo coincide com a morte "grande" real, então, o que ocorre na *Liebestod* wagneriana é precisamente a fusão das duas mortes. Em termos lacanianos, estamos lidando com a fusão catastrófica da coisa impossível – *jouissance* com seu resto, o *objet petit a,* a fusão que encontrou sua expressão primordial em "Once More", poema de Nietzsche em *Zaratrusta* sobre a profundidade da noite que eternamente quer *jouissance* [9].

Transgressão? Não, obrigado!

No final, não é suficiente destacar que os obstáculos empíricos que surgem em *Tristan* uma e outra vez e impedem a fusão final e letal são necessários estruturalmente. Wagner era consciente de que é impossível realizar o amor verdadeiro na realidade social, então os obstáculos externos (contingentes, empíricos) estão aqui para mascarar uma impossibilidade inata; é esse mesmo mito da impossibilidade inata que precisa ser abandonado. Como a própria *Tristan* demonstra, a verdade de amor tão incondicional é a fusão dupla narcísica, uma auto-imersão que rejeita o Outro – o lugar para variações operísticas pós-wagnerianas sobre o motivo Tristão já foi aberto por essas fendas na edificação de *Tristão.* Em que, precisamente, consiste essa fenda? Por que a noção da auto-obliteração adúltera, extática, que transgride as fronteiras do casamento é insuficiente? Algo no casamento se perde quando o localizamos na oposição entre, por um lado, seu papel legal-econômico (garantia da herança etc.), e seu papel físico-emocional: o ato simbólico de declarar publicamente a vinculação mútua e incondicional das duas pessoas envolvidas. Esse ato *não* deveria ser reduzido à expressão de emoções: de certa forma, ele declara: "Estamos comprometidos um com o outro, independentemente da flutuação de nossos sentimentos!" [10]. Então, quando, Judith Butler insiste, contra a demanda do reconhecimento dos casamentos gays, na necessidade de dissociar a forma de casamento dos reais direitos que são legalmente concedidos aos sujeitos casados (seguro saúde, herança etc.), o problema ainda é o que fica *dessa forma em si mesma,* do ato formal simbólico do casamento que proclama publicamente o compromisso mais íntimo possível. E se, em nosso mundo pós-moderno de transgressão ordenada no qual o compromisso matrimonial é percebido como ridiculamente anacrônico, aqueles que se agarram a ele forem os autênticos subversivos? Deveríamos lembrar novamente a observação claríssima de G.K. Chesterton em seu "A defense of Detective Stories" (Uma defesa das histórias de detetives),

> sobre como as histórias de detetives dão algum sentido na mente ao fato de que a civilização é a mais sensacional das incongruências e a mais romântica das rebeliões. Quando o detetive em um romance policial fica sozinho e, de um modo um tanto insensato, permanece intrépido entre facas e punhos na cozinha de um ladrão, certamente isso serve para nos fazer lembrar que o agente da justiça social é que é a figura original e poética, enquanto arrombadores e larápios são meramente plácidos e velhos conservadores universais, felizes na respeitabilidade imemorial de gorilas e lobos. [O

> romance policial] se baseia no fato de que a moralidade é a mais obscura e ousada das conspirações. (Chesterton 1946: 6).

E se a mesma afirmativa valer para o casamento? E se o casamento é agora a mais obscura e ousada de todas as transgressões? Quando Inessa Armand, a amante (nesse ponto, ex-amante) de Lênin, escreveu para ele em 1916 que até mesmo uma paixão fugaz era mais poética e decente do que beijos sem amor entre homem e mulher, ele respondeu: "Beijos sem amor entre cônjuges vulgares são *sujos.* Eu concordo. Eles precisam ser comparados... com o quê? Pareceria que com beijos *com* amor. Mas você compara uma 'paixão (por que não amor) fugaz (por que fugaz?) e o que vem à cabeça logicamente é que beijos sem amor (fugaz) estão sendo comparados com beijos maritais sem amor... Isso é estranho" (citado em Service 2000: 232). A resposta de Lênin é normalmente menosprezada, considerada uma prova de sua pessoal repressão sexual pequeno-burguesa, sustentada por sua memória amarga do caso terminado. No entanto, há mais questões aí. Beijos maritais sem amor e casos fugazes extraconjugais são os dois lados da mesma moeda; ambos se esquivam da combinação do real de uma união incondicional apaixonada com a forma de uma proclamação simbólica. A pressuposição implícita (ou melhor, *injunção)* da ideologia padrão do casamento é que não deve haver nenhum amor nele, as pessoas se casam para se curarem de uma união excessivamente apaixonada, para substituírem isso por tediosos hábitos diários (e se não se pode resistir à tentação da paixão, para isso existem os casos extraconjugais). Consequentemente, a subversão máxima é nomear a união por amor, proclamá-la publicamente em vez de escondê-la. *Alyosha's Love,* um filme soviético do começo dos anos 1960 (época do chamado degelo de Khrushchev), fala sobre um grupo de geólogos acampando perto de uma pequena cidade no meio da vastidão siberiana. O jovem Alyosha se apaixona por uma moça da cidade. Apesar de todos os problemas que acompanham seu amor (a jovem primeiro fica indiferente, os amigos do ex-namorado dão uma surra brutal nele, seus próprios companheiros mais velhos o ridicularizam e assim por diante), Alyosha usa todo seu tempo livre para longos passeios à cidade para poder dar uma olhada rápida e de longe na moça. No final do filme, a jovem cede à força do seu amor; muda de aquela que é amada para aquela que ama, ela faz a longa caminhada e se une a ele no acampamento. Os colegas de Alyosha que trabalham na montanha acima do acampamento suspendem suas escavações, se levantam e silenciosamente seguem a moça que se aproxima da barraca de Alyosha: a distância cínica e a ridicularização acabam, o grande Outro é forçado a reconhecer sua derrota, seu fascínio pela força do amor – o reverso sublime acontece quando o amor apaixonado do herói é finalmente reconhecido pelos seus pares. Por mais manipuladoras que essas cenas possam ser em filmes comerciais (lembremos da sequência final na estação de metrô em *Crocodilo Dundee* e a reconciliação no banheiro entre Cameron Diaz e Julia Roberts em *O casamento do meu melhor amigo)*, sempre há um mínimo potencial utópico emancipatório nelas. O casamento, em última análise, é sobre essa proclamação pública: um compromisso simbólico, não apenas uma expressão das nossas emoções (flutuantes). Na cerimônia de casamento, faz-se um juramento, empenha-se a palavra. É por isso que Romeu e Julieta são o oposto de Tristão e Isolda; seu objetivo não é levar adiante um caso secreto (eles poderiam ter feito isso sem provocar uma guerra entre suas respectivas famílias), mas proclamar ao público seu compromisso mútuo.

Então, embora se deva, naturalmente, defender o direito ao divórcio, deve-se, não obstante, insistir em que o matrimônio deve ser concebido como algo válido para sempre e essencialmente indissolúvel: se o divórcio acontece, não significa que um casamento terminou, mas sim, e mais radicalmente, que o casamento nunca existiu realmente [11]. Em seu *Me-Ti*, Bertolt Brecht se referiu ao Comunismo como a "grande Ordem, resistindo ao fascínio com o negativo poder da revolta, de minar e transgredir a Ordem existente, como o horizonte máximo da prática revolucionária. Seguindo Brecht, nós deveríamos – hoje mais do que nunca – rejeitar a celebração sedutora da experiência extática transgressora, a experiência de ir para e ir além dos limites, como a autêntica experiência humana primordial. Se o destino da subjetividade no capitalismo tardio tem algo a nos ensinar é como gestos transgressores de êxtase (de Bataille a Foucault, talvez incluindo o próprio Lacan em seu fascínio pela figura de Antígona) são de antemão "parte do jogo", não apenas tolerados, mas até mesmo diretamente trazidos à luz pelo sistema capitalista.

Foi Flaubert quem deu um passo determinante para minar as coordenadas da noção transgressora de amor. Isto é, por que *Madame Bovary* foi arrastada para o tribunal? Não, como se afirma habitualmente, porque retrata o charme irresistível do adultério e ao fazer isso mina os pressupostos fundamentais da moral sexual burguesa. *Madame Bovary* mais bem *inverte* a fórmula padrão do romance popular na qual os amantes adúlteros são punidos no final por seu prazer transgressor; nesse tipo de romance, naturalmente, a punição final (doença mortal, exclusão da sociedade) somente aumenta a atração fatal do caso adúltero, ao mesmo tempo permitindo que o leitor seja brindado com essa atração sem sofrer nenhum castigo. O que é tão profundamente perturbador e deprimente no caso de *Madame Bovary* é que tira de nós até mesmo esse último refúgio. A obra apresenta o adultério em toda sua tristeza, como uma falsa fuga, um momento inerente ao tedioso e cinzento universo burguês. É por isso que *Madame Bovary* teve que ser levada a julgamento: priva o indivíduo burguês de qualquer esperança de que seja possível uma fuga das repressões da inexpressiva vida diária. Uma ligação extraconjugal apaixonada não apenas não é uma ameaça para o amor conjugal, mas funciona também como um tipo de transgressão inata que proporciona a sustentação fantástica direta para o laço conjugal e desse modo participa daquilo que aparenta subverter. É essa mesma crença, que diz que podemos realmente obter satisfação completa fora da repressão do casamento, na transgressão adúltera, que é questionada pela atitude histérica; a histeria envolve a apreensão de que a coisa real por trás da máscara da etiqueta social é vazia, uma mera miragem. Se uma característica serve como índice do modernismo – de Strindberg a Kafka, de Munch à *Erwartung* de Schönberg – é o surgimento da figura da mulher histérica, que representa a desarmonia radical na relação entre os dois sexos. Wagner não se aventura ainda a dar esse passo dentro da histeria; o problema não é sua histeria (como Nietzsche pensou), mas sim que ele não é histérico *o suficiente.* Embora seus dramas ofereçam todas as possíveis variações de como o amor pode dar errado, tudo isso ocorre sobre o fantástico pano de fundo do poder redentor das relações sexuais completas: o próprio resultado catastrófico da ação em cena parece afirmar *per negationem* a crença no poder redentor do amor sexual. A fantasia wagneriana da relação sexual oferece o âmbito para interpretar também a dimensão política de sua obra.

A política sexualizada de Wagner

O debate sobre Wagner e política normalmente se centra na mudança do final de *O crepúsculo dos Deuses.* De Feuerbach a Schopenhauer, da afirmação revolucionária da nova humanidade libertada do comando opressivo dos deuses e finalmente livre para aproveitar o amor à resignação reacionária e rejeição da própria vontade de viver – em um caso paradigmático de mistificação ideológica, Wagner infla a derrota da revolução e sua traição dos ideais revolucionários e transforma isso no fim do mundo. No entanto, em uma análise mais próxima, logo se torna claro que o verdadeiro estado das coisas se parece com aquela boa e velha piada soviética sobre Rabinovitch: será que ele realmente ganhou um carro na loteria? Em princípio, sim, só que não era um carro, era uma bicicleta. Além disso, ele não ganhou, foi roubada dele. Então a história padrão do final modificado de *O Crepúsculo dos Deuses* também é verdadeira em princípio; no entanto, o final que realmente temos é mais próximo do original (pessoas, comuns mortais, sobrevivem e apenas olham fixamente, em um testemunho mudo, a cósmica catástrofe dos deuses). Além disso, o Wagner revolucionário inicial é definitivamente mais protofascista do que o Wagner posterior. Sua "revolução" se parece bastante com a restituição da unidade orgânica do povo que, liderado pelo príncipe, levou de roldão o reinado do dinheiro personificado pelos judeus.

É interessante observar que encontramos uma ambiguidade similar no jovem Marx, quando ele afirma que a emancipação completa dos judeus (sua integração nas sociedades ocidentais) só pode acontecer como resultado da emancipação de nossas sociedades do judaísmo. O problema aqui é a inter-relação dessas duas menções de judeus: quando falamos de judeus não sendo integrados, queremos dizer o modo como os judeus mantiveram sua identidade; quando falamos da emancipação de nossas sociedades do judaísmo, queremos dizer a noção ideológica (em última instância, antissemítica) do judaísmo (exploração, obsessão com dinheiro, e similares). O que é problemático na fórmula de Marx é a identidade implícita dessas duas menções. Além disso, não reside aí o paradoxo primordial do Estado de Israel? Nele, os próprios judeus estão se emancipando de seu judaísmo: no primeiro período ascético-revolucionário dos *kibutz*, durante o qual os fazendeiros tinham o *Capital* de Marx e a Torá na cabeceira da cama, o objetivo básico era precisamente mudar a identidade judaica de um foco não produtivo na circulação (dinheiro e comércio) para trabalho duro e produção.

Não obstante, o verdadeiro problema está em outro lugar. Em seu *Anel,* Wagner aborda a questão ético-política fundamental do idealismo germânico: como é possível unir amor e lei? Em oposição aos idealistas germânicos, cuja visão política envolvia a esperança de uma reconciliação entre um autêntico laço de amor intersubjetivo e as demandas da ordem social objetiva de contratos e leis, Wagner não está mais disposto a aceitar essa solução. Sua percepção se articula na oposição entre Wotan e Alberich, entre autoridade contratual simbólica e o mestre invisível, espectral: Wotan é uma figura de autoridade simbólica, o "Deus dos contratos". Sua vontade está atada pela palavra, por pactos (o gigante Fasolt diz a ele: "O que tu es, / tu es apenas através de contratos" [Wagner 1977: 24]), enquanto que Alberich é todo poderoso porque é um agente invisível que não está atado por lei alguma: "Nibelungos, todos / curvem-se diante de Alberich / Ele está em todo lugar, / vos observando! / ... Deveis trabalhar para ele, / embora não possais vê-lo! / Quando pensais que não está aqui / É melhor contar com ele! / Estais sujeitos a ele para sempre!" (40).

O estalo crucial de Wagner é, naturalmente, que essa oposição é inerente ao próprio Wotan; o próprio gesto de estabelecer o reinado da lei contém as sementes de sua ruína – mas por quê? Wagner é guiado aqui por uma percepção que recebeu diferentes articulações teóricas de Marx, Lacan e Derrida. O intercâmbio equivalente é uma miragem enganosa que esconde o próprio excesso sobre o qual se baseia. O domínio dos contratos, de dar e receber algo em troca, é sustentado por um gesto paradoxal que fornece, em sua própria capacidade de retenção, um tipo de falta generativa, uma retirada que abre espaço, uma falta que atua como um excedente. Esse gesto pode ser conceitualizado como um presente de Derrida, o *Sim!* primordial de nossa abertura à disseminação, ou como a perda primordial, a castração simbólica lacaniana. (No espaço mítico de Wagner, esse gesto violento de estabelecer as bases do domínio de intercâmbio legal é representado pela cena de Wotan arrancando a Árvore do Mundo, da qual ele faz uma lança e inscreve nela as runas que contêm leis. Esse ato é seguido de uma série inteira de gestos similares: Alberich roubando o ouro, Siegmund desembainhando a espada, e assim por diante). Wagner está, portanto, bem ciente de que o equilíbrio do intercâmbio se baseia na alteração do equilíbrio primordial, em uma perda traumática que abre espaço para o intercâmbio social. No entanto, neste ponto crucial, a crítica do intercâmbio se torna ambivalente; ou procura afirmar o *Sim!* primordial, o excesso irreduzível da abertura em relação ao Outro ser que não pode ser restringido ao campo do intercâmbio equilibrado, de sua economia fechada, ou então a crítica põe sua mira na restauração do equilíbrio primordial anterior a esse gesto excessivo. A rejeição de Wagner (da sociedade) do intercâmbio, que proporciona a base de seu anti-semitismo, chega a uma tentativa de recuperar o equilíbrio pré-lapsariano (anterior à queda de Adão e Eva). Em nenhum lugar isso é mais óbvio do que em sua política sexual, que assevera o laço incestuoso contra o intercâmbio exogâmico de mulheres: Sieglinde e Siegmund, o bom casal incestuoso, contra Sieglinde e Hunding, o casal ruim baseado no intercâmbio; Brunhilde e Siegfried contra dois outros casais baseados no intercâmbio (Brunhilde e Gunther, Gutrune e Siegfried).

Ao lidar com o anti-semitismo de Wagner, deveríamos sempre ter em mente que a oposição do verdadeiro espírito germânico ao princípio judaico não é a original. Existe um terceiro termo, modernidade, o reino do intercâmbio, um termo de dissolução de laços orgânicos e da indústria moderna e da individualidade – o tema do intercâmbio e contratos é *o* tema central do *Anel*. A atitude de Wagner em relação à modernidade não é simplesmente negativa, mas sim muito mais ambígua; ele quer aproveitar seus frutos e ao mesmo tempo evitar seus efeitos desintegradores. Em resumo, Wagner quer ter seu bolo e quer comê-lo também. Por essa razão, ele precisa de um judeu, para que a modernidade – esse processo abstrato e impessoal – receba um rosto humano, identificado com uma característica concreta, palpável. Então, em um segundo movimento, ele pode reter seus frutos rejeitando o judeu, que dá corpo a tudo que é desintegrado na modernidade. Em poucas palavras, o anti-semitismo não representa o anti-modernismo como tal, mas é uma tentativa de combinar a modernidade com corporativismo social, que é característica de revolucionários conservadores [12]. Então, como o reinado da lei, a sociedade de contratos, é fundamentada em um ato de violência ilegitimável, a lei não apenas tem que trair o amor, mas também tem que violar seus próprios princípios: "O objetivo de sua (dos deuses) ordem do mundo mais elevado é a conscientização moral: mas eles estão manchados pela mesma injustiça que perseguem; desde as profundezas de Nibelheim [onde Alberich habita], a consciência de sua culpa ecoa de volta ameaçadoramente " (citado em Dahlhaus 1979: 97).

Consciente desse impasse, Wotan planeja a figura do herói que não está atado por nenhum vínculo simbólico e que, portanto, está livre para entregar o universo caído dos contratos. Esse aspecto de Wagner deve ser localizado dentro da grande crise político-ideológica do final do século XIX, que inverteu o mau funcionamento da investidura, de assumir e desempenhar o mandato paterno de autoridade simbólica. Essa crise encontrou sua expressão mais grave no destino de Daniel Paul Schreber, cujas memórias foram analisadas por Freud: Schreber entrou no delírio psicótico no exato momento em que deveria assumir uma posição como juiz, ou seja, como uma função de autoridade pública simbólica; ele não conseguiu chegar a um acordo com essa mancha de obscenidade como parte integrante do funcionamento da autoridade simbólica [13]. A crise, portanto, se desencadeia quando o fundo obsceno e alegre da autoridade paterna se torna visível. E Alberich não é o caso paradigmático do pai ludicamente obsceno por conta do qual Schreber falhou em sua investidura? A cena mais perturbadora de todo o *Anel,* a mãe de todas as cenas wagnerianas, é provavelmente o diálogo entre Alberich e Hagen no começo do Ato II de *O Crepúsculo dos Deuses:* Wagner trabalhou enormemente essa cena e a considerava uma de suas maiores conquistas. De acordo com as próprias indicações de palco de Wagner, durante toda a cena Hagen tem que atuar como se estivesse dormindo; Alberich não está ali como parte da realidade cotidiana, mas sim uma criatura imorredoura que aparece como o *Alptraum* de Hagen, literalmente "sonho-elfo", ou pesadelo (outra ocasião que justificaria completamente o procedimento de encenar parte da ação como a ilusão delirante de um dos personagens). Todos sabemos o clássico sonho freudiano em que o filho morto aparece para o pai, abordando-o com uma reclamação horripilante: "Pai, não consegue ver que estou queimando?" O que temos nessa cena de *O Crepúsculo dos Deuses* é um pai que aparece para o filho, abordando-o de maneira parecida – ele está queimando com o prazer obsceno que subjaz sua paixão esmagadora pela vingança. Quando confrontado com um pai que é um anão tragicômico, humilhado, lúdico, o que pode o sujeito fazer além de assumir uma atitude de frieza arrepiante que contrasta claramente com a agitação super excitada do pai? É aqui, na figura de Hagen, que temos que procurar a gênese do chamado sujeito totalitário. Quer dizer, longe de envolver uma autoridade repressora simbólica, o sujeito totalitário emerge como uma reação à autoridade paterna que se torceu. Um pai humilhado, um pai transformado na figura obscena do prazer lúdico, é o *sintoma* do sujeito totalitário [14]. Como, então, devemos resolver esse impasse de poder legal que participa daquilo que oficialmente proíbe, ou seja, violência sem legitimidade? O impasse da propriedade, que é em si mesma um roubo; do contrato, que em si mesmo uma fraude? É a referência a relações sexuais que serve como suporte principal para o projeto político de Wagner: "O mediador entre poder e liberdade, o redentor sem o qual o poder permanece como um capricho da violência e da liberdade é, portanto, amor" (citado em Cooke 1979: 17). "O amor em sua realidade mais completa só é possível entre os sexos: só como homem e mulher os seres humanos podem realmente amar. Qualquer outro amor é apenas derivado deste, surge a partir deste, está ligado a ele ou é artificialmente modelado sobre ele" (18).

Para conseguir captar como Wagner é capaz de usar a relação sexual como o paradigma para a ordem política autêntica, é preciso ter em mente que para ele a mulher é a unidade que abrange tudo, a base que sustenta o homem, e, no entanto, precisamente por sua existência positiva, empírica, ela deve se subordinar ao "poder formador" do homem. Por essa razão, a elevação dessa mulher essencial e a subordinação a essa mulher essencial andam de mãos dadas com a exploração e a dominação das mulheres reais de carne e osso. Basta lembrar aqui a noção de Schelling da mais alta liberdade como o estado no qual a atividade e a passividade – ser ativo e sofrer a ação – se superpõem harmoniosamente. Schelling dá um giro específico à distinção entre *Vernunft* e *Verstand*, razão e entendimento, que desempenha um papel crucial no idealismo germânico: "*Vernunft* nada mais é do que *Verstand* em sua subordinação à coisa mais elevada, a alma" (1856-1861, 7: 472). *Verstand* é intelecto ativo, o poder de dominar ativamente e de decidir e através disso nos afirmarmos como sujeitos completamente autônomos; no entanto, nós alcançamos nosso ápice quando transformamos nossa subjetividade no predicado de um poder sempre mais alto (no sentido matemático do termo). Em outras palavras, quando nos rendemos ao Outro, despersonalizando nossa atividade mais intensa e a desempenhando como se algum outro poder mais alto estivesse atuando através de nós, usando-nos como seu meio. Como um artista que, durante o maior frenesi de criatividade, experimenta a si mesmo como um meio através do qual o Espírito impessoal se expressa. O que é fundamental é a conotação explicitamente sexual dessa forma mais alta de liberdade; a feminização (a adoção de uma atitude passiva em relação ao absoluto transcendente) serve como o suporte inerente da asserção masculina. É, portanto, claramente errado interpretar a elevação wagneriana do feminino como um protesto contra o universo masculino de contratos e do exercício brutal do poder, como a visão utópica de uma nova vida para além da agressiva subjetividade moderna; a referência ao eterno feminino em relação ao qual o sujeito masculino adota uma atitude passiva é o suporte metafísico máximo da agressiva atitude mundana. E, incidentalmente, vale a mesma afirmação para o ressurgimento da Nova Era contemporânea da Deusa [15].

A faixa de Möbius

O que, então, está inerentemente errado com a *Liebestod* de Isolda? Na primeira de suas *Duino Elegies,* Rainer Maria Rilke faz sua famosa afirmação de que *"das Schöne ist nichts als des Schrecklichen Anfang"* (o belo não é nada além do começo do horrível) e no capítulo 2 de seu *Seminário sobre a Ética da Psicanálise,* Lacan aponta na mesma direção. Para ele, a existência do objeto hostil (o que Freud chamou de *"das feindliche Objekt"),* o corpo estranho (a "coisa do espaço interior") no próprio coração do sujeito é o grito do sujeito. Em outras palavras, no grito, o véu da beleza se dissolve e o sujeito confronta diretamente o real. A fantasia final de *Tristão* é que *é possível fazer as pazes com a coisa,* pacificamente submergir-se nela. Por isso é que Wagner tem que impedir a inversão do belo no horrível a qualquer preço. Como Poizat (1986) coloca, de forma sucinta, o grito indica que a mulher não existe, que o Graal é um vazio, um lugar em que só se pode encontrar um objeto excrementício de horror (274). No fim da ópera, a voz culminante de Isolda precisa de um suplemento orquestral para preencher o vazio do grito silencioso, que teria sido a personificação direta do real aterrorizador [16].

Que dimensão da voz Wagner tenta desesperadamente evitar? Vamos lembrar da expressão "a voz da consciência" – por que o organismo ético usa uma voz para se dirigir a nós? Essa é apenas uma (outra) metáfora? Deveríamos recorrer aqui à noção lacaniana de voz como *objet petit a*: quando falamos, nossas palavras são sempre mero balbuciar – sempre que falamos, falamos demais para escapar do silêncio insuportável, e esse silêncio é a voz como objeto. Consequentemente, é somente quando nossas palavras falham que nós nos confrontamos com a voz nos lembrando de nossa responsabilidade fundamental [17]. A voz da consciência é a pressão exercida em nós pelo próprio silêncio, sua reverberação. Imagine uma situação em que alguém enumera argumentos para se livrar da responsabilidade de algum ato deplorável: esse alguém fala e fala, e quando finalmente fica sem palavras, o silêncio que se segue é a voz da consciência. Longe de ser excepcional, essa situação é básica no discurso humano. A imagem primordial dessa voz silenciosa é, obviamente, *O grito,* de Munch, que representa a completa ansiedade da voz *en puissance,* presa na garganta e incapaz de se externar. No momento em que a voz é vocalizada, a ansiedade é liberada. E todo Wagner não é uma tentativa de chegar a essa liberação, uma tentativa de se livrar dessa ansiedade?

Uma das anedotas mais conhecidas sobre Kant diz respeito à sua relação com seu fiel criado Lampe. Em sua velhice, Kant ficou muito perturbado com as notícias sobre a grave doença de Lampe; o médico aconselhou Kant a não pensar muito em Lampe porque isso poderia ser ruim para a própria saúde de Kant. Kant não conseguia deixar de se preocupar com o pobre Lampe, então escreveu um lembrete em um pedaço de papel: *"Der Name Lampe muss unbedingt vergessen werden!"* (O nome Lampe deve ser esquecido incondicionalmente!). Não há algo da mesma ordem em funcionamento na *Liebestod* de Isolda, o mesmo paradoxo entre a intenção consciente de esquecer tudo e de mergulhar no vazio inconsciente? Além disso, esse paradoxo não é discernível no imperativo categórico kantiano? Não é de certo modo sua verdade oculta, expressamente articulada mais tarde por Fichte e Schelling, que tornam claro que o ato incondicional/absoluto de consciência de si mesmo tem que ser inconsciente? Ou, para considerarmos o campo ético, não é certo que toda injunção ética consciente já é minimamente patológica, manchada por alguns interesses particulares, de modo que a única existência real do imperativo puramente ético deve ser inconsciente – nós realmente só agimos eticamente se seguirmos uma injunção cuja natureza como tal esquecemos, e somente uma injunção esquecida semelhante pode ser verdadeiramente incondicional?

Essa rachadura no edifício kantiano abre o caminho para De Sade como a verdade de Kant. À primeira vista, pode parecer que De Sade é justamente o oposto de Kant: enquanto o último demanda que façamos o esforço de descartar nossas patológicas considerações de prazer e atuemos apenas a partir do dever universal, o primeiro nos impõe que exploremos implacavelmente nossos vizinhos, para dar espaço para todos os nossos caprichos patológicos, para obter o máximo prazer. No entanto, em seu próprio radicalismo, Sade se aproxima inesperadamente de Kant; em seu primeiro movimento, De Sade denuncia todas as considerações éticas como limitações não autorizadas da verdadeira ordem natural: Deus ou a moralidade são entidades parasitárias que impedem a realização completa de nossos impulsos naturais. Em um segundo momento, ele então se volta contra a natureza: a ordem da natureza, essa rede complexa do eterno movimento circular de geração e corrupção, é também uma restrição à nossa liberdade, delineando de antemão o âmbito de nossos desejos e atos. Para ser realmente livre, o sujeito, portanto, precisa cometer um crime absoluto, um ato radical de destruição que vá solapar a própria ordem natural. O paradoxo, naturalmente, é que semelhante ato excessivo de liberdade se encaixa nas condições formais do ato ético kantiano; na medida em que seu capricho é absoluto, não é motivado por nenhum motivo patológico como o prazer – nisso, acontece dimensão do númeno que introduz uma fenda na ordem fenomenal. Portanto, Kant lido através de De Sade fornece as coordenadas do prazer maior da *Liebestod*.

Talvez o equivalente atual para De Sade seja Peter Singer, o australiano cujos livros vendem centenas de milhares de exemplares e que precisa de um guarda-costas para protegê-lo de ataques em Harvard, onde ele é professor hoje em dia. Singer não é controverso porque adota alguns axiomas extravagantes, mas porque chega a conclusões finais lógicas a partir de axiomas comumente aceitos, ignorando os senões ocultos que poderiam impedir-nos de concordar com ele (ver Singer 2000). Embora Singer seja o atual anti-Kant utilitário, ele compartilha com Kant sua atitude de destemidamente listar as consequências das próprias premissas. Lembremos não apenas da definição de casamento em *Metaphysical Elements of Justice*, que escandalizaram Hegel ("a união de duas pessoas de sexos diferentes para a posse recíproca e vitalícia de seus atributos sexuais") [1999: 88], ou, em outras palavras, a legitimação do "uso recíproco que uma pessoa faz dos órgãos sexuais e faculdades de outra pessoa" (87). Mais à frente na mesma obra, Kant chega a considerar a legitimação do infanticídio de crianças ilegítimas: "Uma criança nascida fora do casamento está fora da lei (por que isso é casamento [implícito no conceito de casamento]), e, consequentemente, também está fora da proteção da lei. A criança que se arrastou sub-repticiamente para a comunidade (do mesmo modo que mercadorias proibidas), então sua existência e sua destruição podem ser ignoradas (porque, por direito, não deveria ter existido dessa forma)" (143) [18].

Assim como Kant, Singer – normalmente designado como um darwinista social com um aspecto socialista coletivista – também está disposto a tolerar o infanticídio em determinadas situações específicas, embora sua argumentação seja oposta à de Kant. Singer começa de modo bastante inocente, argumentando que as pessoas serão mais felizes se levarem uma vida comprometida com o comportamento ético; uma vida vivida tentando ajudar os outros e reduzir o sofrimento é realmente a vida mais moral e mais satisfatória. Ele radicaliza e atualiza Jeremy Bentham, o pai do utilitarismo: o critério ético primordial não é a dignidade (racionalidade, alma), mas a habilidade de sofrer, de vivenciar a dor, que compartilhamos com os animais. Com radicalismo inexorável, Singer nivela a divisão animal/ser humano: é melhor matar uma anciã que sofre do que um animal saudável. Olhe nos olhos um orangotango e o que você vê? Um primo não muito distante – uma criatura merecedora de todos os direitos legais e privilégios que os seres humanos possuem. Deveria-se, então, estender os aspectos de igualdade – o direito à vida, a proteção de liberdades individuais, a proibição de tortura – ao menos aos grandes símios (chipanzés, orangotangos e gorilas).

Singer argumenta que o especiesismo (privilegiar a espécie humana) não é diferente do racismo, porque nossa percepção de uma diferença entre seres humanos e (outros) animais não é menos ilógica e antiética do que nossa antiga percepção de uma diferença ética entre, digamos, homens e mulheres ou entre negros e brancos. A inteligência não é uma base para determinar a estatura ética; as vidas dos seres humanos não valem mais do que as vidas dos animais simplesmente porque demonstramos mais inteligência (se inteligência fosse um padrão de julgamento, Singer ressalta, poderíamos realizar experimentos médicos nos retardados mentais com impunidade moral). Em última instância, se todas as coisas forem iguais, um animal tem tanto interesse em viver quanto um ser humano e, sendo assim, a experiência médica em animais é algo imoral. Aqueles que defendem esses experimentos argumentam que sacrificar a vida de vinte animais irá salvar milhões de vidas humanas. Porém, e quanto a sacrificar vinte seres humanos para salvar milhões de animais? Como os críticos de Singer gostam de destacar, a extensão horripilante desse princípio é que os interesses de vinte pessoas superam os interesses de uma, o que dá luz verde para todo tipo de abuso dos direitos humanos. Consequentemente, Singer argumenta que não podemos mais basear-nos na ética tradicional para respostas a dilemas que nossa situação nos impõe; ele propõe uma nova ética destinada a proteger a qualidade, não a santidade, da vida humana. À medida que as fronteiras nítidas entre vida e morte e entre seres humanos e animais desaparecem, essa nova ética lança dúvidas sobre a moralidade da pesquisa animal, ao mesmo tempo em que oferece uma avaliação compreensiva do infanticídio. Quando nasce um bebê com problemas graves, o tipo de problemas que costumava matar os bebês antes, será que os médicos e pais estão moralmente obrigados a utilizar as tecnologias mais avançadas, independentemente do custo? Não. Um médico pode, eticamente, ajudar pacientes terminais a morrer? Sim.

Não se pode pôr Singer de lado como uma exageração monstruosa. O que Adorno disse sobre a psicanálise (que sua verdade reside em suas exagerações) vale para Singer: ele é tão traumático e intolerável porque suas "exagerações" escandalosas tornam diretamente visível a verdade sobre a chamada ética pós-moderna. O horizonte final da política de identidade pós-moderna não é essencialmente darwinista, defendendo o direito de algumas subespécies particulares da humanidade dentro da panóplia de nossos números que proliferam (digamos, gays com AIDS ou mães solteiras negras)? A própria oposição entre política conservadora e progressista pode ser concebida na língua de Darwin: em última instância, os conservadores defendem o direito daqueles que têm força (seu próprio sucesso prova que ganharam a luta pela sobrevivência), enquanto que os progressistas defendem a proteção das subespécies humanas ameaçadas, em outras palavras, daqueles que estão perdendo a luta pela sobrevivência.

Uma das divisões no capítulo sobre *Vernunft* na *Phaenomenologie des Geites* fala sobre *"das geistige Tierreich"*: o mundo social que não tem nenhuma substância espiritual, o que faz com que os indivíduos dentro dele interajam como animais inteligentes. Eles usam a razão, mas somente para impor seus interesses individuais, para manipular os outros para que atendam a seus próprios prazeres. Um mundo em que os maiores direitos são os direitos humanos não é precisamente um "reino espiritual animal"? Há, no entanto, um preço a ser pago por essa liberação: em um universo semelhante, os direitos humanos funcionam em última instância como direitos *animais*. Essa, portanto, é a verdade primordial de Singer, mas o contra-argumento óbvio para isso é: e daí? Por que não deveríamos reduzir a humanidade ao seu lugar adequado, o de uma das espécies animais? O que se perde nessa redução? A coisa, algo a que estamos incondicionalmente atados, independentemente de suas qualidades positivas. No universo de Singer, há um lugar para as vacas loucas, mas não há lugar para uma vaca sagrada indiana. O universo de Singer é o universo positivo de qualidades em que não há lugar para o que Kant teria chamado de erupção da dimensão do númeno na ordem da realidade fenomenal, não há lugar para a dimensão além do princípio do prazer, não há lugar para o *amor* no sentido radical do termo. Quando o amante que teme a rejeição deste ou daquele parceiro diz: "Você não vai encontrar ninguém melhor do que eu!", podemos ter certeza de que o jogo acabou: no momento em que alguém argumenta em termos de qualidades (comparativas), não existe amor.

O que o próprio Kant tenta eludir é que três elementos estão em jogo nessa construção ética, não apenas a oposição entre prazer e dever moral: além desses dois, está o deleite/gozo excessivo que não apenas viola a lei moral, mas também ameaça nosso bem-estar e autopreservação, levando à autodestruição (prazeres sexuais excessivos, gula, bebida, violência). A verdadeira tensão não é a tensão entre minhas preocupações egoísta-utilitárias e o chamado da obrigação moral (como pode parecer ainda em *Tannhäuser*), mas aquela tensão inerente ao prazer em si mesmo, entre o prazer moderado que serve à autopreservação do sujeito e o prazer excessivo, autodestrutivo *(jouissance)*. Paradoxalmente, o cálculo egotista-utilitário dos prazeres e o dever moral que me obriga a renunciar à minha luta por prazeres se encontram, desse modo, *do mesmo lado,* já que ambos são uma forma de defesa contra o excesso de *jouissance* – ou será que é assim? Também não é que essa *jouissance* excessiva e o dever moral se aproximam tanto que, em determinado ponto, não podem mais ser separadas com clareza? Ambas suspendem o reinado da postura da autopreservação utilitário-egotista. Quando eu coloco tudo, inclusive a minha vida, em risco para obter alguma *jouissance,* a própria *jouissance* começa a funcionar como um tipo de dever. O resultado paradoxal é que, desse modo, algumas vezes o único meio de sustentar o reino do princípio do prazer é sacrificar o prazer (excessivo). E vice-versa: o único meio de minar a regra do princípio do prazer é seguir o prazer até seu excesso horrendo e insuportável.

Talvez desgosto seja um termo mais apropriado aqui do que horror ou ansiedade. Em psicanálise, o oposto adequado de prazer não é dor, mas sim desprazer, a mais elementar operação física, a repulsa do objeto libidinal que abre espaço para a subjetividade [19]. O desprazer ocorre quando chegamos perto demais do objeto de desejo – consideremos o conhecido motivo do amor cortês da bela jovem que, quando nos aproximamos demais dela, se transforma em uma criatura repugnante, seu rosto repleto de vermes. Prazer e desprazer estão, portanto, relacionados como os dois lados da aparente faixa de Möbius; se prosseguirmos o suficiente no caminho do prazer, de repente nos encontramos no desprazer [20]. Como tal, o desprazer não pode ser explicado como efeito secundário da repressão (um afastamento com desprazer de objetos libidinais que são proibidos pelas normas simbólicas): é, ao contrário, a proibição em si que deve ser considerada como um meio para evitar o paradoxo do desprazer, ou seja, o fato de que nos afastamos com desprazer quando o objeto de desejo chega perto demais. A proibição transpõe esse auto-bloqueio inerente para o efeito do obstáculo externo; se não fosse pela proibição que impede o acesso a ele, o objeto proporcionaria satisfação completa [21].

A estrutura da faixa de Möbius, portanto, é o que Wagner está ofuscando em sua extática encenação da *Liebestod:* o fato de que quando alcançamos o maior prazer em que culmina o transe mortal de Isolda, nos encontramos do outro lado, o prazer necessariamente se convertendo em desprazer. Fica-se tentado a fazer o mesmo raciocínio até nos termos comovedores de uma experiência da vida real. No Posfácio do livro de Ruth Picardie *Before I say goodbye,* que contém colunas de jornal e e-mails do último ano de vida da autora, uma jornalista britânica que morreu de metástase de câncer de mama em 1997, o marido, Matt Seamon admite como "a fantasia da *tendresse* final fica longe da realidade": "A pessoa que está morrendo tem que romper seus vínculos com o mundo, tem que se desligar de tudo: ainda lamento amargamente esse processo de alienação, mas ele também é uma parte necessária de se deixar ir" (Picardi 2000: 128-129). Esse cruel auto-afastamento para a solidão da pessoa que está morrendo impede qualquer contato autêntico, qualquer experiência enfática compartilhada:

> Algumas vezes, eu ficava atormentado por algo na expressão perdida de Ruth e em seu olhar assustado, sem entendimento, que eu já havia visto em algum lugar antes: esse olhar me lembrava a filmagem de uma vaca no estágio final de EEB (conhecida como a doença da vaca louca), cambaleando e tropeçando, sem reconhecer nada a não ser sua incompreensão e seu medo. Soa como um jeito terrível de se falar de alguém que se ama, mas não há nada mais terrível do que perceber que essa pessoa desapareceu e que um *doppelgänger* com danos cerebrais, parecendo um zumbi, usurpou o seu lugar (Picardie 2000: 121).

Essa dimensão do estar morrendo é totalmente ofuscada pela fantasia wagneriana da *Liebestod.* O que, então, vem – o que *pode* vir – depois de *Tristan?* Vamos tentar a resposta empírica óbvia: *Die Meistersinger Von Nurnberg.*

Notas

1 A principal referência aqui é naturalmente de Rougement 1995.

2 Regente, Daniel Barenboim; Tristão, Rene Kollo; Isolda, Johanna Meier; Mark, Martti Talvela; Brangaene, Hanna Schwarz.

3 Deve-se mesmo assim ter em mente como até os mais trágicos eventos podem ser interpretados como algo que proporciona uma solução satisfatória, "feliz", em um nível mais profundo. Lembremo-nos de *Rigoletto,* de Verdi, que termina

com um Rigoletto arrasado, ao descobrir que o assassino que ele pagou para matar o duque em vez disso esfaqueou e matou Gilda, sua filha, que era tudo para ele, quando o que Rigoletto queria era justamente punir o duque por ter seduzido Gilda. No entanto, a morte de Gilda não proporciona a única solução viável para a postura excessivamente possessiva de Rigoletto em relação a ela? Se ela continuasse viva, mais cedo ou mais tarde abandonaria o pai, então, a única forma de possuí-la para sempre é que ela morra. A propósito, a ária mais famosa de *Rigoletto, "La donna e mobile"*, cantada pelo duque, também expõe de modo gentil o paradoxo da caracterização: embora as palavras cantadas pelo duque proporcionem a caracterização das mulheres (como namoradoras, instáveis, assim por diante), elas expõem o caráter do próprio duque muito mais do que uma auto-descrição o faria. Na língua de Hegel, a imagem das mulheres que obtemos de sua ária é uma "determinação reflexiva" de sua própria atitude em relação às mulheres e, portanto, de seu próprio caráter. E a mesma coisa não vale para o conceito anti-semítico do judeu? Esse conceito nos diz muito mais sobre os mais íntimos segredos e temores do sujeito que percebe os judeus desse modo do que sobre os próprios judeus.

4 Não é suficiente rebater esses exemplos de interpassividade, afirmando que são meras exceções e que, na grande maioria dos casos, experimentamos diretamente o que sentimos (prazer, tristeza, riso) sem atribuir isso a outros. A simples classificação de todas as experiências passivas em diretamente passiva e interpassivas não entra na questão, que é que uma vez que admitimos pelo menos um exemplo de interpassividade, esse exemplo nos compele a *mudar totalmente o campo do que é a experiência passiva:* mesmo (o que aparece como) as experiências passivas "diretas" do prazer, do riso e outras perdem de algum modo sua inocência. Acontece o mesmo com a noção freudiana do inconsciente; não é suficiente rebatê-la afirmando que o inconsciente é marginal, que desempenha um papel menor. O simples fato de que *haja* uma formação inconsciente muda inteiramente o cenário. Temos aqui um belo exemplo da relação dialética entre universalidade e singularidade: a questão "quão generalizados são os fenômenos inconscientes (ou as experiências interpassivas)?" é enganosa, porque um único caso é suficiente para legitimar a tese universal que abrange o inconsciente e a consciência, fenômenos passivos e interpassivos.

5 E o mesmo não vale para o grande dueto de Kundry e Parsifal, que ocupa a maior parte do Ato II da ópera? Aqui também, a primeira tentativa de Kundry

de sedução é falsa, o jogo da *femme fatale,* enquanto que sua segunda tentativa é a autêntica, o pedido desesperado de uma mulher apaixonada.

6 "Confusão em vez de música", *Pravda,* 28 de janeiro de 1936, citado em Laurel E. Fay, *Shostakovich. A life* (Oxford, Oxford University Press, 2000), 88.

7 Estritamente correlato com essa falsidade do *final* wagneriano é a falsidade do *início* wagneriano. O que é criação, o início? Lembremos do início da *Rheingold* de Wagner, a passagem mágica, repentina, do breve prelúdio orquestral no canto das três donzelas do Reno. O que efetivamente acontece aqui, em termos musicais, é em última instância uma simples inversão na relação entre figura e pano de fundo, entre a melodia principal e seu acompanhamento: no prelúdio orquestral, a "melodia" é a repetição rítmica de uma única melodia, e a intrincada rede de melodias de corda serve como pano de fundo, o momento da criação acontece quando as donzelas do Reno entram e seu canto toma conta (e assim se eleva para a linha melódica principal) da que era previamente a linha principal do pano de fundo. Criação não é nada senão uma inversão que expõe o que estava previamente subjugado, contido dentro da proto-melodia simples, monótona e repetitiva. No entanto, é esse o verdadeiro início? É interessante observar que quando o FBI estava estabelecendo o cerco à sede seita dos Davidianos em Waco, Texas, um dos números musicais que eles tocavam uma e outra vez através dos grandes alto-falantes, para enervar as pessoas dentro da sede era a música altamente ressonante das trompas tibetanas. Como é possível que o budismo tibetano, uma prática espiritual de profunda paz interior seja – no Ocidente, pelo menos – identificada musicalmente com um som horroroso que evoca sofrimento insuportável? Mais do que o shofar judaico, essa música não remete ao horror do crime primordial freudiano, a grito doloroso do *Urvater* moribundo? Na medida em que David Koresh, o líder da seita, impôs aos membros a regra fundamental do pai primevo freudiano (reservando para si mesmo o direito exclusivo de copular com as mulheres de seu grupo, enquanto a relação sexual era proibida para todos os outros membros masculinos), não era, de certa forma, bastante apropriado que o FBI tocasse a música que sinaliza as dores agudas da morte dessa figura obscena? O horror do verdadeiro início é o que é obliterado no início paradigmático wagneriano, o prelúdio de *Rheingold.*

8 É interessante observar como Ponelle teve que recorrer ao procedimento cinemático de *fade-out/fade-in* para ter êxito em sua encenação: após as últimas

palavras de Isolda, as luzes diminuem e quando voltam, estamos de volta à realidade sombria do Tristão morto nos braços de Kurwenal.

9 "O mundo é profundo, mais profundo do que jamais pensou o dia./...Mas toda alegria quer a eternidade, -- Quer profunda eternidade" (Nietzsche 1993: 338).

10 É fácil ser "radical" no que diz respeito ao casamento gay, incesto e assim por diante. No entanto, e quanto ao sexo infantil e à tortura? Que razões temos para justificar nossa oposição a essas ideias sem recorrer à ficção legal do sujeito autônomo adulto responsável por seus atos? (E, a propósito, por que o casamento deveria se restringir a *duas* pessoas, gays ou não? Por que não três ou mais? Não é esse o último vestígio da lógica binária?) De modo mais geral, se adotamos o mantra pós-moderno padrão do sujeito autônomo responsável ser uma ficção legal, quais são as consequências dessa denegação ao lidarmos com, por exemplo, estupradores de crianças? Não é profundamente sintomático como os mesmos teóricos que denunciam o sujeito autônomo liberal como uma ficção legal do Ocidente ao mesmo tempo endossam completamente o discurso da vitimização, tratando os perpetradores de assédio sexual como culpados (isto é, responsáveis) dos seus atos? Além disso, a atitude em relação ao sexo entre adultos e crianças é o melhor indicador das mudanças nos costumes sexuais: três ou quatro décadas atrás, no apogeu da revolução sexual, sexo infantil era celebrado como um modo de superar a última barreira, a dessexualização das crianças, imposta ideologicamente, enquanto que a politicamente correta ideologia da vitimização oferece as crianças que sofreram abuso sexual como a imagem primordial do horror.

11 A Igreja Católica gosta de enfatizar como o sexo não é apenas satisfação animal, mas também um ato espiritual mais elevado. No entanto, como podemos conciliar essa ideia com a insistência da igreja em que o objetivo do sexo deve ser a procriação? Não é procriação o objetivo animal primordial do ato sexual? Animais não copulam unicamente para procriar? E consequentemente, sexo não é espiritual justamente na medida em que ultrapassa a mera finalidade da procriação, não (apenas) no sentido de proporcionar prazer sensual, mas (também) no sentido de estabelecer o vínculo mais íntimo entre duas pessoas, que estão, de certa forma, mais radicalmente expostas uma à outra, colocando-se em uma situação extremamente vulnerável?

12 O que torna a referência judaica em Wagner ainda mais complexa é a ingênua, porém crucial questão: Quem *é* o judeu em sua obra? Não é o Holandês Voador,

o primeiro herói verdadeiramente wagneriano, uma figura na linhagem do Judeu Errante? Não é desse modo a própria Kundry em *Parsifal* a última variação do Holandês? Além disso, e quanto à transformação crucial do próprio Wotan, o deus supremo, no andarilho anônimo em *Siegfried*, depois que Siegfried quebra sua lança rúnica, a fonte de seu poder? Como podemos situar essa enigmática figura de Deus, a autoridade suprema, que, após perder seu poder, se torna um andarilho? (É interessante observar que Goethe, em sua planejada sequência para *A Flauta Mágica*, de Mozart, imaginava o mesmo destino para Sarastro: depois de transferir seu poder para Tamino, ele também se torna um andarilho). Não encontramos nesta figura do andarilho um deus que, desapossado de sua autoridade simbólica, se torna um objeto excrementício que não tem lugar apropriado?

13 Eu me baseio aqui em Santner 1996.

14 O contraponto apropriado para esse começo incomum do Ato II de *O Crepúsculo dos Deuses* é o trio que o conclui, o exemplo supremo da noção dialética de que o caminho para a universalidade só conduz através de sua exceção constitutiva. Nesse trio de vingança (Brunhilde, Hagen e Gunther juntos, prometendo vingar-se de Siegfried matando-o), Wagner enigmaticamente infringe a regra mais sagrada de seus dramas maduros (pós-operísticos), a proibição de duos ou trios tradicionais. De repente, no cume de sua saída, inesperadamente somos jogados de volta em algo que lembra o estilo do Verdi da fase intermediária de *Forza Del destino* ou *Don Carlos*. O que compeliu Wagner a infringir sua própria regra fundamental? É a resposta a *esta* única pergunta que nos permite articular a base lógica da proibição central de Wagner.

15 Do ponto de vista lacaniano, é fácil identificar essa referência ao eterno feminino como a rejeição da "repressão primordial do significante binário", ou seja, como um retorno falso ao mítico universo pré-moderno no qual o significante binário não é reprimido. A ordem do universo pré-moderno é sustentada pelo equilíbrio entre os dois significantes, yin e yang, os princípios masculino e feminino, respectivamente. O universo moderno se coloca sobre o signo do Um, e o Outro reprimido (o significante binário complementar) só retorna nas séries de S2: em vez do casal S1-S2, temos uma dissimetria radical dos dois níveis – o Um e a série de Outros na qual retorna aquilo que a imposição do Um reprimiu. É crucial ter em mente aqui que o surgimento do sujeito moderno ($)é estritamente correlato a essa repressão do significante do Outro,

e é por isso que, em nome de um feminismo verdadeiramente radical (a asserção da subjetividade feminina, ou, ainda mais radicalmente, da subjetividade como primordialmente feminina), deveríamos nos opor a qualquer tentativa de articular o significante de mulher em paralelo ao significante masculino fálico. O sujeito emerge na própria dissimetria entre S1 e S2; de certo modo, é a própria falta do significante binário ($) que a série de S2 representa para S1, o significante mestre.

16 Vale a pena mencionar aqui um interessante incidente de uma das maiores gravações de *Tristão e Isolda,* a versão de Wilhelm Furtwangler de 1952. Como Kirsten Flagstad já havia passado de seu apogeu, Elisabeth Schwarzkopf – a mulher de Walter Legge, o produtor da gravação – ajudou sua colega mais velha com a longa e alta nota Dó que conclui a *Liebestod.* A voz de Schwarzkopf substitui imperceptivelmente a de Flagstad nesse clímax, como se não fosse possível para uma única cantora concluir a *Liebestod.*

17 Eu me baseio aqui no Capítulo 3 de Baas 1992.

18 Dois parágrafos mais tarde, Kant retira essa posição radical, propondo uma solução de meio termo; estamos lidando aqui claramente com uma concessão ao espírito patológico do tempo.

19 O próprio Kant também relaciona desprazer com gozo excessivo. Para uma análise detalhada da noção de desprazer de Kant *(Ekel),* ver Capítulo 3 de Menninghaus 1999.

20 Por que Lacan se refere à faixa de Möbius como o modelo topológico do circuito libidinal? Lembremos que bandas de arruaceiros homofóbicos que frequentemente estupram em gangue suas vítimas gays para humilhá-las, cometendo assim o mesmo ato pelo qual desprezam (fingem desprezar) suas vítimas.

21 Essa convolução de prazer e desprazer também é responsável por duas experiências paradoxais adicionais, a do encontro do prazer no desprazer e a do encontro do desprazer no prazer. A primeira experiência se refere ao conhecido fascínio exercido pelo objeto de desprazer; não podemos evitar nos sentirmos atraídos por ele enquanto retrocedemos, como se de magnetismo se tratasse. O desprazer no prazer, ao contrário, se refere à não menos conhecida repulsa que domina alguns sujeitos (obsessivos) quando confrontam um objeto que proporciona a eles intenso prazer. A instituição da censura permite a eles prazer somente se esse prazer for mantido encurralado, controlado através do desprazer. Em outras palavras, se for vivenciado como algo repugnante.

CAPÍTULO 2

"A ETERNA IRONIA DA COMUNIDADE"

Wagner com Kierkegaard

Nietzsche estava certo ao considerar Meistersinger como sendo complementar a Tristão. Se vamos sobreviver no mundo cotidiano da realidade social, precisamos renunciar ao chamado absoluto do amor, que é precisamente o que Hans Sachs faz, permitindo assim a única ilusão de um final feliz em Wagner. Ao adicionar Parsifal à lista, obtêm-se três versões da redenção que seguem a lógica da tríade kierkegaardiana: o estético, o ético e o religioso. Em todos esses três estágios, o mesmo gesto sacrificatório está em funcionamento, cada vez em uma força/potencial diferente (no sentido atribuído ao termo por Schelling) [1]. O sacrifício religioso é uma questão natural(basta relembrar a disposição de Abraão para sacrificar Isaac, o exemplo supremo de Kierkegaard), então deveríamos nos concentrar na renúncia que se refere ao ético e ao estético:

- O estágio ético é definido pelo sacrifício do consumo imediato de vida, de quando nos rendemos ao momento efêmero, em nome de alguma norma universal mais elevada. No campo erótico, um dos exemplos mais refinados dessa renúncia é proporcionado pela *Così fan tutte* de Mozart. Se seu *Don Giovanni* personifica o estético (como foi desenvolvido pelo próprio Kierkegaard em sua análise detalhada da ópera em *Either/Or*), a lição de *Così fan tutte* é ética – por quê? A questão de *Così* é que o amor que une os dois casais no começo da ópera não é menos artificial, nem funciona menos mecanicamente do que o amor das duas irmãs pelos consortes trocados vestidos de oficiais albaneses que é resultado da manipulação do filósofo Alfonso. Nos dois casos, estamos lidando com um mecanismo que os sujeitos seguem de modo cego, como marionetes. Nisso consiste a hegeliana "negação da negação": Primeiro, percebemos o amor artificial, o produto das manipulações de Alfonso em oposição ao amor inicial autêntico, e depois repentinamente nos tornamos conscientes de que não há realmente nenhuma diferença entre os dois. Então, porque um amor conta tanto quanto o outro, os casais podem voltar para seu arranjo marital inicial [2]. É isso o que Hegel tem em mente quando afirma que no curso de um processo dialético, o ponto de partida imediato prova ser algo já mediado, ou seja, sua própria auto-negação; no final, estabelecemos que nós sempre fomos e já éramos o que queríamos nos tornar, sendo a única diferença o fato de que esse estado já-sempre muda sua modalidade de em-si para para-si. O ético é, nesse sentido, o campo da repetição na qualidade de simbólico; se, no estético, esforça-se para capturar o momento em sua singularidade, no ético uma coisa se torna o que é apenas através de sua repetição.

- No estágio estético, o sedutor investe em uma menina inocente que ele considera merecedora de seus esforços, mas em um momento crucial justo antes do seu triunfo, quando para todos os fins práticos sua rendição já foi conquistada e os frutos do esforço dele só precisam ser colhidos, ele não tem apenas que renunciar à realização do ato sexual, mas também induzi-*la* a deixá-lo (colocando a máscara da pessoa desprezível e assim despertando o desprazer dela). Por que essa renúncia? A realização do processo de sedução no ato sexual torna visível o objetivo pelo qual o sedutor estava lutando em toda sua transitoriedade e vulgaridade, então o único meio de evitar esse horror de dessublimação é parar pouco antes dela, mantendo desse modo desperto o sonho do *que poderia ter* acontecido. Ao perder seu amor no tempo, o sedutor o ganha para a eternidade. É preciso ter cuidado aqui para não deixar de captar a ideia: a dessublimação que se tenta evitar renunciando ao ato *não* reside na experiência de como a realização sempre fica a dois passos de alcançar o ideal pelo qual se estava lutando, ou seja, da distância que sempre separa o ideal de sua realização; ao contrário, é o próprio ideal que perde seu poder, que se transforma em sujeira repugnante. O ideal é, de certo modo, minado desde dentro; quando nos aproximamos demais dele, ele se transforma no seu oposto.

Em todos os três estágios, o mesmo gesto de sacrifício está em funcionamento em um poder/potencial diferente, e o que passa de um para o outro é o lócus da impossibilidade. Ou seja, fica-se tentado a afirmar que a tríade estética-ética-religiosa fornece a matriz para as três versões da impossibilidade da relação sexual. O que se esperaria aqui é que com a progressão (ou melhor, salto) de um estágio para o outro, a pressão da proibição ou impossibilidade fique mais forte. No aspecto estético, fica-se livre para aproveitar as oportunidades, para ceder ao gozo sem nenhuma restrição; no ético, o gozo é admitido, mas com a condição de que permaneça dentro dos limites da lei (casamento), ou seja, em uma forma antisséptica, enobrecida que suspende seu charme fatal; no aspecto religioso, finalmente, não há gozo, apenas a renúncia mais radical e irracional pela qual não recebemos nada em troca (a disposição de Abraão para sacrificar Isaac). No entanto, essa imagem clara de renúncia progressiva imediatamente fica embaçada pela semelhança extraordinária, percebida por mais de um comentarista sagaz, entre o sacrifício de Isaac feito por Abraão (que, obviamente, pertence ao religioso) e a própria renúncia de Kierkegaard diante de Regina (que pertence à dialética estética da sedução). Olhando mais de perto, pode-se estabelecer que, ao contrário das expectativas, a proibição (ou melhor, inibição) *afrouxa* com o salto de um estágio para o outro. No estético, o objeto está completamente perdido, além do nosso alcance, em função da instabilidade inerente a esse nível (no mesmo gesto em que tentamos pôr nossas mãos no fugaz momento de prazer, ele escorre por nossos dedos); no ético, o gozo já é possível em uma forma regular, estável, por meio da mediação da lei; e, finalmente, no religioso... qual é o modo religioso do erótico se seu modo estético é a sedução e seu modo ético é o casamento? Tem algum sentido falar de um modo religioso do erótico no preciso sentido kierkegaardiano do termo? A opinião de Lacan é que é esse é precisamente o papel do amor cortês, no qual a dama suspende o nível ético das obrigações simbólicas universais e nos bombardeia com provações totalmente arbitrárias de uma maneira que é homóloga à suspensão religiosa do ético; suas provações estão no mesmo nível da ordem de Deus para que Abraão mate seu filho Isaac. E ao contrário da primeira impressão de que o sacrifício alcança seu apogeu aqui, é somente neste ponto que finalmente confrontamos o Outro como uma coisa que dá corpo ao excesso de gozo sobre o mero prazer. Se os esforços estéticos para aproveitar o momento completo terminam em fiasco e em perda completa, paradoxalmente, a renúncia religiosa, a elevação da dama à posição de um objeto intocável e inalcançável leva ao êxtase do gozo que transgride os limites da lei.

E esse ponto extremo no qual a renúncia ascética radical paradoxalmente coincide com a realização erótica mais intensa não é o tema do *Tristan* de Wagner? Também é possível ver por que Nietzsche estava certo ao afirmar que *Parsifal* é o trabalho mais decadente de Wagner e é a antítese de *Tristan.* Em *Parsifal,* a vida normal cotidiana desaparece totalmente como ponto de referência – o que permanece é a oposição entre a cromática histericamente superexcitada e a pureza assexuada, a negação final da paixão. *Parsifal* oferece, desse modo, um tipo de decomposição espectral de *Tristan:* nela, o anelo imortal dos dois amantes, sexualizado e simultaneamente espiritualizado até extremos, é decomposto em seus dois componentes, excitação cromática sexual e pureza espiritual para além do ciclo da vida. Amfortas e Parsifal, o rei que sofre e não pode morrer e o tolo inocente e puro além do desejo são os dois ingredientes que, quando reunidos, nos proporcionam Tristão.

Podemos ver agora em que sentido preciso *Tristan* personifica a solução estética: recusando-se a fazer concessões quanto ao seu desejo, vai até o final e voluntariamente abraça a morte. *Meistersinger* opõe a isso a solução ética de que a verdadeira redenção não reside em seguir a paixão imortal até sua autodestrutiva conclusão. Ao contrário, dever-se-ia aprender a superá-la por meio de uma sublimação criativa e voltar, com um espírito de resignação sábia, para a vida diária das obrigações simbólicas. Em *Parsifal,* finalmente, a paixão não pode mais ser superada por meio da reintegração à sociedade na qual sobrevive de forma enobrecida; é preciso negá-la completamente na afirmação extática da *jouissance* religiosa. A tríade de *Tristan, Meistersinger* e *Parsifal* segue uma lógica precisa: *Meistersinger* e *Tristan* oferecem as duas versões opostas da matriz edipiana, dentro da qual *Meistersinger* inverte *Tristan* (o filho rouba a mulher da figura paterna; a paixão acontece entre a figura paterna e a mulher jovem destinada a se tornar companheira do homem jovem), enquanto que *Parsifal* dá às próprias coordenadas um giro anti-edipiano: o sujeito ferido que se lamenta aqui é a figura paterna (Amfortas) e não o jovem transgressor (Tristão). (O mais perto que se chega do lamento em *Meistersinger* é o *"Wahn, wahn!"*, canção do Ato III). Wagner planejava fazer Parsifal visitar o Tristão ferido na primeira parte do terceiro ato, mas sabiamente decidiu não fazê-lo. A cena não apenas teria arruinado a perfeita estrutura geral do ato, mas também teria encenado o encontro impossível de um personagem consigo mesmo (a versão diferente, de uma realidade alternativa), como em uma narrativa de ficção científica viajando no tempo. Podemos até levar as coisas ao extremo ridículo aqui, se imaginarmos o terceiro herói se juntando aos outros dois – Hans Sachs (em sua personificação anterior como rei Mark, que chega em um navio antes de Isolda) – para que os três, (Tristão, Mark, Parsifal) defendendo as três posturas, debatam suas diferenças em um intercâmbio comunicacional habermasiano não distorcido.

Essa tríade de *Tristan, Meistersinger* e *Parsifal* pressupõe a noção de mulher como o objeto de troca entre homens, cuja lógica foi elaborada por Lévi-Strauss em seu *Structures Elementaires de la parente* (1949). Já a primeira ópera verdadeiramente wagneriana, *O Navio Fantasma,* é sobre a troca de Senta de seu pai para o holandês – uma troca falsa, com certeza, porque invés do jovem caçador Erik, seu consorte normal, Senta recebe o incestuoso holandês com quem ela sonhava e que é mais bem colega de seu pai. A catástrofe final acontece porque o sonho que a perseguia se realiza. É como se Eva na *Meistersinger* se casasse com Hans e não com Walter [3]. E as três óperas em que estamos nos concentrando encenam as três versões de como a troca normal pode ser perturbada:

- Em *Tristan,* a troca falha, e o mediador fica com a noiva. O responsável por esse fracasso é o fato de que a troca em si estava errada: Isolda é dada ao homem errado (a figura paterna). Em outras palavras, Tristão *deveria* ter sido o consorte de Isolda em uma troca normal. O que, porém, poderia ter acontecido nesse caso? A resposta é simples: se seu amor fosse deixado livre para se realizar em um laço matrimonial, privado de sua dimensão transgressora, Tristão e Isolda teriam sido um casal comum, com Isolda tendo sonhos transgressores com quem? Com o rei Mark, naturalmente, o que nos leva à ópera seguinte.

- Em *Meistersinger,* a troca é normal, e o ganhador do concurso musical fica com Eva. No entanto, em seu acesso incestuoso no Ato III, Eva deixa claro que seu verdadeiro amor é o paternal Hans Sachs (que, em resposta ao acesso dela, se compara explicitamente com o infeliz Mark!).
- Finalmente, em *Parsifal,* Kundry é o objeto da troca, manipulada por Klingsor. E não é Klingsor uma espécie de falso pai que oferece Kundry aos homens não para redimi-los, mas sim para destruí-los? Em um tipo de síntese zombadora de *Tristan* e *Meistersinger,* Kundry é oferecida primeiro ao mais velho, Amfortas (ou seja, Mark-Hans), e depois ao mais jovem, Parsifal (Tristão-Walter). Klingsor, que ganha na primeira vez, é vencido quando não acontece troca alguma, porque os avanços de Kundry são rejeitados por Parsifal.

É assim, então, como devemos interpretar Wagner. O significado de *Tristan* se torna visível quando estabelecemos a conexão entre essa ópera e os outros dois dramas musicais (em resumo, devemos aplicar a ela a interpretação estrutural dos mitos elaborada por Claude Lévi-Strauss, ele mesmo um grande wagneriano) [4]. O que realmente importa aqui não é o pseudo-problema sobre qual das três soluções reflete a verdadeira posição de Wagner (será que ele realmente acreditava no poder redentor da orgástica *Liebestod?* Será que ele próprio se resignou à necessidade de voltar para o mundo cotidiano das obrigações simbólicas?), mas a matriz formal que gera essas três versões de redenção. O que define a posição de Wagner não é nenhuma dessas três soluções determinadas, mas o impasse subjacente para o qual cada uma dessas três óperas (*Tristan, Meistersinge, Parsifal)* oferece sua solução, a relação instável entre o universo ético de obrigações sócio-simbólicas (contratos), a irrefreável paixão sexual que ameaça dissolver os laços sociais (o estético) e a autonegação espiritualizada da vontade (o religioso). Cada uma das três óperas é uma tentativa de comprimir esse triângulo na oposição entre dois elementos: entre a paixão sexual espiritualizada e o universo sócio-simbólico em *Tristan,* entre a paixão sexual e a sublimação espiritual da arte socializada em *Meistersinger,* entre a vida sexualizada e o espiritualismo ascético puro em *Parsifal.* Cada uma das três soluções se baseia em um modo musical específico que predomina nelas: o cromatismo de *Tristan,* o aspecto coral de *Meistersinger,* o contraste entre cromatismo e o diatonismo estático em *Parsifal.*

O riso de Kundry...

Por que, então, a renúncia ascética de Parsifal é falsa? A referência a Nietzsche é crucial aqui: Nietzsche não era contra o ascetismo como tal, mas contra o ascetismo secretamente baseado na inveja. Ou seja, o que Nietzsche e Freud compartilham é a ideia de que justiça como igualdade se fundamenta na inveja do Outro que tem e que usufrui o que nós não temos; a demanda de justiça é assim, em última análise, a demanda de que o gozo excessivo do Outro deveria ser reduzido para que o acesso de todos à *jouissance* seja igual. A conclusão necessária desta demanda, obviamente, é o ascetismo, porque não é possível impor *jouissance* por igual, o que se pode impor é apenas a proibição igualmente compartilhada. No entanto, não devemos esquecer que atualmente, em nossa sociedade supostamente permissiva, esse ascetismo assume a forma de seu oposto exato, da injunção generalizada do superego para gozar. Estamos todos sob o feitiço dessa injunção, com o resultado de que nosso gozo fica mais dificultado do que nunca. Consideremos o yuppie que combina auto-realização narcísica com a disciplina completa da corrida, de comer comida saudável e assim por diante. Isso, talvez, fosse o que Nietzsche tinha em mente com sua noção do Último Homem: somente hoje podemos realmente discernir seus contornos sob a aparência do ascetismo hedonista dos yuppies. Nietzsche, portanto, não insiste simplesmente na afirmação da vida contra a auto-negação. Ele está ciente de como um certo ascetismo é o anverso da excessiva sensualidade decadente; reside aí sua crítica do *Parsifal* de Wagner e, de modo mais geral, da decadência do fim do romantismo oscilando entre a sensualidade viscosa e o espiritualismo obscuro [5].

Então, o que é a inveja? Do caso mais elementar de um irmão que inveja o outro que está sugando o bico do peito da mãe (evocado por Santo Agostinho no começo de suas *Confissões),* o sujeito não inveja a posse do

Outro do objeto apreciado como tal, mas sim o modo como o Outro é capaz de gozar desse objeto. É por isso que não é suficiente para ele simplesmente roubar e tomar posse do objeto; seu verdadeiro objetivo é destruir a capacidade do Outro de gozar do objeto [6]. Como tal, a inveja deve ser situada em uma tríade junto com frugalidade e melancolia, os três modos de não ser capaz gozar do objeto (e, obviamente, reflexivamente gozar dessa impossibilidade). Em contraste com esses que invejam a posse do Outro ou a *jouissance* do objeto, o miserável possui e não consegue consumir, sua satisfação vem simplesmente do fato de possuir, elevando o objeto a uma entidade sagrada, intocável e proibida que não deve ser consumida sob nenhuma condição (lembremos da figura proverbial do miserável solitário que ao voltar para casa, tranca as portas, abre a cômoda e olha furtivamente para seu objeto estimado, observando-o com reverência); esse mesmo obstáculo que impede a consumação do objeto garante seu status como um objeto de desejo. O sujeito melancólico, como o miserável, possui o objeto, mas perde a razão que o fez desejá-lo. Essa figura, a mais trágica de todas elas, tem acesso livre a tudo que quer, mas não encontra nenhuma satisfação nisso.

O tema comum da análise (psicanálise) esquerdista do fascismo é como a submissão do povo, sua renúncia ao prazer, é comprada pelo prazer perverso gerado pela própria submissão: sob o chamado totalitário "Já chega de prazer! Sacrifiquem-se!", deveríamos discernir a injunção superegóica oculta "Gozem!" Não serve como prova final disso o discurso infame de Goebbels "Guerra Total" no Sportpalast, em Berlim, em 18 de fevereiro de 1943, que culminou em uma série de perguntas retóricas a que a multidão reunida respondia com um frenético e ritmado "SIM!"? Todas as suas perguntas ("Querem que os teatros e restaurantes sejam fechados [e assim por diante] para alcançar a mobilização total?") em última análise solicitavam a mesma coisa, ou seja, mais renúncias. "Vocês querem uma guerra total, mais total e mais radical do que podemos sequer imaginar hoje?". No entanto, também é preciso ter em consideração o seu oposto, ou seja, o paradoxo que emerge em nossas sociedades supostamente permissivas, hedonistas, liberais, nas quais os sujeitos são chamados diretamente a gozar (a organizar suas vidas ao redor do uso dos prazeres, a realizar os potenciais internos do seu eu). De modo algum é uma regra espontânea de prazeres, o resultado é um ascetismo globalizado; para realmente se divertir, é preciso se submeter a uma dieta estrita, evitar o fumo e a bebida, correr regularmente e rejeitar assédios sexuais e outros assédios, para não frustrar os outros em seu gozo.

A oposição com que lidamos aqui é, naturalmente, nenhuma outra além da oposição entre *Gemeinschaft* (comunidade) e *Gesellschaft* (sociedade). Como o objetivo ideológico óbvio de *Parsifal* é restaurar a comunidade contra a sociedade alienada, deve-se ser cuidadoso e não aceitar essa oposição como evidente: O que é *Gemeinschaft* em oposição à *Gesellschaft?* Quando se pertence a uma comunidade? A diferença diz respeito ao reino das trevas de regras obscenas não escritas que regulam as transgressões inerentes à comunidade, as formas como se espera ou se permite que violemos suas regras explícitas. É por isso que o sujeito que as segue de perto nunca será aceito pelos seus membros como alguém do grupo: não participa dos rituais transgressores que efetivamente mantêm a comunidade reunida. E a sociedade, em oposição à comunidade, é um coletivo que pode prescindir desse conjunto de regras não escritas, porque é impossível, não existe sociedade sem comunidade. É aí onde as teorias que defendem o caráter subversivo do mimetismo se enganam; de acordo com essas teorias, a atitude adequadamente subversiva do Outro – digamos de um sujeito colonizado que vive sob a dominação da cultura colonizadora – é mimetizar o discurso dominante, mas com uma distância, para que o que ele faz e diz seja como o que os colonizadores fazem... quase... com uma diferença incomensurável que torna sua não identidade mais palpável. Fica-se tentado a dar a volta nessa tese: o estrangeiro que emula fielmente as regras da cultura dominante em que ele quer penetrar e com a qual deseja se identificar, que está condenado a permanecer para sempre um *outsider,* porque fracassa em praticar e em participar da auto-distância da cultura dominante, das regras não escritas que nos dizem como e quando infringir as escritas. Estamos "dentro", integrados em uma cultura, somente quando somos bem sucedidos na prática dessa distância [7]. Isso, então, é como deveria ser percebida a comunidade do Graal em Montsalvat: um círculo fechado envolvido na cerimônia obscena de revelar seu segredo compartilhado, uma cerimônia mais próxima de uma Missa Negra Satânica do que de um ritual cristão, uma ópera extraordinária "a meio caminho entre a missa e a orgia", na qual a consagração de um teatro se torna a dessacralização de uma igreja (ver Conrad 1989: 183).

Por outro lado, deve-se ser cuidadoso para não sucumbir à tentação liberal de condenar todas as performances artísticas coletivas como inerentemente totalitárias [8]. Tanto a *Thingspiel* nos primeiros anos do nazismo quanto as peças de aprendizagem *(Lehrstucke)* de Bertolt Brecht incluíam uma experiência de massa ideológico-estética (músicas, discursos e atos) em que os próprios espectadores funcionavam como atores. Isso significa que a Esquerda nos anos 1930 participava da mesma experiência proto-fascista totalitária da imersão regressiva na comunidade pré-individual como o Nazismo (tese de, entre outros, Siegfried Kracauer)? Caso contrário, a diferença reside no fato de que a *Thingspiel* nazista encenava uma imersão patético-emocional, enquanto Brecht mirava em um processo de aprendizagem distanciado, auto-observador, reflexionado? No entanto, essa oposição brechtiana padrão entre a imersão emocional e a distância reflexiva é suficiente? Recordemos a apresentação encenada de "Storming the Winter Palace" em Petrogrado no dia 7 de novembro de 1920, o terceiro aniversário da Revolução de Outubro. Dezenas de milhares de trabalhadores, soldados, estudantes e artistas trabalharam dia e noite, vivendo de kasha (o insípido mingau de trigo), chá e maçãs congeladas, e preparando a performance onde o evento havia realmente acontecido três anos antes; o trabalho era coordenado por oficiais do Exército e por artistas de vanguarda, músicos e diretores, de Malevich a Meyerhold. Embora isso fosse uma atuação e não a realidade, os soldados e marinheiros interpretavam a si mesmos; muitos deles não apenas haviam participado da revolução, mas também participavam na época em batalhas reais da guerra civil que estavam acontecendo perto de Petrogrado, uma cidade sitiada e sofrendo de severa escassez de comida. Um contemporâneo fez o seguinte comentário sobre a apresentação: "O historiador do futuro registrará como, durante uma das revoluções mais sangrentas e mais brutais, toda a Rússia estava atuando" (Buck-Morss 2000: 144); o teórico formalista Viktor Shklovski observou que "algum tipo de processo elementar está acontecendo em um lugar em que a estrutura viva da vida está sendo transformada em algo teatral" (Buck-Morss 2000: 144). Todos nos lembramos das infames paradas auto-elogiativas do Primeiro de Maio que eram um dos símbolos dos regimes stalinistas. Se alguém precisa de uma comprovação de que o leninismo funcionava de um modo completamente diferente, essas representações não são a prova suprema de que a Revolução de Outubro definitivamente não era um simples golpe de Estado de um pequeno grupo de bolcheviques, mas um evento que liberou um tremendo potencial emancipador?

Então, de volta à *Parsifal:* o que está errado nessa ópera não é o ritual coletivo como tal, mas seu sabor de uma obscena cerimônia secreta. Como qualquer ritual compulsivo, é uma formação de defesa: defesa contra o real do desejo feminino. Em sua perspícua interpretação lacaniana, Michel Poizat interpreta *Parsifal* como a história de uma comunidade fechada e incestuosa, imobilizada pela *jouissance* do objeto-coisa privilegiado (Graal), que é desbaratada quando Amfortas, seu líder, sucumbe à sedução feminina; a função de Parsifal é curar a ferida e assim restabelecer o círculo fechado da comunidade do Graal [9]. Parsifal e Klingsor, o senhor de Kundry, representam dois modos opostos de evitar o encontro com a mulher desejante e seu efeito castrador: Parsifal renuncia ao desejo, rejeita a mulher e se fecha para esse encontro, enquanto Klingsor evita esse encontro literalmente castrando a si mesmo, para ser capaz de resistir aos avanços de Kundry e desse modo ser capaz de funcionar como seu senhor, indiferente aos seus encantos. A admiração de Wagner por *A Oresteia* é conhecida – seria então muito ousado sugerir que o modelo para rejeição de Parsifal a Kundry é o assassinato cometido por Orestes contra Clitemnestra (mãe dele)?

Eis aqui como Ésquilo apresenta as palavras de Orestes:

> Rápido! Ouça-me! Uma última vez!
> Isso me arrebata!
> Sento-me em uma carruagem,
> mas eu não guio.
> São os cavalos
> que seguram as rédeas.
> Eu não tenho mais poder sobre eles,
> Eu... não ...posso...pensar.
> Pensar? Não! Alguém mais
> está pensando por mim!
> E no fundo do meu coração há o medo
> que canta e começa a dançar.
> Portanto, enquanto eu estiver de posse dos meus sentidos

- ainda estou de posse dos meus sentidos? -
Foi só que eu matei minha mãe,
a mulher detestada pelo deus –
um horror odiado pela terra!"
Wolf 1988: 222-223)

Não é essa a descrição mais concisa de um ato livre, autônomo, que o sujeito não pode nunca assumir ou subjetivizar, que é necessariamente uma experiência como um corpo estranho, como algo em si mais do que si mesmo que atua através de si? Essas linhas, portanto, não apontam para o que Kierkegaard chamou de *loucura* de uma decisão efetivamente livre? Em seu *Adieu a Emmanuel Levinas,* Derrida tenta dissociar a decisão de seus predicados metafísicos usuais (autonomia, consciência, atividade, soberania) e tenta pensar nela como a decisão do Outro em si mesmo: "A decisão passiva, condição do evento, é sempre estruturalmente uma outra decisão em mim, uma decisão desgarrada como decisão do outro. Do absolutamente outro em mim, do outro como o absoluto que decide de mim em mim" (Derrida 1997: 87). A diferença entre Orestes e Parsifal, obviamente, é que seus respectivos atos são claramente opostos em relação ao seu alcance; embora, nos dois casos, o feminino seja rejeitado, o assassinato cometido por Orestes marca a ruptura com o materno-feminino, a instalação da lei paterna, enquanto que Parsifal abandona o desejo da mulher em nome do materno-feminino. Por essa razão, Orestes precisa matar uma mulher (sua mãe); no caso de Parsifal, estamos lidando com um gesto negativo de negligência. Também por essa razão, somente Orestes comete um ato verdadeiro: o gesto de Parsifal é em última análise um não ato, uma renúncia à realidade do desejo do Outro. O que, então, é tão ameaçador em Kundry?

Em sua *Phenomenology of Spirit (Fenomenologia do Espírito),* Hegel introduz sua notória noção do sexo feminino como "a eterna ironia da comunidade": o sexo feminino "muda por meio da intriga o objetivo universal do governo em um objetivo particular, transforma sua atividade universal em uma obra de algum indivíduo particular e perverte a propriedade universal do Estado, tornando-a uma posse e ornamento para a família" (Hegel 1977: 288). Essas linhas se encaixam perfeitamente na figura de Ortrud na ópera *Lohengrin,* de Wagner: para Wagner, não há nada mais horrível e desagradável do que uma mulher que intervém na vida política com desejo de poder. Na visão de Hegel e Wagner, ao contrário dos homens, uma mulher ambiciosa quer o poder para promover seus próprios e limitados interesses familiares, ou, pior ainda, seu capricho pessoal, incapaz como é de perceber a dimensão universal da política de Estado. Como não lembrar da afirmação de F.W.J. Schelling que diz que "o mesmo princípio que nos leva e nos mantém em sua ineficácia nos consumiria e nos destruiria em sua eficácia" (1946: p. 13; tradução para o inglês citada em Bowie 1993: 105)? Esse poder, quando mantido em seu lugar apropriado, pode ser benigno e pacificador, mas se transforma em seu oposto radical, na fúria mais destrutiva, no momento em que intervém em um nível mais alto, o nível que não é o seu: a mesma feminilidade que, dentro do círculo fechado da vida familiar, é o poder do amor protetor, se torna frenesi obsceno quando exibido no nível dos assuntos públicos ou de Estado. Em resumo, uma mulher pode protestar contra o poder do Estado em nome dos direitos da família e do parentesco, mas pobre da sociedade na qual as mulheres lutam diretamente para influenciar decisões relacionadas com assuntos de Estado, manipulando e efetivamente emasculando seus fracos parceiros masculinos (como faz Ortrud em *Lohengrin*). E Isolda e Kundry não são duas versões adicionais dessa "eterna ironia" que leva à dissolução do laço social? Isolda é o oposto de Ortrud; invés de operar dentro da estrutura social, intervindo na luta pelo poder manipulando o herói (masculino), ela induz Tristão a deixar o domínio do dia para entrar no abismo da noite. Kundry, porém, ocupa uma terceira posição, nem intervém na estrutura de poder nem deseja simplesmente abandoná-la e eliminar a si mesma, mas funciona literalmente como sua eterna ironia, minando sua autoridade de forma jocosa.

O sinal principal e a arma da ironia subversiva de Kundry é seu riso, portanto é crucial investigar suas origens. A cena primordial do riso é o Caminho da Cruz, em que Kundry observava o Cristo sofredor e ria dele. Esse riso se repete uma e outra vez para cada mestre que Kundry viria a servir (Klingsor, Gurnemanz, Amfortas, Parsifal). Ela mina a posição de cada um deles por meio do conhecimento excedente que seu riso histérico contém e que revela o fato de que o mestre é impotente, uma ilusão de si mesmo. Esse riso é portanto profundamente ambíguo: não apenas representa a zombaria do Outro, mas também o desprezo de si mesma, ou seja de seu repetido fracasso ao tentar encontrar um apoio confiável no mestre. A questão que se deve levantar aqui é a do paralelo entre a ferida de Amfortas e a de Cristo: o que os dois têm em comum? Em que sentido Amfortas (que foi ferido quando sucumbiu à tentação de Kundry) está ocupando a mesma posição que Cristo? A única resposta consistente, obviamente, é que *o próprio Cristo não era puro em seu sofrimento:* quando Kundry o observava no Caminho para a Cruz, ela detectou sua obscena *jouissance*, em outras palavras, o modo como ele estava "excitado" pelo seu sofrimento. O que Kundry procura desesperadamente nos homens é, ao contrário, alguém que fosse capaz de resistir à tentação de transformar sua dor em um gozo perverso.

...e o seu beijo

A realização única de *Parsifal* é unir, na figura de Kundry, as duas figuras tradicionalmente opostas (que, em sua anterior *Tannhäuser*, são mantidas separadas); a sedutora devastadora e a redentora angelical. Ou, como Wagner colocou em sua famosa carta para Mathilde Wesendock, de agosto de 1860: "Eu já lhe contei que o fabuloso e selvagem mensageiro do Graal tem que ser a mesma pessoa que é a sedutora no segundo ato? Desde que me dei conta disso, quase tudo que tem a ver com a obra ficou claro para mim" (citado em Dahlhaus 1979: 152-153). O lema do *finale* de *Parsifal*, "a ferida só é curada pela lança que te golpeou", vale também e especialmente para Kundry [10]. Esse fato de que a identidade de Kundry brotou como uma solução deve ser entendido literalmente; o "segredo" de Kundry é que ela não representa a unidade psicológica de uma pessoa real,, mas um *composite* artificial inventado para resolver um certo impasse (narrativo e, ao mesmo tempo, ideológico). O primeiro a descrever essa lógica detalhadamente foi Claude Lévi-Strauss, em sua famosa análise das decorações faciais dos índios Kadiwéu; ele começa identificando, em termos puramente visuais, a tensão antagonista de uma "situação complicada baseada em duas formas contraditórias de dualidade, e resultando em um acordo possibilitado por uma oposição secundária entre o eixo ideal do objeto em si/ o rosto humano / e o eixo ideal da figura que ele representa" (1971: 176). Ele então prossegue interpretando essa dinâmica visual como a solução imaginária para o antagonismo não resolvido e para o desequilíbrio de sua estrutura social: uma tentativa de suplantar o desequilíbrio das distinções hierárquicas emergentes, insuperáveis em seus próprios termos, deslocando-as através da divisão "horizontal" da tribo em grupos. Nesse nível, o acordo imaginário pode pelo menos ser encenado.

E não foi a mesma coisa com Heidegger em 1933? A oposição primordial ali era também a diferença de classe, e a oposição secundária era a oposição entre o apego de Heidegger à tradicional comunidade local e seu compromisso com o Nazismo como um movimento político de massas moderno. Como, então, Heidegger tentou resolver essa tensão dupla? Karl Löwith relata que em 1933, Heidegger chamava a atenção dos passantes pela "extravagância de suas roupas: um tipo de casaco de camponês da Floresta Negra com solapas grandes e uma gola meio militar, fazendo conjunto com calças amarradas nos joelhos, ambos feitos de um tecido marrom escuro... uma mistura única entre o traje comum local e o uniforme da S.A." (1986: 43). Isso não é exatamente o equivalente às decorações faciais dos índios Kadiwéu? Heidegger não deslocou primeiro o antagonismo de classe para o antagonismo entre as raízes populares e o moderno movimento de massas e depois tentou resolver a tensão representando em seu próprio corpo sua reconciliação utópica em seu traje quase de palhaço que combinava as duas dimensões? A figura de Kundry segue a mesma lógica. Ela teve que ser inventada para proporcionar uma solução imaginária que permitisse a Wagner dar uma conclusão a *Parsifal*.

Então, quando, depois de receber o beijo de Kundry, Parsifal a afasta com o grito "Amfortas! A ferida!", assinalando sua compassiva identificação com o sofredor Amfortas (uma cena que só pode provocar riso nas plateias de hoje), justifica-se totalmente que Poizat conceba essa identificação de Parsifal com Amfortas no momento do beijo de Kundry dentro da linha das histórias de ficção científica nas quais, para parafrasear *Hamlet*, o tempo está fora de encaixe e o herói o conserta viajando no tempo até o momento em que as coisas enveredaram pelo caminho errado (por exemplo, quando Hitler nasceu) (1998 121). Desse modo, estamos aqui o mais longe possível de Hegel, mesmo que a frase de Wagner "a ferida só é curada pela lança que te golpeou" soe vagamente hegeliana. Quando Hegel diz que "o conhecimento cura a ferida que é ele mesmo" *(Erkennen heilt die Wunde, die es selber ist)*, sua ideia é que a divisão introduzida pelo conhecimento em nosso ser (a perda da inocência, da imersão na vida imediata, ou seja, o surgimento da distância reflexiva da consciência, da distância entre sujeito e objeto, entre pensamento e ato) é ela mesma sua própria auto-anulação: superamos a limitação do nosso conhecimento quando nos tornamos conscientes de como a riqueza do conteúdo sensual pseudo-concreto que perdemos na passagem da experiência direta para o conhecimento nocional é em si mesma nula, merece ser perdida. A questão de Hegel não é recuperar o que estava perdido, mas *aceitar a perda em si como libertadora.* Em contraste com Hegel, o Parsifal de Wagner não nega a Queda em uma posterior reconciliação-através-da síntese. Em vez disso, ele viaja no tempo até o passado para retroativamente desfazer a Queda. Em resumo, a fórmula wagneriana "a ferida só é curada pela lança que te golpeou" significa que o único modo de desfazer a Queda (a hora em que os eventos enveredaram pelo caminho errado) é voltar ao momento da decisão errada e *repetir* a escolha, dessa vez tomando a decisão certa. No entanto, o que Wagner não leva totalmente em conta é a própria necessidade dessa repetição: a decisão certa de Parsifal só pode ser tomada como repetição, depois que Amfortas, em sua primeira escolha, tomou a decisão errada. E talvez resida aí o núcleo da fantasia wagneriana, a retirada final de Wagner do real: em vez de respaldar a ferida, de se reconciliar com ela, ele permanece com o sonho de desfazê-la completamente – eis aqui sua famosa apresentação do predicamento de Tristão e Isolda:

> Graças à poção, a paixão deles se acende repentinamente e eles precisam confessar mutuamente que pertencem somente um ao outro. E agora não havia limites para o anseio, o desejo, o êxtase e a angústia do amor: o mundo, poder, fama, glória, honra, bravura, lealdade, amizade, tudo desaparece como se fossem insignificâncias, um sonho vazio, só uma coisa se mantém viva: ânsia, ânsia, desejo insaciável, sempre renascido – languescendo e ansiando; a única libertação – a morte, morrer, extinção, nunca mais acordar! (Dahlhaus 1979: 150)

O problema dessa confusa visão budista fica claro: nela, os *três* níveis (o mundo cotidiano das obrigações simbólicas, o desejo insaciável e a paz eterna) são espremidos em *dois* [11]. A tensão principal não é entre o dia e a noite, mas é aquela inerente à noite em si, entre anseio e paz; é o próprio anseio por paz que perturba para sempre nossa rotina diária, impedindo que encontremos paz em nossas vidas. Então, em um modo hegeliano, dever-se-ia afirmar que o dia teve que ser inventado para que nós pudéssemos manter o impasse inerente do anseio por paz. Ou, colocando a questão de jeito ligeiramente diferente, o obstáculo do dia, das convenções sócio-simbólicas, é necessário para que se acenda o anseio metafísico – na reconciliação "a força negativa reconhece naquilo que combate a sua própria força" (Hegel 1969: 174), ou seja, a noite precisa reconhecer sua própria condição de possibilidade nos obstáculos colocados pelas obrigações do dia.

Devem-se distinguir duas fases nos avanços de Kundry no grande dueto do Ato II. Primeiro, Kundry tenta seduzir Parsifal desde a posição da mulher fatal malvada que pretende devorar sua vítima. No final dessa primeira fase, Parsifal resiste a Kundry por meio de sua identificação com a ferida de Amfortas: bem no momento do beijo dela, ele se solta do abraço, grita "Amfortas! A ferida! A ferida!" e segura suas coxas (o lugar da ferida de Amfortas) – esse gesto pateticamente cômico é um caso claro de identificação *histérica,* um passo na direção do teatro histérico (Ver Bronfen 1996). A autêntica histérica da ópera é a própria Kundry, e é como se o fato de Parsifal rejeitar Kundry o contaminasse de histeria também. Depois do beijo e da rejeição de Parsifal ao beijo, a segunda abordagem de Kundry é completamente diferente: ela não é mais a mulher fatal jogando jogos cruéis, mas uma mulher realmente desejante desesperadamente apaixonada por Parsifal. Em vez de flertar com a identificação incestuosa com a mãe de Parsifal, ela agora abre para ele o âmago de seu trauma, o pecado original que a transformou em um espectro imorredouro procurando desesperadamente por um salvador. É por isso que o rompante de raiva de Kundry no fim do dueto fica de certo modo justificado como a reação de uma mulher apaixonada profundamente magoada pela rejeição fria e cruel de sua oferta sincera. O paralelo com *A Flauta Mágica* é crucial aqui: Se *Parsifal* fosse uma ópera edípica normal, uma rejeição teria sido suficiente; isto é, teria sido permitido a Parsifal aceitar Kundry na segunda vez, porque ele estaria lidando com uma mulher que aceitou a lei simbólica (do mesmo modo que é permitido a Tamino aceitar Pamina depois que ela mantém a provação do silêncio e rejeição dele). Parsifal, assim, é incapaz de realizar o gesto normalizador de renunciar ao feminino fantasmático para ganhar acesso ao amor da mulher real. Em vez disso, ele se imerge no êxtase do feminino fantasmático ao rejeitar o real do desejo da mulher.

A oposição entre uma mulher real e o feminino é levada ao extremo aqui: a primeira cai morta (Kundry é silenciada no final do Ato II e reduzida, no Ato III, a uma presença muda semi-catatônica, cujas únicas palavras são "Para servir! Para servir!" e cujo único ato é lavar os pés de Parsifal com seu próprio cabelo na cerimônia de sua unção), enquanto o segundo triunfa. O que é crucial aqui é a profunda ambiguidade da referência feminina. Por um lado, a mulher é o intruso externo que perturba o círculo fechado da comunidade masculina. O encontro com uma mulher representa o encontro com a realidade do desejo do Outro em toda sua opacidade traumática; por outro lado, porém, romper o círculo, introduzindo divisão, é um ato masculino por excelência, enquanto que o feminino é identificado com o harmônico todo da base substancial antes de sua perturbação por meio do ato subjetivo. Quando o círculo é novamente fechado, quando retornamos ao equilíbrio harmonioso, isso não é igual ao retorno ao porto seguro e protetor do feminino?

A relação ambígua de Wagner com o feminino – a causa da Queda do homem e também sua redenção – deveria, naturalmente, ser colocada no contexto da antiga tradição germânica, que encontrou sua expressão suprema nas últimas linhas do *Fausto* de Goethe: *"Das Unbeschreibliche / Hier ist's getan; / Das Ewig-Weibliche / Zieht uns hinan"* (uma paráfrase: "O que não pode ser descrito / É aqui realizado; / O eterno feminino / Nos atrai para si mesmo") [12]. Em Goethe, esse eterno feminino aparece sob a forma de figuras santas retiradas da vida ativa, cuja imobilidade estimula os homens à ação, de Efigênia à Otília em *The Selective Affinities (Afinidades Eletivas)*[13]; o que ainda falta aqui, o que é apenas insinuado e ainda não é proposto explicitamente é sua dimensão destrutiva [14]. E essa dimensão, esse excesso de vida em sua conexão com a morte, não é a própria coisa, a definição mínima do Romantismo? [15] Novalis já havia escrito "Hinos para a Noite", que contém a ideia de que a realização final só pode ser encontrada na imersão auto-obliterante na noite. Essa matriz transgressora do amor encontrou sua primeira expressão clara na noção do amor cortês: a ideia de que uma relação de amor tende de modo inerente para um olvido que suspende o universo de obrigações simbólicas. Essa noção romântica de amor envolve a afirmação de que o casamento é contrário ao amor verdadeiramente apaixonado e é, na verdade, seu pior inimigo, uma instituição imposta violentamente ao amor pelo Estado e pela Igreja com os objetivos de controle ideológico e transferência da propriedade privada. O aspecto interessante aqui é que essa celebração do amor extramarital, de modo algum envolve um hedonismo anti-religioso, pode experimentar e se apresentar como uma suspensão quase religiosa do laço moral do casamento [17].

O primeiro a fornecer a mais alta expressão filosófica para essa alteração no status da feminilidade foi Schelling (1987), que fez a distinção entre existência (lógica) e a base impenetrável da existência. A oposição de Schelling do real proto-ontológico das pulsões (a base do ser) e do ser em si ontologicamente e completamente constituído (o que, claro, é engendrado em termos do feminino e do masculino: a proto-realidade feminina versus o real masculino totalmente constituído) desloca radicalmente os casais filosóficos padrão de natureza e espírito, o real e o ideal, existência e essência, e assim por diante. Essa noção é crucial não apenas em relação à história das ideias, mas até mesmo em relação à arte e à nossa experiência cotidiana da realidade. Lembremos das manchas prolongadas que formam o céu amarelo nos últimos trabalhos de Van Gogh ou a água e a grama em Munch; essa magnitude extraordinária não pertence nem à materialidade direta das manchas coloridas nem à materialidade dos objetos representados: habita uma espécie de domínio espectral intermediário do que Schelling chamou de *"geistige Körperlichkeit"*, corporeidade espiritual.

Não surpreende, então, que Schelling também fosse o primeiro e único a elevar a arte à mais alta expressão do absoluto, mais alto do que a filosofia, que permanece dentro dos confins da oposição entre sujeito e objeto. Fica-se tentado a afirmar que essa obsessão com o eterno feminino como o pano de fundo obscuro da razão masculina proporciona a chave para a arte alemã. De Goethe em diante, a atitude alemã em relação às mulheres reflete uma perturbação, algo mais forte do que a discórdia padrão que constitui o beco sem saída da relação sexual. O eterno feminino entra no palco como o placebo, o pano de fundo insondável da identidade masculina, o ambíguo alicerce ameaçador-protetor, que provoca uma multidão de reações, desde dependência confiante até recusa paranóica (em, digamos Otto Weininger).

Esse eterno feminino também não é o suporte da noção especificamente alemã do gênio artístico autodestrutivo? Não sustenta a noção alemã de vida sexual (ou melhor, de vida em si) como algo podre e doente que encontra sua culminação na morte ou na autodestruição inequívoca (ver *Morte em Veneza,* de Thomas Mann)? Até Bertolt Brecht, o oposto dessa obsessão romântica com a sexualidade letal, reage a essa ideia à sua maneira. Veja-se, por exemplo, seus poemas eróticos publicados postumamente, que apresentam duas características de sua atitude em relação ao ato sexual: sua oposição ao orgasmo simultâneo como algo próximo demais da auto-imersão mística, sua preferência por "primeiro eu faço em você, depois você faz em mim"; e sua crença obsessiva em que, depois (não antes) do comércio sexual, deve-se tomar um banho, como se fosse para tirar a obscenidade com água. E essa referência ao eterno feminino também não sustenta a perspectiva wagneriana da culminação do amor em *Liebestod,* uma auto-obliteração no clímax em que todas as diferenças desaparecem?

O elo entre Wagner e Heinrich Von Kleist (ver Maar 2000) é indicativo aqui, na medida em que Kleist levou ao extremo a noção romântica do amor incondicional até a morte. Não apenas existe aí uma conexão direta (o tio de Wagner, influência fundamental de seus anos de formação, era um crítico literário que foi a única figura pública a defender Kleist após o seu suicídio e apresentou o autor ao jovem Richard) e não apenas trechos do libreto de *Tristan* repetem *verbatim* a nota de suicídio de Kleist, mas também a *Liebestod* na *Tristan* de Wagner poderia ser interpretada como uma espécie de repetição que tenta pacificar a dimensão autenticamente traumática da *Liebestod* "kleistiana" máxima em *Penthesilea,* peça que pode ser considerada a mais inquietante de Kleist, até hoje evitada e descartada como repugnante: a barreira que separa o belo do repugnante é definitivamente ultrapassada [19]. A *Liebestod* em *Penthesilea* dá uma guinada literal às palavras patéticas dos dois amantes sobre tornar-se um, imergindo um no outro. Penthesilea literalmente corta Achilles, seu amor, em pedaços, reduzindo-o a um *corps morcele;* devora os pedaços e depois se mata [20]. Não apenas fazemos desse modo uma mudança do sublime wagneriano extaticamente hipnótico para o domínio da repugnância e não apenas Achilles, o objeto de amor, é abertamente declarado como *das feindliche Objekt*; Kleist também apresenta claramente o fracasso primordial dessa reunião dionisíaca: "Embora ela o coma, ela falha, como precisa. Penthesilea nunca consegue golpear Achilles onde ela pretende, porque ao fazer isso estaria puxando o tapete de debaixo de seus próprios pés" (Chaouli 1996: 138). Essa formulação precisa só pode nos lembrar a descrição que Lacan faz do predicamento de Hamlet em relação à sua obrigação de matar o rei: como fazer isso de forma que seu golpe atinja também o *objet a*, a coisa que está no rei. O *objet a*, embora o remanescente do que é real externo para o simbólico, pode emergir como o excesso inerente apenas dentro do campo simbólico, então quando golpeamos a realidade do corpo, por definição sempre erramos a coisa que nos foge (acontecia o mesmo com os judeus no universo nazista: quanto mais seus corpos biológicos era destruídos, mas poderoso se tornava o espectro dos judeus). Em resumo, Penthesilea é a vítima de um tipo de ilusão transcendental kantiana, confundindo a realidade do corpo biológico com o real da coisa. Esse horror, até mesmo repugnância, e esse fracasso são as verdades das quais Wagner se retirou em sua fantasia da feliz imersão na noite [21].

O feminino versus mulher

O feminino fantasmático, o abismo destrutivo que ameaça engolir o sujeito masculino que sucumbe à sua voz de sereia, é o mesmo que a felicidade sublime do feminino espiritual prometendo paz eterna. Foi *isso* que Wagner quis dizer quando afirmou a identidade de Kundry, a Sedutora, com Kundry, a Redentora, é *assim* que "a ferida é curada somente pela lança que te golpeou": embora a coisa-mulher destruidora e letal fira o objeto (masculino), é somente seu próprio anverso, o eterno feminino pacificador, que pode curar a ferida. A diferença entre *Tristan* e *Parsifal* é que em *Tristan* a mulher real também sustenta a imersão no eterno feminino, enquanto que em *Parsifal* o eterno feminino é alcançado através da rejeição da mulher real. É significativo que o texto em que Wagner estava trabalhando nos dias anteriores à sua morte em Veneza fosse "Sobre o feminino no humano": enquanto o escrevia sofreu um ataque cardíaco e morreu (ao meio-dia do dia 13 de fevereiro de 1883). A tese principal desse ensaio é bastante convencional: a opressão das mulheres é um sintoma da história da degeneração da humanidade; a mulher é a vítima de estruturas de poder determinadas de acordo com os princípios masculinos e reprodução, e de acordo com o sistema de propriedades, cujos interesses determinam a fundação de família e a organização de casamentos; a emancipação feminina, assim, forma parte da regeneração da raça humana. O que vem a seguir disso, porém, é um giro especificamente wagneriano; primeiro, Wagner se refere a Buda que, em seus últimos anos, revogou sua exclusão das mulheres da possibilidade de santidade, e depois ele qualifica essa abertura na direção do feminino com as últimas palavras que escreveu, no momento em que já sentia chegar o ataque: "No entanto, o processo de emancipação das mulheres só avança em convulsões extáticas. Amor – Tragédia" (Wagner 1972, 8: 398). O que aconteceu nesse momento, quando a dor do ataque cardíaco se fez sentir, não foi a identificação de Wagner com a própria Kundry, com suas "convulsões extáticas"?

É aqui, nessa conjuntura crucial, que Poizat não alcança seu objetivo, ao confiar na oposição entre o acesso ao objeto libidinal mediado pela lei simbólica e o confronto direto com o real, que é o da *jouissance* da coisa mortal incestuosa; ele reduz a passagem da fantasia para o real do desejo feminino à passagem do fascínio com o espectro sonhado (que oclui a mulher real) à abertura do desejo de uma mulher real de carne e osso – em última análise, uma mera substituição da fantasia delusória com a pessoa real acessível através da lei paterna. Essa substituição explica o motivo da "dama que desaparece", que talvez tenha encontrado sua expressão mais clara na obra de Veit harlan *Die verwehte Spuren* (de 1939), e também em *The Phantom Lady*, de Cornell Woolrich (filmada por Robert Siodmark em 1942). É interessante que tenham sido feitas durante o mesmo período. O modelo para todas essas histórias é um evento que supostamente aconteceu com uma mãe canadense e sua filha durante a Exposição Mundial de Paris em 1867. Sentindo-se cansada, a mãe foi para o quarto de hotel, enquanto a filha continuou na rua. Quando ela voltou ao hotel, não apenas sua mãe havia desaparecido, mas todos negavam sua existência. Aquele que havia sido o quarto da mãe estava vazio e havia trabalhadores consertando as paredes; os funcionários do hotel lembravam apenas da filha e os registros do navio e do hotel só mostravam o nome dela. Depois de uma busca desesperada, as autoridades revelaram a verdade para a filha: a mãe havia morrido contaminada pela peste e para evitar o pânico em massa, eles precisavam negar sua existência.

Embora em todas as outras versões (incluindo a história original), nossa perspectiva – a do espectador ou do leitor – se limite à da jovem, Harlan estranhamente optou por revelar o segredo do desaparecimento da mãe (peste) imediatamente. Assim, o espectador sabe qual é a verdade o tempo todo e não há enigma, a questão é apenas quando e como a filha vai saber a verdade. Por que ele fez isso? Talvez para acentuar o óbvio pano de fundo edipiano da história: a imposição da lei paterna apaga da cena a mãe obscena, doente, excessiva. Corta o elo da filha com ela e assim a torna capar de entrar em uma relação heterossexual "normal". Depois que a mãe, a mozartiana Rainha da Noite, volta para o hotel, a filha sai e se envolve em um flerte intenso com o dr. Moreau, que elas haviam conhecido anteriormente em um desfile de rua. Mais tarde, em uma das cenas mais eficazes do filme, imagens do futuro casal combinando o programa no balcão do hotel e depois indo juntos a uma festa desenfreada na rua lotada são intercaladas com imagens da mãe moribunda, seu rosto distorcido banhado em suor, gritando desesperadamente o nome da filha ("Serafine!"). É como se acesso ao parceiro masculino fosse pago com a morte da mãe. E quando Serafine aceita o convite do médico para sair com ele, temos um corte para a mãe gritando "Serafine!" como se estivesse censurando a filha por sua transgressão, por abandoná-la; depois, um belo detalhe: as últimas palavras da mãe nessa tomada – "Mein Gott!" – são repetidas literalmente pelo doutor quando a imagem vai para o casal em uma carruagem.

A segunda diferença diz respeito ao final. Quando Serafine descobre a verdade, o chefe da polícia de Paris pede a ela que faça o sacrifício final como cidadã. Como já começaram a circular rumores sobre a mãe dela, ele implora que ela assine o documento confirmando a mentira, declarando livremente que veio para Paris sozinha, sem a mãe. Depois que ela faz isso, ela e o dr. Moreau permanecem no quarto do hospital, confessando seu amor mútuo agora que a mãe foi oficialmente tirada de cena. (Esse excessivo apego à mentira em benefício da sociedade deixa entrever as credenciais autoritárias nazistas de Harlan). Desse modo, o caminho fica claro: para estar completamente integrada ao espaço simbólico das relações maduras, a jovem precisa endossar publicamente a mentira em que se baseia a ordem social, obliterando a ameaça materna. O filme é quase subversivo nessa admissão de como a ordem pública precisa se basear em uma inverdade [22].

No entanto, a alternativa que está subjacente a essa narrativa – fascinação mortal pelo real fantasmático do feminino ou acesso a uma mulher real mediado pela lei paterna simbólica – não cobre todo o campo de opções. Longe de apresentar uma escolha, os dois pólos dependem um do outro; em outras palavras, a lei paterna se sustenta pelo espectro da mulher-coisa desenfreada e devoradora que nos engoliria sem sua barreira protetora. Quer dizer, em vez de nos possibilitar confrontar e aceitar o real da mulher como o Outro desejante, como o impacto traumático do encontro com o desejo do Outro, a mediação da lei simbólica funciona como um escudo protetor ou filtro que domestica ou enobrece seu impacto traumático. Poizat está certo ao enfatizar que o real insondável, fantasmático, do feminino que ameaça devorar o sujeito masculino é, em seu próprio horror, uma defesa, uma fuga do real do desejo do Outro (da mulher). Quando, nessa imagem aterrorizante, essa realidade é representada como impossível (como algo que só pode ser alcançado por meio da auto-obliteração, como algo cujo encontro é adiado eternamente), o que fica oculto por isso é o modo como, em nossas comuns vidas cotidianas, o supostamente impossível *pode* acontecer: nos momentos mágicos do amor, podemos encontrar o desejo real do Outro.

O real do desejo da mulher, portanto, não se encontra nem na fantasia do eterno feminino nem na mulher reduzida a um objeto de troca entre homens regulada pela lei simbólica. Quando Poizat afirma que o único acesso ao real da mulher (desejante) é através da lei paterna, através da aceitação da ferida da castração simbólica, esse erro dele deixa seu rastro em uma confusão conceitual interessante: ele diretamente iguala a imposição da lei paterna como um acesso regulador às mulheres, a aceitação da "castração simbólica" com o "cruzamento da fantasia". É assim como ele interpreta *A Flauta Mágica* de Mozart: no decorrer da ópera, Tamino "confronta essa fantasia [da mulher-coisa], assumindo o risco de uma morte simbólica e do sofrimento que tem origem nessa morta, mas que ele precisa assumir para ganhar acesso ao desejo. Ele pode assim 'cruzar' a fantasia e encontrar a mulher real e seu desejo" (Poizat 1998: 124). No decorrer da ópera, Tamino passa da fascinação pela simples imagem da mulher dada a ele pela Rainha da Noite, essa figura da *jouissance* desenfreada, sem lei, letal da Mãe fantasmática para a subordinação à lei paterna, que permite a ele o acesso a uma mulher real. No entanto, não se deve esquecer que esse acesso à mulher é mediado pela subordinação à lei paterna; para recuperar Pamina, Tamino precisa abandoná-la, recusando-se a responder a suas súplicas (durante a prova do silêncio), empurrando-a desse modo para à beira do suicídio! Em outras palavras, ele consegue Pamina depois que demonstra que está disposto a abandoná-la.

Naturalmente, Poizat teria ressaltado que ele está longe de confundir a fantasia e o real – em suas próprias palavras "a função dessa elaboração fantasmática [do feminino como o abismo destrutivo da *jouissance* excessiva e desenfreada] é precisamente proteger o homem do encontro com o real, desejante, mulher" (1998: 119). Ou, como ele coloca de modo mais conciso duas páginas mais adiante: "*Parsifal* reúne uma organização fantasmática inteira do feminino, cujo objetivo permanente, por trás da aparência da busca do feminino, é cuidadosamente nos poupar do trabalho de "chegar a conhecer" o feminino (121) – o verbo *conhecer*, naturalmente, precisa ser interpretado em seu duplo sentido bíblico: fazer sexo com a mulher *e* efetivamente conhecê-la. No entanto, esse encontro do feminino é realmente possível somente através da mediação da lei simbólica paterna? De modo significativo, Poizat oscila entre duas noções do real: o real pré-simbólico da excessiva, impossível *jouissance*, personificado pela mulher-coisa letal, incestuosa, e o real da mulher como o Outro desejante. Mas essa mesma oposição não representa os dois modos de evitar o encontro com o real do desejo do Outro (da mulher)? Aqui, a interpretação equivocada de Poizat é fatal: a ferida de Amfortas não representa a castração simbólica (Poizat 1998: 120), mas sim, justamente ao contrário, o resto que resiste à castração-simbolização, o que Lacan chamou de "lamella", o real de um objeto parcial imorredouro, a personificação da *jouissance* excessiva (*objet petit a* como *plus-de-jouir)* que insiste, resistindo à sua integração na realidade simbólica.

Além disso, essa percepção equivocada também impede que Poizat localize a verdadeira fonte da perturbação na comunidade Graal: ao contrário do que as aparências enganosas indicam, não é o sucumbir de Amfortas aos avanços de Kundry que desencadeia a catástrofe, mas sim o excessivo apego ao Graal do horrível pai supereu de Amfortas, Titurel. Titurel se torna um monstruoso espectro imorredouro que se alimenta dos raios do Graal. Em resumo, o que dá errado não é a intrusão externa do Outro desejante que introduz uma brecha no círculo, mas o excesso interno de pulsão, de fixação excessiva e sufocante na coisa-*jouissance.* Por causa disso, há efetivamente uma mudança no final da ópera; em contraste com Poizat, que interpreta o *finale* como um simples restabelecimento do equilíbrio que foi perturbado pela intrusão do Outro desejante, deve-se observar como Parsifal, quando assume a comunidade Graal, *muda suas regras*, anunciando que de agora em diante o Graal permanecerá para sempre à mostra para o público. E também é por isso que a rejeição de Poizat a essas montagens que discernem no final um tipo de reafirmação de – ou melhor, uma abertura para – o feminino é falha. Antes do reinado de Parsifal, a comunidade Graal era efetivamente um círculo masculino fechado em si mesmo, enquanto que ele o abre para o feminino [23]. Consequentemente, deve-se focalizar aqui a relação entre mulher e a ferida.

A citação de Rilke sobre o belo ser o começo do Horrível continua: "Porque, com indiferença, ele / o belo/ nos leva à deterioração" – uma caracterização concisa do que acontece em *Morte em Veneza,* de Mann, em que o espectro felizmente indiferente do belo Tadzio arrasta o narrador para a desintegração física e moral. Que abismo separa essa ideologia decadente de prazer-na-deterioração do final do Romantismo de, digamos, a ferida imorredoura em "O médico rural", a história chave de Kafka e, por essa mesma razão, que definitivamente não está entre as suas melhores. Tudo é diretamente delirante demais, falta-lhe a precisão fria e austera de seus grandes textos, seu estranho realismo que torna seu universo mais extraordinário ainda [24]. "O médico rural" é interpretado imediatamente como um pesadelo, e por isso pode se permitir apresentar diretamente as fantasias subjacentes ao universo de Kafka. No inverno rigoroso, um médico rural e sua jovem criada Rosa buscam desesperadamente uma carruagem que possa levar o médico até um paciente em uma fazenda solitária. De repente, o médico sente um calor e cheiro de cavalos no curral abandonado em seu quintal e, claro, há um cavalariço forte e jovem lá, preparado, com dois cavalos descansados. "As pessoas não sabem o que têm em sua própria casa", diz Rosa rindo. Mas então o cavalariço imediatamente a abraça e empurra seu rosto contra o dela; quando a aterrorizada Rosa recua até o médico, duas filas de dentes deixaram suas marcas vermelhas em sua face. Contra sua vontade, o médico é arrastado pelos cavalos até seu paciente, observando impotente como o cavalariço está violentando Rosa. Lá, na fazenda solitária, a família mostra a ele um menino que primeiro parece perfeitamente saudável. "Então, sem febre alguma, sem estar frio, nem quente, com olhos sem expressão, sem camisa, o menino se levanta da cama de penas, abraça meu pescoço e sussurra em meu ouvido: 'Doutor, deixe-me morrer'. Olho em volta, ninguém ouviu, seus pais estão em silêncio" (Kafka 1996: 77). De repente, entramos desse modo em território wagneriano: o horror de ser condenado à vida de sofrimento eterno e do anseio de encontrar a libertação na morte. Em que consiste esse sofrimento? Olhando uma segunda vez, o médico repentinamente se dá conta de uma terrível ferida no quadril direito do menino (o mesmo lugar da ferida de Amfortas):

> No seu lado direito, ao redor do quadril, abriu-se uma ferida tão grande quando a palma de uma mão. Rosa (em alemão, também *Rosa,* o nome da criada violentada!), em várias tonalidades, mais escura conforme se torna mais profunda, ficando mais clara na borda, levemente granulada, com acúmulos irregulares de sangue, completamente aberta, como a entrada de uma mina na superfície. Mas, de perto, uma complicação pode ser vista também. Quem pode olhar para ela sem emitir um assovio? Vermes tão compridos e tão grossos quanto meu dedo mindinho, naturalmente de cor rosa e manchados de sangue, presos com firmeza ao interior da ferida, com cabeças brancas e muitas pernas, estão se retorcendo sob a luz. Pobre menino, não há esperança para você. Descobri sua grande ferida, você será destruído por essa flor a seu lado. A família está feliz. (79)

Por que eles estão felizes? Porque, como fica claro a partir de uma série de detalhes, *eles não conseguem ver a ferida nem ouvir a queixa do menino*! Estão aqui somente para os olhos e ouvidos do médico (exatamente do mesmo modo que descobrimos no final da parábola sobre "Diante da Lei" em *O Processo* que a porta estava ali apenas para o homem do campo), o que significa que o status da ferida é completamente fantasmático. A ferida (cujo modelo literário é, obviamente, a ferida fedorenta de Philokter nas antigas tragédias gregas) é o lacaniano *objet petit a,* o imorredouro objeto parcial. Por isso, justifica-se totalmente que Syberberg, em um autêntico golpe de genialidade, tenha filmado a ferida de Amfortas como um objeto separado, um pedaço de carne redondo com um corte parecido a uma vagina de onde o sangue cai de modo lento, porém contínuo. Não surpreende que o médico dê alívio ao menino ressaltando que a ferida é um privilégio de que ele desfruta, algo pelo qual as outras pessoas lutam, mas que não podem conseguir: "Sua ferida não é tão ruim assim. Feita por dois golpes de machado em um ângulo agudo. Muitas pessoas oferecem seus flancos e mal conseguem ouvir o machado na floresta, quanto mais fazer com que chegue perto delas" (Kafka 1996: 89). E quem não gostaria de ser infectado pela doença da imortalidade? Desse modo, o menino não consegue evitar ficar "completamente deslumbrado pela vida em sua ferida" (79): o que ele vê lá é a substância-vida não castrada em si, um pequeno pedaço do númeno, da coisa-em-si, que desgarra a textura de nossa realidade fenomenal. Não obstante, é doloroso e difícil sustentar esse excesso de vida, e é por isso que o menino sussurra para o médico com um soluço:"Vai me salvar?" 979) – e como? Tornando-o capaz de morrer, obviamente.

É, porém, crucial localizar esse momento do clímax dentro de seu contexto. Não esqueçamos que "O médico rural" relata as consequências catastróficas de ter a sorte de achar o que se está procurando (a carruagem com cavalos). Além disso, devemos seguir o jogo de palavras com "Rosa" e concentrar-nos no elo entre a ferida e a criada violentada. A ferida não é uma simples substituta para a criada ausente; o verdadeiro ponto central da história não é a impotência do médico, sua inabilidade de "passar ao ato" em sua relação com a jovem criada, com sua agressividade em relação ao brutal e obsceno cavalariço, assim como sua preocupação protetora pela segurança da criada mascarando justamente o oposto (o fato de que a criada pudesse *desfrutar* dos avanços do cavalariço). Embora apareçam sinais que apontem nessa direção (depois que o médico descobre a ferida, os parentes do menino o obrigam a desvestir-se e o colocam na cama ao lado do menino – assim o médico, de certo modo, repete a experiência sexual do cavalariço, porque ele também se vê nu na cama com Rosa), a repugnante ferida do menino não é um mero deslocamento, um chamariz destinado a ofuscar o verdadeiro centro nevrálgico; ao contrário, é algo primordialmente reprimido que volta nas fendas das relações sexuais. Em termos freudianos, estamos lidando aqui com a tensão irredutível entre relações sexuais e a *jouissance* de objetos parciais, em que nenhum dos dois termos pode ser obtido através do fracasso do outro; por um lado, a persistência dos objetos parciais, essas ilhas de *jouissance* não castrada, torna as relações sexuais impossíveis, condenando-as ao fracasso final; por outro lado, o espectro das relações sexuais mantém uma fenda que impede para sempre o sujeito de obter satisfação completa na *jouissance* idiota de objetos parciais [25].

Devemos lembrar como em "O médico rural", o ato sexual e a ferida se relacionam ao longo do eixo de ausência e presença. O estupro ocorre *in absentia,* com o médico sendo arrastado para longe. Então, só podemos fantasiar sobre o que houve entre Rosa e o cavalariço, enquanto a ferida é intrusiva em sua exuberante presença excessiva. E se, então, o médico secretamente prefere o prazer excessivo do objeto parcial à mulher? E se o ser arrastado para longe de casa esconde o fato de sua escapada da cena do crime? E, *mutatis mutandis,* o mesmo vale para *Parsifal;* a ferida não é um traço deslocado de Kundry, mas algo primordialmente reprimido que volta quando Kundry se retira, o objeto parcial que faz com que a relação sexual seja impossível. E se, então, esse é o segredo final ofuscado por Wagner, a identidade final especulativa de *Parsifal:* o Graal *é* a ferida (o objeto parcial imorredouro), e revelar o Graal equivale a revelar e exibir a ferida repugnante, obscena?

Consequentemente, o problema com *Parsifal* não é seu repúdio da lei simbólica na fantasia da comunidade Graal fechada em si mesma: Wagner é consciente de que a fonte primordial de perturbação é esse auto-fechamento. Wagner também não pode simplesmente ser acusado de ignorar a natureza ilusória de sua solução metafísica – ele sabia que a reconciliação é impossível, que equivale à morte. A pergunta chave não respondida é a seguinte: a única abordagem do real é a experiência transgressora, letal, de ir além do limite (simbólico), ou há outra abordagem possível? Para encontrar uma resposta a essa pergunta, deve-se olhar além de Wagner.

Notas

1 Para a noção de Schelling de *Potenz,* ver Capítulo 1 de Žižek 1997.

2 Eu me baseio aqui na análise detalhada que Mladen Dólar faz de *Così* na primeira parte deste livro.

3 Em *O Crepúsculo dos Deuses,* a troca dupla que teria normalizado as relações – Siegfried ficando com Gutrun e Gunther ficando com Brunnhilde – também fracassa.

4 Fica-se tentado a sugerir que o mesmo procedimento pode jogar uma luz nova, mais apropriada, sobre Bertolt Brecht, esse grande anti-wagneriano: a chave para o *Jasager* de Brecht, que também defende o auto-sacrifício radical do sujeito, é lê-lo junto com suas duas versões posteriores (*Neinsager, Jasager2)* como as três variações possíveis permitidas pela mesma matriz subjacente.

5 Esse paradoxo de inveja nos permite ter uma nova perspectiva sobre o conflito recente em Israel: os palestinos invejam os judeus não simplesmente porque eles possuem Jerusalém, mas por *gozar* de sua posse. Em contraste com os judeus, os palestinos parecem ter em relação a Jerusalém (e a toda a Cisjordânia em geral) uma espécie de postura melancólica. Seu objeto (a terra) está perdido, embora eles de certa forma ainda o possuam (ainda vivem lá). É por isso que a solução não é uma simples reunificação ou divisão (geográfica); o fato de que não há espaço suficiente, de certa forma, em Jerusalém para judeus e palestinos não é um mero fato de espaço urbano. Ao contrário, obedece a uma lógica diferente, o problema não é a escassez, porque *nunca* há lugar suficiente (ou lugar algum) para a *jouissance* do Outro. Não há solução justa no nível da distribuição das mercadorias (terra). (O predicamento dos judeus, por outro lado, é quase uma inversão simétrica do predicamento dos palestinos: durante dois milênios, a identidade judaica foi sustentada por sua ligação apaixonada com a Jerusalém perdida – o que fazer agora que eles a têm? O fortalecimento recente da divisão entre judeus ortodoxos e não ortodoxos em Israel é um indicativo desse impasse). Seria, então, a solução um tipo de separação (entre o lugar geográfico e o lugar sagrado), a dissolução da ligação com a realidade particular elevada à coisa sagrada?

6 Os rompantes agressivos de inveja em relação ao Outro que não renuncia ao seu gozo excessivo e maçante dizem muito sobre o ponto morto da correção política. Por exemplo, aquelas pessoas que deixaram de fumar tendem a transformar sua renúncia e autocontrole em agressão contra aqueles que continuam fumando: por que nós não fumadores deveríamos respirar o mesmo ar que eles? Como os fumadores também ameaçam a nossa saúde (o perigo do chamado fumante passivo) eles deveriam ser banidos do espaço e da vista pública!

7 Essa noção de oposição entre sociedade e comunidade, portanto, não é perfeita para descrever o que acontece na globalização atual? Vivemos em uma sociedade

global, que é complementada por múltiplas comunidades (religiosas, étnicas, sexuais), múltiplos subgrupos identificados e mantidos juntos através de suas regras não escritas.

8 O que temos hoje nas comunidades virtuais é um novo espaço coletivo que desconstrói a oposição padrão entre público e privado: quando compartilhamos nossas fantasias mais íntimas na Internet, quando podemos observar como outras pessoas defecam desde o fundo da privada, por cortesia de câmeras ao vivo, isso não é mais exibicionismo fora de moda – nesses fenômenos extraordinários, um novo espaço é criado, o espaço paradoxal da *privacidade coletiva, compartilhada.* Esse espaço nos deixa com uma certa saudade dos antigos coletivos de trabalhadores.

9 Ver "Parsifal na *illusion tragique*" em Poizat 1998: 115-130.

10 Wagner segue aqui uma longa tradição que começou com Eurípides.De acordo com a versão feminista predominante, antes de seu surgimento na clássica tragédia grega como a assassina de seus próprios filhos, Medeia era apresentada na mitologia popular como uma poderosa profetisa protetora e curandeira com poderes mágicos. O misógino Eurípides a reconfigurou como a personificação maior do húbris destrutivo feminino. O problema com essa versão é que, primeiro, distorce a história: a Medéia de Eurípides era a síntese de uma série de tradições míticas diferentes e sem ligações entre si: a da poderosa profetisa protetora e curandeira com poderes mágicos, a da mulher malvada e solitária que rouba e mata crianças, e finalmente, a de uma jovem princesa que ajuda o príncipe estrangeiro a atingir seu objetivo (roubando o tesouro secreto) contra o próprio pai. Através de um golpe de gênio, Eurípides magicamente criou a fascinante figura de Medéia a partir de duas (ou até mesmo três) insípidas figuras tradicionais não muito interessantes. Aí reside o paradoxo: mesmo que Eurípides efetivamente tenha efetivamente reprimido o potencial emancipador feminista da figura de Medéia, ao fazer isso ele não censurou outra tradição pré-patriarcal, mas o núcleo ético de *sua própria criação.*

11 Sem mencionar o ausente quarto nível, o anverso do dia em si: simples mesquinharia humana, avareza, perversão e traição.

12 No entanto, a prova de Wagner manteve *sim* um certo senso de ironia dentro de todo esse emaranhado bombástico é que dois anos antes de sua morte, jocosamente aludindo à sua inclinação para usar roupas femininas caras de veludo e seda, ele parafraseou Goethe: *"Das sanft Bestreichliche hat's uns getan,*

das angenehm Weichliche zieht man gern an."(O que é gentilmente afagável foi feito para todos nós, o que é agradavelmente macio é gostoso de usar).

13 Ver Hans Eichner, "O eterno feminino: um aspecto da ética de Goethe", em Goethe 1976: 615-624.

14 Essa dimensão destrutiva é insinuada em *Fausto II*: "Deusas entronizadas reverenciando a solidão, / O espaço é nada ao redor delas, o tempo é menos; / A simples menção delas é angústia" (Goethe 1976: 156).

15 Neste sentido específico, o compositor romântico por excelência não é Wagner, mas sim Robert Schumann, que designou *Humoresque,* sua obra prima para piano como uma "variação, mas não sobre um tema", um acompanhamento sem a linha melódica principal (que existe apenas como *Augenmusik,* música apenas para os olhos, na forma de notas escritas). O tema nunca é realmente tocado, seu status é puramente virtual, e só pode ser reconstruído como a pressuposição oculta do que é realmente tocado (como na obra de Freud "Uma criança é espancada", na qual a cena da fantasia do meio nunca era consciente e tem que ser reconstruída como o elo perdido entre a primeira e a última cena). O verdadeiro antípoda de Schumann aqui é ninguém menos que Erik Satie, cujas peças para piano devem ser entendidas precisamente como a reação contra os excessos do romantismo do século XIX: seu procedimento básico é a substituição da justaposição do motivo para qualquer tipo de desenvolvimento. É essa ausência de desenvolvimento musical, de variação sobre os motivos a responsável pelo minimalismo que impregna sua obra.

16 Até a linhagem política pode ser estabelecida aqui: a paradoxal solução protofascista de Novalis de uma "monarquia democrática" em que a família real representa diretamente a unidade orgânica do povo. Essa solução (estranhamente ecoada até na série *Guerra nas Estrelas,* onde a oposição é entre a república e o império ruim e as pessoas fundamentais da república têm títulos de realeza, como a Princesa Leia) é a mesma solução adotada pelo revolucionário Wagner em 1848.

17 Na história do Cristianismo, temos, no momento espiritual único do século XII, duas subversões interligadas dessa oposição entre Eros e ágape: a versão Cathar do Cristianismo e o surgimento do amor cortês. Não surpreende, então, que embora opostos, eles sejam parte do mesmo movimento histórico. Ambos envolvem um tipo de curto-circuito que, de um ponto de vista estritamente cristão, tem que aparecer como ilegítimo. A operação básica do amor cortês é

retraduzir ágape de volta para Eros, isto é, redefinir o amor sexual como a obrigação ética final, interminável, para elevar Eros ao nível do ágape sublime.

18 Há cerca de uma década, um estudo sociológico internacional comparando a qualidade de vida real (não apenas em termos de renda, mas também de saúde, direitos humanos etc.) das pessoas ao redor do globo chegou à conclusão de que a República Federal da Alemanha tinha a pontuação mais alta do mundo. Como isso se encaixa no resultado de outro estudo mais recente, que comparava o nível de (subjetividade experimentada) satisfação com a vida dos indivíduos em países diferentes: os alemães se sentem como as pessoas *menos* felizes do mundo, enquanto que as mais felizes são as de Bangladesh? A questão, naturalmente, é a seguinte: como exatamente entendemos a felicidade? O que ela significa para pessoas diferentes, até o paradoxo de a infelicidade proporcionar uma satisfação mais profunda? Como não lembrar aqui da conhecida resposta de um emigrante alemão nos Estados Unidos para a pergunta sobre se ele era feliz em seu novo lar: "Sim, sou feliz, *mas glucklich bin ich nicht,* mas eu não sou *glucklich!" (Glucklich* quer dizer "feliz" em alemão). Será que essa falta de satisfação alemã tem algo a ver com a alteração do status da feminilidade que caracteriza os alemães (e algumas outras nacionalidades nórdicas, como suecos e noruegueses)?

19 Eu me baseio aqui em Chaouli 1996.

20 É interessante observar que entre as amazonas, a dimensão castradora que sustentava sua posição de poder social era cortar um de seus seios.

21 A natureza subversiva do trabalho de Kleist reside em sua total ambiguidade ideológica. Recordemos o desenlace de *Prinz Von Homburg,* quando o pai-rei concede a misericórdia ao príncipe e cancela a pena de morte solicitada pelo próprio príncipe. Esse desenlace é realmente uma espécie de final feliz, o sinal de reconciliação entre o indivíduo (príncipe) e a sociedade? Não é mais bem (como afirmam as interpretações freudianas do drama) que essa mesma salvação leva a um tipo de segundo assassinato espiritual, privando o príncipe de sua decisão autônoma de escolher a pena capital para si mesmo? A concessão real da misericórdia impede a auto-realização do príncipe no ato suicida.

22 Em uma análise comparativa posterior, deve-se observar primeiro como apenas na versão de Harlan a jovem precisa admitir publicamente a mentira como uma condição para a ordem social; tanto em Hitchcock quanto em Woolrich, a lógica do desmascaramento é perseguida até o final, porque as forças que

organizaram o desaparecimento da mulher são nefastas e não um aparato de Estado benevolente. Por outro lado, a mulher que desaparece em Woolrich não é a mãe (ou uma figura materna mais velha), mas uma mulher fatal sósia da mulher assassinada do herói; além disso, a vítima da conspiração, a que viu a mulher cuja existência é negada por todos os outros, é aqui um homem, não uma mulher.

23 O paralelo com *Parsifal* também nos diz por que Antígona não é uma figura trágica: o casal formado por Creonte e Antígona, o herói trágico atuante e a passiva figura pura não prefiguram Amfortas e Parsifal?

24 Em uma carta para Max Brod, Milena Jesenska escreveu sobre Kafka: "Acima de tudo, coisas como dinheiro, bolsa de valores, a administração de moeda estrangeira, máquina de escrever, são para ele completamente místicas (o que elas efetivamente são, não apenas para nós, os outros)" (Cerna 1993: 174). Deve-se lembrar aqui da análise de Marx sobre o fetichismo das mercadorias: a ilusão fetichista reside em nossa vida social real, não em nossa percepção dela. Um sujeito burguês sabe muito bem que não há nada mágico em relação ao dinheiro, que dinheiro é apenas um objeto que representa um grupo de relações sociais, mas mesmo assim ele age na vida real como se o dinheiro fosse uma coisa mágica. Isso, então, nos dá uma visão precisa de dentro do universo kafkiano: Kafka era capaz de experimentar diretamente essas crenças fantasmáticas que nós pessoas "normais" repudiamos. A mágica de Kafka é aquilo a que Marx gostava de se referir como a "teológica excentricidade" das mercadorias.

Outra forma de fazer a mesma afirmação seria dizer que Kafka observa a mesma realidade em que todos nós vivemos, mas da posição subjetiva do impossível-real de alguém que ainda não nasceu completamente, que ainda hesita, que ainda não está seguro se deve correr o risco de mergulhar na realidade externa. Algo parecido à famosa cena da parte inicial de *O Tambor*, de Gunther Grass, na qual o herói que ainda não nasceu olha de dentro do ventre através da abertura vaginal, sem se sentir atraído pelas perspectivas que ele vê lá (ver Safranski 1999: 242). O herói kafkiano, portanto, não deve ser posto na progressão que começa com a pintura de Edvard Munch? Não é ele a mesma aterrorizada figura assexuada de *O Grito* ou a figura espremida entre as duas molduras em sua *Madonna,* a mesma figura que lembra um feto flutuando entre gotinhas de esperma? Ou Elis de Georg Trakl, esse menino etéreo imorredouro, de rosto pálido, que é apropriadamente monstruoso, uma das figuras do mau em si mesmo? Essa figura está se retraindo, naturalmente, do corpo feminino decadente e excessivo que ameaça seduzi-lo, envolvendo-o na sujeira da realidade. Isso nos leva de volta a Wagner: O Parsifal de Wagner não é o primeiro modelo dessa série?

25 Para uma interpretação detalhada de "O médico rural" de Kafka no que se refere à noção de repugnância, ver capítulo 7 em Menninghaus 1999.

Interlúdio

O EXCESSO FEMININO

Quase todos nós sabemos de memória o famoso coro da Antígona celebrando a posição extraordinária, excessiva e fora do eixo da humanidade no meio de todos os seres, restrita somente pelo limite final da mortalidade: "Existe muita coisa estranha, no entanto nada / é mais estranho do que o ser humano:/ Porque este ser cruza o mar cinzento do inverno /Contra o vento , através das ondas uivantes do mar..."). No entanto, em *A Orestéia*, escrito duas décadas antes, encontramos uma celebração paralela que passa diretamente da raça humana em geral para as mulheres como o lugar do excesso radical:

Portentos, a Terra engendra muitos portentos,
terríveis portentos nos assoberbam.
Os braços erguidos do mar envolvem e pululam
com vida selvagem. E alto na luz de ninguém da noite
as tochas balançam como espadas. O falcão em pleno voo,
a besta cavalgando através dos campos
podem contar da fúria do torvelino rugindo com força.

Mas o elevado espírito ousado de um homem,
quem pode ser responsável por ele?
Ou a paixão desesperada da mulher ousando

ir além de todos os laços?
Ela copula com toda forma de ruína conhecida dos mortais,
Mulher, frenética, enlouquecida pela luxúria,
torce o arnês escuro, morno
do amor devotado – tortura homem e besta!
(Ésquilo 1977, linhas 572-585)

Se se pode confiar na tradução alemã a que Christa Wolf se refere em sua *Cassandra* (que eu traduzi para o inglês aqui), a passagem de homem para mulher no começo da segunda estrofe deve ser interpretada como o passo do excesso geral ("espírito ousado") que caracteriza a humanidade em sua melhor e pior expressão, a do excesso feminino: "E depois / o pior de tudo , / o desejo descomedido, / a luxúria da mulher" (Wolf 1988: 222). Não sendo neutro de modo algum no que se refere ao gênero, o extraordinário excesso de vida que condensa a maior característica da humanidade (e que, como já vimos, é o tópico primordial da psicanálise) é, portanto, feminino: a diferença sexual não é a diferença entre duas espécies de ser humano, homens e mulheres, mas sim entre homem ("ser humano") como espécie e seu excesso (feminino). Consequentemente, deve-se resistir à tentação de historiar essa depreciação do feminino, interpretando-a como a expressão da velha ordem matriarcal (na qual a divindade governante era feminina) para a nova ordem patriarcal, na qual o que antes era elevado à sublime figura feminina agora aparece como o abismo do excesso feminino ameaçando engolir o sujeito masculino. Mais do que nunca, deve-se insistir em que as duas coisas, a elevação e a condenação do feminino, são dois lados da mesma estratégia de se chegar a um acordo com o excesso feminino. É a história em si que deveria ser concebida como uma série de tentativas de chegar a um acordo, por meio do deslocamento temporal, com o antagonismo insuportável e eterno do feminino; a história da literatura (e da vida real), da Antiguidade em diante, oferece uma série de figuras que lutam para normalizar esse excesso.

No universo da tragédia grega, há dois modos de uma mulher sair do domínio privado e penetrar no espaço público reservado para os homens. O primeiro modo é o incondicional auto-sacrifício pelo marido ou pai. Tanto Ifigênia quanto Polixena insistem em assumir livremente o massacre sacrifical que é imposto a elas pela comunidade guerreira masculina – nesse ato puramente formal de querer livremente (de assumir como ato próprio e livre) o que é brutalmente imposto ao indivíduo como uma necessidade inevitável, reside o gesto elementar da subjetivização. Nos dois casos, a mulher realiza isso para o olhar do grande Outro – ela prontamente sacrifica os prazeres de sua jovem vida por sua fama póstuma, ou seja, pela consciência de que ela sobreviverá na memória da Grécia. O contraponto a essas duas virgens sacrificadas é Alcestis, que se sacrifica pelo marido, Admestos. Seu ato é efetivamente uma escolha livre: ela assume o lugar dele e morre (vai para Hades) em seu lugar. Antes de seu ato, ela arranca do marido a promessa de que ele não voltará a se casar e ficará de luto por ela eternamente. Admestos aceita essa condição e ainda diz à mulher que manterá uma estátua de pedra dela em sua cama, para lembrá-lo de sua perda e tornar mais fácil suportar essa perda (um gesto ambíguo, porque esse substituto fetichista, de certa forma, faz com que seja mais fácil para ele sobreviver a essa perda). A história então vira comédia: Heracles traz Alcestis de volta de Hades, disfarçada como uma mulher desconhecida, e a oferece a Admestos como um presente de convidado. Em nome da fidelidade à memória de sua mulher, Admestos resiste ao presente, embora a mulher tenha um parecido extraordinário com sua esposa morta; finalmente, depois de aceitar o presente, ele fica feliz ao descobrir que a mulher desconhecida na verdade é sua amada Alcestis. Para repetir a brincadeira dos irmãos Marx, não surpreende que ela se pareça com Alcestis, porque ela *é* Alcestis. Entramos aqui no campo do extraordinário, do imorredouro e dos duplos: o paradoxo é que o único modo de Admestos ter de volta sua amada esposa é traindo a memória dela e quebrando a promessa.

Esse domínio do duplo fornece a resposta para a seguinte pergunta: o que é tão perturbador sobre a possibilidade de que um computador realmente pense? Não é simplesmente porque o original (eu) vai se tornar indistinguível da cópia, mas porque meu duplo mecânico vai usurpar minha identidade e tornar-se o original (um objeto substancial), enquanto que eu permanecerei um sujeito. Assim, é absolutamente crucial insistir na assimetria na relação do objeto com o seu duplo: eles nunca são intercambiáveis. Meu duplo não é minha sombra; ao contrário, sua mera existência *me* reduz a uma sombra. Em resumo, um duplo me priva do meu ser. Meu duplo e eu não somos dois sujeitos; somos eu como sujeito (barrado), somado a mim como objeto (não barrado). Por essa razão, quando a literatura aborda o tema do duplo, é sempre do ponto de vista subjetivo do sujeito original perseguido pelo duplo. O duplo em si é reduzido a uma entidade maligna que não pode ser adequadamente subjetivizada.

É isso que a crítica da lógica binária entende errado: é só sob a aparência do duplo que se encontra o que é real: o momento em que a multidão indefinida aparece, o momento em que nos deixamos ir para a poesia rizomática dos simulacros dos simulacros infinitamente refletindo-se a si mesmos, com nenhum original e nenhuma cópia, a dimensão do real se perde. Esse real é discernível somente na duplicidade, na experiência única de um sujeito encontrando o seu duplo, que pode ser definida em precisos termos lacanianos como eu mesmo mais aquele "algo em mim mais do que eu" que me falta para sempre, o cerne real do meu ser. O ponto, portanto, não é que se somos apenas dois, eu ainda posso manter a diferença não desconstruída entre o original e sua cópia; de certo modo, isso é verdadeiro, mas no modo *obverso:* o que é tão aterrorizante no encontro com o meu duplo é que sua existência me torna uma cópia e ele o original. Essa lição não poderia ser mais bem resumida do que na famosa cena do filme *Duck soup (O Diabo a quatro),* em que um dos irmãos (o arrombador) tenta convencer o outro (Groucho, o presidente de Fredonia) que ele é apenas sua imagem no espelho, ou seja, de que a soleira da porta para a sala ao lado é na verdade um espelho. Como ambos estão vestidos da mesma forma (o mesmo camisolão branco com o mesmo gorro), o intruso imita os gestos de Groucho, com a radicalização dessa lógica *ad absurdum* padrão dos Irmãos Marx (duas figuras mudam de lado através do suposto espelho; quando o duplo esquece de seguir exatamente um dos gestos de Groucho, este fica perplexo por um breve momento, mas quando, depois de uma espera, ele repete o gesto, como para testar a fidelidade da imagem do espelho e dessa vez o duplo o copia corretamente, as dúvidas de Groucho desaparecem). A brincadeira só é estragada quando o terceiro Irmão Marx chega, vestido exatamente da mesma maneira.

De volta à tragédia grega: a outra série, em oposição a essa linha de mulheres que se auto-sacrificam, é a das mulheres excessivamente destrutivas que se envolvem em um terrível ato de vingança: Hekabe, Medéia, e Fedra.

Embora elas sejam retratadas primeiro com solidariedade e compaixão, porque seu predicamento é terrível (Hekabe ver sua família inteira ser destruída e ela mesma é reduzida à escrava; Medéia, que sacrificou tudo – o seu país – pelo amor de Jasão, um forasteiro grego, é informada por ele de que, em função de razões dinásticas, ele se casará com outra jovem princesa; Fedra é incapaz de resistir à paixão desenfreada por seu enteado Hipólito), o terrível ato de vingança que essas mulheres planejam e levam a cabo (matar seus inimigos ou os próprios filhos etc.) é patologicamente excessivo e por isso as transforma em monstros repulsivos. Ou seja, nas duas séries, nós começamos com o retrato de uma mulher normal, compassiva, presa em um predicamento difícil e queixando-se de seu triste destino (Ifigênia começa professando seu amor à vida e assim por diante); no entanto, a transformação que acontece com elas é completamente diferente: as mulheres da primeira série se vêem transformadas em sujeitos. Em outras palavras, abandonam seu amor pela vida e livremente assumem sua morte, identificando-se assim totalmente com a lei paterna que demandou esse sacrifício, enquanto que as mulheres da segunda série se transformam em desumanos monstros vingativos minando os alicerces da lei paterna. Em resumo, as duas séries transcendem o status de mulheres mortais, sofredoras, propensas aos prazeres e fraquezas humanas, e se transformam em algo que não é mais humano; no entanto, em um dos casos, é a livre e heróica aceitação da própria morte a serviço da comunidade, enquanto que no outro é a maldade da vingança monstruosa [1].

Há, no entanto, duas exceções significativas a essas séries: Antígona e Electra. Antígona claramente pertence à primeira série de mulheres; no entanto, a natureza do seu ato é tal que não se encaixa no esquema público de lei e ordem, então sua insistência não mais humana não a torna uma heroína a ser idolatrada pela memória pública. Por outro lado, Electra é uma vingadora destrutiva, forçando o irmão Orestes a matar a mãe e o novo marido; no entanto, ela faz isso em nome da sua fidelidade à memória do pai traído. A fúria destrutiva é colocada aqui a serviço da própria lei paterna, enquanto que no caso de Antígona, o gesto sublime de auto-sacrifício é realizado como resistência à lei da cidade. Obtemos assim uma confusão extraordinária que perturba essa clara divisão: uma vingadora repulsiva lutando pela causa certa, e uma agente sublime, se auto-sacrificando em prol da causa errada. O seguinte ponto de interesse é a oposição psicológica entre a certeza e calma interior de Antígona enquanto que Electra se abandona à auto-piedade exagerada e teatral e assim confirma que esse abandono é seu único luxo na vida, a fonte mais profunda de sua satisfação libidinal. Ela exibe aqui dor interior com afetação neurótica, oferecendo-se como um espetáculo público. Depois de reclamar o tempo todo sobre a demora de Orestes em voltar para vingar a morte do pai, ela demora em reconhecê-lo quando ele realmente volta, obviamente temendo que sua chegada a prive da satisfação do seu ressentimento. Além disso, depois de forçar Orestes a realizar o ato de vingança, ela se derruba e é incapaz de ajudá-lo.

No caso de Antígona e Medéia, o ato radical da heroína se opõe a uma parceira feminina que faz concessões sobre o seu desejo e permanece presa na ética do bom: Antígona faz contraste com a gentil Ismênia, uma criatura com muita compaixão humana, incapaz de seguir a irmã em sua obstinada busca (como a própria Antígona coloca, em uma resposta à Ismênia: "A vida foi a sua escolha, enquanto que a minha foi a morte"); Medéia contrasta com a jovem nova noiva de Jasão (ou até com ela própria em seu papel de mãe). No caso de Ifigênia, sua calma dignidade, sua aceitação de boa-vontade da escolha forçada do auto-sacrifício em nome do desejo do pai dela, contrasta com o rompante furioso de sua irmã Electra, clamando histericamente por vingança, mas ao mesmo tempo desfrutando do sofrimento como seu sintoma, temendo a chegada do seu fim. Por que, nessa tríade das heroínas radicais (Ifigênia, Antígona e Medéia), nós temos uma tendência a preferir Antígona, elevando-a ao status sublime de heroí(na) ética final? É porque ela se opõe à lei pública não no gesto de uma mera transgressão criminal, mas em nome de outra lei? Aí reside o essencial da interpretação de *Antigone* feita por Judith Butler: "o limite que ela defende, um limite para o qual nenhuma representação traduzível é possível, é... o traço de uma legalidade alternativa que atormenta a esfera pública, consciente, como seu escandaloso futuro" (2000: 40).

Antígona formula sua reivindicação em nome de todos aqueles que, como os *sans-papiers* na França de hoje, não têm um status sócio-ontológico totalmente definido. Como enfatiza Butler através de uma referência tangencial a Giorgio Agamben (2000: 81), em nossa era de auto-proclamada globalização, eles – os não identificados – representam a autêntica universalidade. É por isso que não se deveria precisar nem a posição a partir da qual (em nome da qual) Antígona está falando nem o objeto de sua reivindicação; apesar de sua ênfase na posição única do irmão, esse objeto não é tão inequívoco quanto possa parecer (o próprio Édipo também não é seu [meio-]irmão?), sua posição não é simplesmente feminina, porque ela entra no domínio masculino dos assuntos públicos. Ao se dirigir a Creonte, o chefe do Estado, ela fala como ele, apropriando-se de sua autoridade de modo deslocado, perverso. E ela também não fala em nome do parentesco, como Hegel afirmou, porque sua própria família representa a corrupção (incestuosa) final da ordem adequada do parentesco. Sua reivindicação, desse modo, desloca os contornos fundamentais da lei, o que a lei exclui e inclui.

Butler desenvolve sua interpretação em contraste com dois oponentes principais, não apenas Hegel, mas também Lacan. Em Hegel, o conflito é concebido como *interno* à ordem sócio-simbólica, como a divisão trágica da substância ética: Creonte e Antígona representam seus dois componentes, Estado e família, dia e noite, a ordem legal humana e a subterrânea ordem divina. Lacan, ao contrário, enfatiza como Antígona, não representando o parentesco de modo algum, assume a posição-limite do gesto instituidor da ordem simbólica, do impossível nível-zero de simbolização, e por isso ela representa a pulsão de morte: embora ainda esteja viva, ela já está morta no que diz respeito à ordem simbólica, excluída das coordenadas sócio-simbólicas. No que se fica quase tentado a denominar síntese dialética, Butler rejeita os dois extremos (a localização de Hegel do conflito *dentro* da ordem sócio-simbólica, e a noção de Lacan de Antígona como representante do ir-até-o-limite, para alcançar o lado externo dessa ordem). Antígona mina a ordem simbólica existente não simplesmente desde seu exterior radical, mas também desde um ponto de vista utópico de mirar em sua rearticulação radical. Antígona é uma "morta viva" não no sentido (que Butler atribui a Lacan) de entrar no misterioso domínio da deusa *ate,* de ir até o limite da lei; ela é uma morta viva no sentido de assumir publicamente uma posição inabitável, uma posição para a qual não há lugar no espaço público – não *a priori,* mas apenas em relação ao modo como esse espaço é estruturado agora, nas condições historicamente contingentes e específicas.

Esse é, então, o ponto central de Butler contra Lacan: sua radicalidade (a noção de que Antígona se localiza no campo do suicídio, fora da ordem simbólica) reafirma essa ordem, a ordem das relações de parentesco estabelecidas, silenciosamente assumindo que a alternativa final é aquela entre a ordem simbólica das relações de parentesco (patriarcais fixas) e sua transgressão extática, suicida. E quanto à terceira opção: a de rearticular essas relações de parentesco, em outras palavras, reconsiderar a lei simbólica como o conjunto de arranjos sociais contingentes abertos a mudanças? E o mesmo não é válido para Wagner? A obliteração da lei do dia em *Tristan* não é o obverso da inabilidade de prever sua rearticulação radical? Será então Lacan – em sua celebração da escolha suicida de Antígona da morte extática – o último e primordial "wagnerita", se não for o perfeito, como George Bernard Shaw poderia ter afirmado? É aqui que nos deparamos como o dilema crucial: o que Lacan chama de *ate* pode ser realmente historicizado, como o espaço espectral sombrio daqueles para quem o tratado público contingente nega o direito a um discurso público completo, ou é justamente o contrário e podemos rearticular o espaço simbólico precisamente à medida que podemos, em um ato autêntico, assumir o risco de passar através dessa área liminar de *ate,* que somente nos permite adquirir a distância mínima na direção da ordem simbólica? Outra maneira de formular esse dilema diz respeito à questão da pureza; segundo Butler, Antígona fala por todas as reivindicações subversivas, patológicas que imploram para serem admitidas no espaço público, enquanto que para Lacan ela é precisamente a pura no sentido kantiano, privada de qualquer motivação patológica. Somente entrando no domínio de *ate* podemos atender ao desejo puro. É por isso que Antígona é, para Lacan, a antípoda da notória noção de Hegel de sexo feminino como "a eterna ironia da comunidade" (Hegel 1977: 288).

Butler estava certa ao enfatizar a estranha passagem do indivíduo (único) para o universal que ocorre nesse ponto da *Phenomenology* de Hegel (2000: 38); depois de celebrar a beleza sublime de Antígona, sua identificação ingênua única com a substância ética, o modo como sua postura ética é parte de sua natureza espontânea em si mesma, e não algo conquistado através da dura luta contra as propensões egoístas e outras propensões malignas (como é o caso do sujeito moral kantiano), Hegel de repente passa para considerações gerais sobre o papel do sexo feminino na sociedade e na história e, com essa passagem, o pêndulo tomba para o extremo oposto: a mulher representa a perversão patológica, até mesmo criminosa, da lei pública. Podemos ver como essa inversão, não sendo de nenhum modo testemunha de uma inconsistência na argumentação de Hegel, obedece a uma lógica inexorável: o fato de que uma mulher seja formalmente excluída dos assuntos públicos permite a ela personificar a ética familiar em oposição ao domínio dos assuntos públicos, ou seja, servir como lembrete da limitação inerente do domínio dos assuntos públicos. (Hoje, quando somos totalmente conscientes de como a própria fronteira que separa o público do privado depende da relação política das forças, podemos facilmente perceber as mulheres como agentes privilegiados da *repolitização* dos domínios privados: não apenas do discernimento e articulação dos traços das relações políticas de dominação no que parece ser um domínio apolítico, mas também de denúncia da própria despolitização desse domínio, sua exclusão do político como um gesto político por excelência).

É esse, porém, o alcance primordial da intervenção política feminina? É aqui que se deve considerar o rompimento que separa a modernidade da antiguidade: já no final da era medieval, apareceu uma nova figura que não foi levada em conta por Hegel: Joana D'Arc. Em nome de sua exclusão *universal* do domínio da política, uma mulher pode, *excepcionalmente,* assumir o papel da personificação direta do político como tal. Precisamente como mulher, Joana representa o gesto político em seu estado mais puro, pela comunidade (nação universal) como tal contra os interesses particulares de facções guerreiras. Sua roupa masculina, sua tomada de autoridade masculina, não devem ser interpretados erroneamente como sinal de identidade sexual instável: é crucial que ela o faça como mulher, porque só então ela pode representar a causa política em sua universalidade pura. No próprio gesto de renunciar a determinados atributos da feminilidade (permanecendo como uma virgem sem filhos e assim por diante), ela representou a mulher como tal. Isso, no entanto, era ao mesmo tempo a razão pela qual ela teve que ser traída e só então canonizada; uma posição tão pura, representando diretamente o interesse nacional, não pode traduzir sua petição universal em uma determinada ordem social. É fundamental não confundir esse excesso feminino de Joana (uma mulher que, ao renunciar aos atributos femininos, diretamente representa a missão política universal) com a figura reacionária da Mãe Pátria ou Mãe Terra, paciente e sofredora, que representa a substância de sua comunidade e que, em vez de renunciar aos atributos femininos, corporifica a pior fantasia ideológica masculina, a da mulher nobre [2].

As acusações contra Joana em seu julgamento podem ser resumidas em três pontos: para recuperar a misericórdia e ser readmitida na comunidade católica, ela deveria (1) rejeitar a autenticidade de sua voz, (2) renunciar ao seu traje masculino e (3) submeter-se completamente à autoridade da Igreja (como a instituição terrestre real). Esses três pontos, obviamente, se entrelaçam: Joana não se submeteu à autoridade da Igreja porque ela deu prioridade às vozes divinas através das quais Deus se dirigia diretamente a ela, e esse status excepcional dela como a guerreira obedecendo diretamente a Deus, desviando-se dos costumes das pessoas comuns, era assinalado por sua forma de se vestir. Não encontramos aqui de novo a tríade lacaniana do real-imaginário-simbólico: o real das vozes alucinadas, o imaginário da roupa, o simbólico da instituição eclesiástica [3]? Aí residia o núcleo da subversão de Joana, intolerável, em última análise, tanto para a Igreja quanto para o Estado: embora ela defendesse firmemente hierarquia e ordem, ela reivindicava para si o direito de decidir quem era o titular legítimo dessa ordem. Seu contato direto com as vozes divinas permitia que ela evitasse a mediação da instituição social. Em resumo, sua própria posição de enunciação era a de uma exceção à ordem, contradizendo sua mensagem de ordem. Essa posição excepcional era a base do efeito massivo de transferência, do qual Joana era completamente ciente e que ela manipulava com habilidade. Quando, em Orleans, uma delegação de cidadãos disse a Joana que eles queriam lutar, embora o capitão (um comandante oficial do Exército francês) se opusesse a isso, e a mesma delegação formalmente solicitou que ela os liderasse, Joana respondeu: "Em nome de Deus, eu o farei, e aquele que me ama vai me seguir" (Lucie-Smith 2000: 116)[4]. A insígnia principal dessa posição excepcional era a insistência de Joana em usar trajes de homem. Os juízes em Rouen chantagearam Joana, que queria desesperadamente se confessar e ir à missa; lhe seria permitido fazer isso somente se ela trocasse suas roupas masculinas por roupas adequadas a uma dama cristã. No entanto, ela rejeitou essa condição, persistindo em sua escolha até o fim. Essa mesma obstinação em relação ao travestismo foi também o que desencadeou sua queda; sua recaída na heresia após a breve abjuração e admissão de culpa foi sinalizada por seu ato de voltar a vestir-se com roupas de homem.

Porém, o próprio fato da breve abjuração de Joana demonstrar que ela "não tinha o masoquismo que frequentemente marcou o temperamento dos mártires. Ela nunca abraçou o sofrimento pelo sofrimento, e parece ter tido, realmente, sensibilidade incomum à dor física" (Lucie-Smith 2000: 278). Essa abjuração, quando ela publicamente assinou o documento proposto a ela e assim obteve a suspensão da excomunhão, e sua sentença de morte comutada por prisão perpétua, foi conseguida de modo peculiar: ela falou suas palavras rindo, e esse riso lúgubre pode ser interpretado ou como um caso de *fou rire*, como um sinal da aproximação de um colapso psíquico depois de sofrimento tão prolongado, ou como um sinal de que ela não havia se comprometido realmente. Em outras palavras, do ponto de vista dela, sua assinatura era vazia, "performativamente inválida", como teríamos dito atualmente. O que é mais interessante é a natureza quase pascaliana/althusseriana de sua recaída, que viria alguns dias depois. De acordo com as fontes mais confiáveis, as roupas masculinas foram inicialmente impingidas a ela pelos carcereiros (eles a despiram completamente e deixaram perto da cama, onde ela estava acorrentada, apenas roupas masculinas, compelindo-a desse modo a usá-las, para evitar a situação sexualmente embaraçosa de ficar exposta aos carcereiros, que a provocavam o tempo inteiro com observações obscenas e ameaças de estupro), sem dúvida seguindo ordens das autoridades inglesas, que desejavam sua recaída para justificar sua incineração pública. No entanto, como o interrogatório do dia seguinte sugere, os trajes masculinos foram rapidamente internalizados, se tornando uma questão de sua escolha deliberada. Seu próprio relato dessa escolha é ambíguo; por um lado, coincide com a volta das vozes e sua crença em sua missão; por outro lado, sabendo que isso significava a morte certa, ela optou por esse caminho para pôr fim o mais rápido possível à sua terrível situação: "Ela disse que preferia fazer sua penitência de uma vez e para sempre, ou seja, morrendo, em vez de suportar por mais tempo seu sofrimento na prisão" (Lucie-Smith 2000: 275). O que lhe foi imposto, primeiro desde fora, como um costume social forçado, paradoxalmente tornou Joana capaz de recuperar a fortaleza de sua convicção interior.

Quanto ao status dessa convicção, deve-se rejeitar por impertinente o aborrecido questionamento psiquiátrico sobre a natureza das vozes de Joana. Obviamente, não eram reais, e, obviamente, ela não era realmente comandada por Cristo; no entanto, embora auto-proposta, ou seja, não autorizada por nenhuma autoridade externa, mas apenas pelo seu próprio ato de declaração, não por isso sua missão era menos autêntica. (Fica-se tentado a repetir aqui a fórmula lacaniana do analista: Joana *ne s'autoriserait que d'elle-même – ela se autoriza)*. Então, Joana era uma psicótica (ouvindo vozes) ou era uma pervertida (percebendo-se como instrumento de um plano divino)? E quanto à histeria (lembrando da fórmula lacaniana do desejo da histérica em resposta ao notório texto de Freud *Was will das Weib?*: a mulher quer um amo, mas um amo a quem ela possa dominar)? A relação conturbada de Joana com o proverbialmente indeciso Charles II não era uma relação com um amo a quem ela efetivamente queria dominar? É essa referência à histeria que justifica o curioso ritual que Joana conseguiu impor ao rei, o ritual que só pode parecer desonroso para a dignidade do rei: "Um dia, a criada pediu um presente ao rei. A prece foi atendida. Ela então pediu o reino da França. O rei, atônito, o deu a ela após alguma hesitação, e a jovem aceitou. Ela até pediu que o ato fosse solenemente redigido e lido pelos quatro secretários do rei. Depois que o documento foi escrito e recitado, o rei continuou atônito quando a jovem disse, apontando-o para aqueles que estavam presentes: 'Aqui vós vedes o cavaleiro mais pobre do reino'. Um pouco mais tarde, na presença dos mesmos notários, agindo como senhora do reino da França, ela o coloca (o reino) nas mãos do Deus todo-poderoso. Então, após mais alguns momentos, agindo em nome de Deus, ela investiu o rei Charles n reino da França, e quis que um ato solene fosse preparado com tudo isso por escrito" (Lucie-Smith 2000: 67).

Isso é histeria em sua essência: eu pego (a autoridade simbólica) de você *apenas para devolvê-la a você imediatamente*, afirmando-me desse modo como aquele que governa sobre o próprio governante. Não encontramos aqui novamente a estrutura da oferta feita para ser rejeitada? Joana não queria realmente governar a França; ela queria que o rei desse a ela o reino para que ela pudesse devolvê-lo a ele (em nome de Deus). Esse nó histérico forma o centro da fantasia de Joana, a que ela se atém até o final. Quando lhe pediram que jurasse dizer a verdade, ela respondeu aos juízes: "Não sei sobre o que desejam interrogar-me, e talvez me perguntem coisas que eu não responderei aos senhores". Seguiu-se então o diálogo abaixo:

> 'Jure dizer a verdade em relação ao que quer que lhe seja perguntado que tenha relação com a fé católica e com qualquer outra coisa que saiba'.
> 'Sobre meu pai e mãe e sobre tudo o que fiz desde que peguei a estrada para vir para a França, eu jurarei de boa vontade; mas nunca disse ou revelei nada a respeito das revelações feitas a mim por Deus, exceto a Charles, meu rei. E mesmo que desejem cortar minha cabeça, eu não as revelarei, porque sei por minhas visões que preciso mantê-las em segredo'. (Pernaud and Clin 2000: 109).

Finalmente, ela consentiu em fazer um juramento limitado de dizer toda a verdade sobre a realidade (sua atividade político-militar e fatos similares), bem como sobre temas referentes à crença religiosa, mantendo seu silêncio sobre as mensagens que afirmava receber de Deus, especialmente sobre a mensagem secreta que ela havia revelado ao rei. Essa é a verdadeira fidelidade: não aos fatos, mas ao seu núcleo fantasmático mais íntimo, que o sujeito se recusa a compartilhar. Devemos lembrar aqui que, para Lacan, não é possível "dizer tudo", não porque não possamos nunca saber tudo, somente abordando-o indefinidamente, mas porque o campo da verdade é em si mesmo não-tudo, inconsistente – e são precisamente essas lacunas de inconsistência que são preenchidas pela fantasia. Então, a questão de Joana não é simplesmente "Eu não vou contar aos senhores tudo que sei", mas "Eu vou contar tudo que sei, não vou esconder nenhuma verdade que eu conheça – apenas me recuso a compartilhar com os senhores aquilo que eu *não* sei, a forma como tento chegar a um acordo com o abismo daquilo que eu não sei". E não é certo que depois de Antígona e Joana, a Kundry de Wagner represente a terceira versão sócio-política do excesso feminino? Nem o desafio à esfera masculina pública em nome da família e do parentesco (Antígona) nem uma reivindicação direta da posição de liderança na luta política (Joana), mas a corrosão irônica da esfera do poder, a denúncia de sua falsidade através de riso histérico. É em Kundry que o excesso feminino chega à sua verdade: a da inconsistência histérica, de não querer o que se afirma que se quer. Com Kundry, a mulher não é mais uma força substancial se opondo ao sujeito masculino, mas o puro excesso não substancial da subjetividade em si – ou, como coloca Lacan: "Eu peço a você que recuse o que eu ofereço, porque não é isso" (1998:

111). O temor masculino da mulher, que tão profundamente marcou o espírito da época na virada do século, de Edvard Munch e August Strindberg até Franz Kafka, se revela desse modo como o temor da inconsistência feminina. A histeria feminina, que traumatizou esses homens (e também marcou o lugar de nascimento da psicanálise), os confrontava com uma multidão inconsistente de máscaras (uma mulher histérica imediatamente passa de súplicas desesperadas para o escárnio cruel e vulgar). O que causa tamanho mal-estar é a impossibilidade de discernir, por trás das máscaras, um sujeito consistente manipulando-as. Por trás das múltiplas camadas não há nada, ou, como muito, nada além do material mucoso, amorfo, da substância da vida. Basta mencionar o encontro de Edvard Munch com a histeria, que deixou nele uma marca muito profunda. Em 1893, Munch estava apaixonado pela bonita filha de um comerciante de vinhos de Oslo. Ela se aferrou a ele, mas Munch teve medo desse laço e estava ansioso em relação ao seu trabalho, e a deixou. Em uma noite de tempestade, um barco veio buscá-lo; o relato era que a jovem estava à beira da morte e queria falar com ele uma última vez. Munch ficou extremamente abalado e sem fazer perguntas foi á casa dela, onde a encontrou deitada entre duas velas. Mas quando se aproximou de sua cama, ela se levantou e começou a rir; toda a cena era apenas um embuste. Munch se virou para sair, mas nessa hora, ela ameaçou se matar se ele a deixasse, sacou um revólver e apontou para o peito. Quando Munch se inclinou para jogar a arma longe, convencido de que aquilo também era parte da brincadeira, a arma disparou e o feriu na mão (ver Hodin 1972: 88-89). Aqui encontramos o teatro histérico em sua essência: o sujeito se vê preso em uma pantomima na qual o que parece ser muito sério se revela como fraude (estar morrendo) e o que parece ser um gesto vazio se revela como algo muito sério (a ameaça de suicídio). O pânico que acomete o sujeito (masculino) ao se confrontar com esse teatro expressa o temor de que por trás das muitas máscaras, que vão caindo como as camadas de uma cebola, não haja nada, nenhum segredo feminino final [5]

E na medida em que esse excesso feminino é outro nome para subjetividade, também podemos ver em que preciso senso a subjetividade como tal, em seu aspecto mais radical, é feminina. O paralelo com Marx é instrutivo aqui. Em uma primeira abordagem, pode-se, claro, afirmar que no antagonismo de classes entre capitalistas e proletários, os capitalistas são os sujeitos que dominam os proletários, os últimos ficam reduzidos a objetos manipulados, usados, pelos capitalistas. Não obstante, como Marx enfatiza repetidamente, o ponto da subjetividade pura (sem substância) é aqui o proletário, cujos esforços produtivos são continuamente frustrados, que é incapaz de alcançar um ser satisfeito, substancial, porque ela é compelida a vender sua capacidade produtiva mais íntima como uma *commodity* no mercado. Quando nos encontramos totalmente alienados, externalizados, reduzidos a algo que pode ser comprado com dinheiro, desprovidos de todo conteúdo substancial, nesse ponto nós nos experimentamos como sujeitos. E, *mutatis mutandis*, uma mulher representa a subjetividade radical na medida em que é reduzida a um objeto de troca entre homens. Ou, para colocar a questão de um modo diferente, mulheres são sujeitos precisamente na medida em que sua identidade consiste em camadas de máscaras com nenhum conteúdo verdadeiramente substancial debaixo delas. Reside aí a característica chave da adequadamente hegeliana dialética do sujeito-objeto: o casal sujeito-objeto nunca é uma dualidade simples, porque um de seus termos (sujeito) é estruturalmente dividido em sujeito como oposição ao objeto (o sujeito no sentido comum, o organismo que faz a mediação, domina e forma o objeto) e o sujeito na medida em que emerge no domínio da objetividade em si como o vazio da negatividade, como a frustração radical de todo esforço para alcançar a existência objetiva: eu sou efetivamente um sujeito quando fracasso em encontrar qualquer correlato objetivo, qualquer conteúdo em que eu possa me reconhecer completamente, a respeito do qual eu possa dizer "Sou eu!". Histeria é o nome para essa frustração, para a questão "Isso realmente sou eu?" que surge a respeito de toda identificação.

Então, em uma estrita homologia com a identidade entre o sublime e o terrível feminino, a objetivação das mulheres equivale ao nascimento da subjetividade feminina: a narrativa histórica de como as mulheres foram desprovidas de sua voz pela vitória da sociedade do guerreiro patriarcal e estão agora lutando para recuperar essa voz reprimida é uma tentativa de escapar da sincronicidade debilitante desse antagonismo. Radica nesse ponto a natureza problemática da *Cassandra* de Christa Wolf, que "afunda nas profundezas do que significa ser transformado em um objeto explorado por outros" (Wolf 1988: 264). Ela constrói o pano de fundo histórico do destino de Cassandra como a narrativa em dois movimentos: primeiro, o movimento descendente da alienação ("A mulher é desprovida de sua memória viva, e uma imagem que outros fizeram dela é impingida a ela em lugar dessa memória: o horrível processo de petrificação, objetificação, realizado em carne viva. Agora, ela é classificada entre os objetos, entre os *res mancipi*... O beneficiário... tem o direito de *manu capere*, pegá-la com a mão, de pôr sua mão nela" 298]), seguido do movimento ascendente do doloroso esforço de recuperar a própria voz ("As pessoas suspeitam, *nós* suspeitamos, como pode ser difícil e, na verdade, como pode ser perigoso quando a vida é devolvida a um 'objeto'? Quando o ídolo começa a sentir de novo? Quando 'o objeto' reencontra seu discurso? Quando tem que dizer 'eu', como mulher? [298]). O que se perde nesta narrativa é o nível zero de sobreposição dos dois processos, o ponto insuportável em que ser reduzida a um objeto desamparado já é a livre subjetividade. De certo modo, no entanto, Wolf estava ciente desse paradoxo, isto é, do fato de que o primeiro ato de liberdade é, portanto, a livre aceitação do destino inexorável. Ou, como ela coloca bem no começo de *Cassandra:* "Aqui eu termino os meus dias, desamparada, e nada, nada que eu pudesse ter feito ou deixado de fazer, desejado ou pensado, poderia ter me levado a uma meta diferente" (3).

A atitude da impassibilidade radical, da testemunha desamparada que pode apenas observar o inexorável decorrer das coisas, incapaz de afetar seu curso com sua intervenção, é o nível zero da subjetividade: só posso experimentar esse destino inexorável como um temor insuportável *na medida em que subtraio dele a minha posição subjetiva de enunciação, na medida em que não estou completamente imerso nele.* Então, paradoxalmente, quando Wolf afirma que "Cassandra é uma das primeiras figuras femininas legadas a nós cujo destino prefigura o que viria a ser o destino das mulheres durante três mil anos: ser transformadas em um objeto" (227), essa afirmação é estritamente equivalente à afirmação de que "Cassandra é uma das primeiras figuras femininas legadas a nós cujo destino prefigura o que é ser um sujeito". Encontramos o discurso somente ao encontrá-lo de novo, depois de sermos reduzidos à mudez: no começo, somos desprovidos de algo que nunca possuímos.

Notas

1 Sobre essas duas séries, ver Rabinowitz 1993.

2 No entanto, mesmo aqui, deve-se ter em mente que existem mães e existem mães. A referência contínua à figura da mãe na obra de Brecht, das "peças de aprendizagem" à *The Caucasian Chalk-Circle,* a peça épica sobre o antagonismo entre a mãe biológica e a mãe real, emocional, é como uma regra passada adiante em silêncio pelos analistas. Em *Jasager,* a primeira na série das peças de aprendizagem, é em nome da mãe, para trazer remédios para ela, que o menininho se une à expedição pelas montanhas, no meio da qual ele perde a vida. A referência à mãe desaparece em *The Measure taken (A medida),* a peça de aprendizagem chave, mas só para voltar de modo mais direto em *Mother (Mãe)*, a última peça de aprendizagem e ao mesmo tempo o primeiro dos dramas épicos de Brecht, baseado no romance clássico revolucionário de Maxim Gorky. A figura da mãe não é a mãe edipiana padrão que mantém seu filho em um elo próximo e incestuoso, mas a mãe revolucionária que é educada pelo seu filho e, no final, apóia e assume o engajamento social do filho. Essa mãe deve ser oposta a uma série de outras figuras de mãe: a mãe passivo-agressiva do silencioso auto-sacrifício pela família e pelos filhos, a mãe conservadora representando a estabilidade do lar, assim como a mãe feminista pós-moderna que educa seus filhos dentro de um espírito tolerante enquanto constrói sua carreira, ou mãe terra profundamente ecológica. É crucial na *Mother* de Brecht a canção "Elogio da terceira coisa" *(Lob der dritten Sach)* (Brecht 1980: 60). A mãe conserva (ou melhor, recupera) o filho justamente no ato de perdê-lo "através da terceira coisa"; são próximos um do outro por meio do fato de serem próximos da terceira coisa (neste caso, obviamente, sua luta comum em prol do comunismo). Esse paradoxo de manter a proximidade na perda dela é, naturalmente o da castração simbólica, é a própria mãe que é aqui a portadora da castração, ou seja, da substituição de si mesma como coisa *(das Ding)* pela causa comum simbólica *(das Sache).*

3 O paralelo é claro entre a acusação tripla contra Joana e as três dimensões da autoridade real mencionadas por Louis Marin (1987) em seu excepcional *Le portrait du roi*: o real (é ele o verdadeiro rei, o filho de seus pais e não um falso pretendente?), o imaginário (o esplendor das aparições públicas do rei, destinado a mesmerizar seus súditos), e o simbólico (os títulos oficiais de que o rei é dotado).

4 Lacan não se referiu implicitamente ao status eminente dessa frase na memória nacional francesa quando, depois de dissolver *l'École freudienne de Paris* em 1979, ele começou seu chamamento para uma nova organização com *"A tous ceux qui m'aiment"*? Nos dois casos, a transferência é diretamente mobilizada. Esse amor não é psicológico no sentido usual, não é questão de emoções, mas é objetivo, inscrito na textura das relações sócio-simbólicas: o líder é por definição, independentemente de suas propriedades, amado.

5 Para uma elaboração mais detalhada dessa inconsistência feminina, ver capítulo 6 de Žižek 1995.

CAPÍTULO 3

CORRA, ISOLDA, CORRA

O Tristão do ciberespaço

Como Walter Benjamin observou há muito tempo, antigas formas artísticas frequentemente vão além de suas próprias fronteiras e usam procedimentos que, pelo menos do ponto de vista do presente, parecem apontar para uma nova tecnologia que será capaz de servir como um objetivo mais natural e apropriado em relação à experiência de vida que as velhas formas lutavam para traduzir por meio de suas excessivas experimentações: "A história de toda forma de arte mostra épocas críticas em que uma determinada arte aspira a efeitos que só poderiam ser totalmente alcançados com um padrão técnico modificado, ou seja, por uma nova forma de arte. As extravagâncias e cruezas da arte que aparecem desse modo, particularmente nas chamadas épocas decadentes, na verdade surgem do núcleo de suas energias históricas mais ricas" (Benjamin 1969: 237).

Enquanto o próprio Benjamin evoca o caso do dadaísmo, fica-se tentado a voltar mais ainda na linha do tempo: uma série de procedimentos narrativos em romances do século XIX anuncia não apenas a narrativa padrão do cinema (o uso intricado de *flashbacks* em Emily Brontë ou os cortes cruzados e os *close-ups* em Charles Dickens), mas algumas vezes até mesmo o cinema modernista (o uso do *off-space* em *Madame Bovary*), como se uma nova percepção de vida já estivesse aqui, mas ainda estivesse batalhando para encontrar seu meio apropriado de articulação, até que finalmente o encontrou no filme. O que temos aqui é, portanto, a historicidade de um tipo de *futur anterieur:* só quando o cinema desenvolveu seus procedimentos padrões pudemos realmente captar a lógica narrativa dos grandes romances de Dickens ou de *Madame Bovary.*

E não estamos nos aproximando de um limiar homólogo? Uma nova experiência de vida pende no ar, uma percepção de vida que arrebenta as narrativas centradas na linearidade e apresenta a existência como um fluxo multiforme, até mesmo no campo das ciências exatas (física quântica e suas teorias sobre realidades múltiplas ou a contingência total que forneceu o giro para a real evolução da vida na terra – como Stephen Jay Gould (1989) demonstrou em seu *Wonderful Life,* os fósseis de Burgess Shale são o testemunho de como a evolução poderia ter seguido um rumo muito diferente), parecemos ser assombrados pelo arriscado da vida e pelas versões alternativas da realidade. Ou a vida é experimentada como uma série de destinos paralelos múltiplos que interagem e são crucialmente afetados por encontros fortuitos sem importância, os pontos em que uma série se cruza com a outra e nela intervém (ver *Shortcuts [Cenas da vida],* de Robert Altman), ou diferentes versões/resultados da mesma trama são encenados repetidamente (as situações de universo paralelo, ver *Chance,* de Krzysztof Kieslowski, e *Sliding Doors [Instantes decisivos],* de Peter Howitt; até mesmo historiadores sérios recentemente produziram uma obra intitulada *Virtual History* (História virtual), uma interpretação de eventos cruciais, desde vitória de Cromwell sobre os Stuarts e a Revolução Americana à desintegração do comunismo, como dependentes de casualidades imprevisíveis e algumas vezes improváveis). Essa percepção de nossa realidade como meramente um dos possíveis – e frequentemente nem sequer o mais provável – resultados de uma situação aberta, essa noção de que outros resultados possíveis não são simplesmente cancelados, mas continuam a nos assombrar como um espectro do que poderia ter acontecido, outorgando à nossa realidade o status de extrema fragilidade e contingência, implicitamente entra em choque com as formas predominantes de narrativa linear da nossa literatura e do nosso cinema. Parece pedir um novo meio artístico em que esse paradigma não seja um excesso excêntrico, mas seu próprio modo de funcionamento. É possível argumentar que o hipertexto *é* esse novo meio em que essa experiência de vida vai encontrar seu objetivo correlato natural, mais adequado, de modo que, novamente, é só com o advento do ciberespaço que podemos efetivamente captar o que Altman e Kieslowski efetivamente pretendiam. As três versões de Brecht da sua primeira grande peça de aprendizagem, *Der Jasager,* também não apontam para uma experiência semelhante de realidade hipertexto/realidade-alternada; na primeira versão, o menino aceita livremente o necessário, submetendo-se à antiga tradição de ser jogado no vale; na segunda versão, o menino se recusa a morrer, demonstrando racionalmente a futilidade da antiga tradição; na terceira versão, o menino aceita sua morte, mas com base em argumentos racionais, não por respeito à mera tradição. (Há um elo inesperado entre Brecht e Wagner aqui: para ambos, a autêntica e maior liberdade é a liberdade de assumir e aceitar livremente o que é necessariamente imposto a nós, ou seja, a liberdade de escolher o inevitável).

Um exemplo mais recente e mais conhecido da cultura popular é, naturalmente *Corra, Lola, corra (Lola rennt,* Alemanha, 1998), que apresenta três resultados diferentes para a situação de tensão em que Lola, uma jovem punk de Berlim, tem que conseguir cem mil marcos alemães para salvar o namorado da morte certa: (1) o namorado é assassinado, (2) ela é assassinada, (3) ela é bem sucedida e o namorado encontra o dinheiro perdido que devia ao seu chefe traficante, então eles terminam juntos e felizes com um grande lucro. Estamos aqui no mundo das realidades alternativas em que, como em um jogo do ciberespaço, quando uma escolha leva a um final catastrófico, podemos voltar ao ponto de partida fazer outra escolha melhor. O que na primeira vez foi um erro suicida pode ser feito na segunda vez de forma correta para que a oportunidade não seja perdida. O interesse de *Lola* está precisamente em sua tonalidade: não apenas o ritmo rápido, a montagem trepidante, o uso de fotografias de cenas do filme, a vitalidade e a exuberância pulsante da heroína e assim por diante, mas acima de tudo, a forma como essas características visuais são envolvidas pela trilha sonora, o som techno constante que representa (traduz) a batida do coração de Lola e, por extensão, a do coração do espectador. Deve-se sempre ter em mente que, apesar de toda o brilhantismo visual deslumbrante do filme, suas imagens estão subordinadas ao som musical, ao seu ritmo frenético, compulsivo, que se mantém o tempo todo e não pode ser suspenso nem por um minuto: o filme só pode explodir em um rompante de vitalidade exuberante, sob a forma do grito desinibido de Lola, que acontece em cada uma das três versões da história. É por isso que um filme como *Lola* só pode surgir sobre o pano de fundo da cultura vídeo-musical da MTV. Deve-se realizar aqui a mesma inversão que Fred Jameson realizou a respeito do estilo de Hemingway: as propriedades formais de *Lola* não traduzem ou expressam adequadamente a narrativa; em vez disso, a narrativa do filme em si foi inventada para ser capaz de praticar seu estilo específico. As primeiras palavras do filme ("o jogo dura 90 minutos, tudo o mais é apenas teoria"), de Sepp Herberger, lendário técnico de futebol alemão, fornecem as coordenadas adequadas; como no usual vídeo game de sobrevivência, Lola recebe três vidas. A vida real em si mesma é traduzida como uma experiência fictícia de vídeo game [1].

É isso, então, que o título deste capítulo quer dizer: *Corra, Isolda, corra...* para Tristão, com diferentes possíveis resultados. Ela corre para Cornwall, chegando lá a tempo apenas de ouvir as últimas palavras do Tristão que está morrendo, e depois ela própria morre (o resultado padrão); o rei Mark, que também corre atrás dela para Cornwall, perdoa os dois amantes pela sua paixão para que possam ser felizes para sempre; depois de chegar a Cornwall, Isolda se inspira em Lady Macbeth, convencendo Tristão de que eles deveriam matar o rei Mark, o que eles realmente fazem quando, pouco depois, ele chega; depois que Isolda alcança Tristão, eles descobrem com horror que não podem encontrar realização na morte compartilhada – estão condenados a viver para sempre; e, finalmente, na que se pode dizer que é a opção mais deprimente, Isolda simplesmente *não corre,* mas fica com o marido, e então Tristão morre sozinho. A questão, obviamente, não é jogar jogos de vídeo game mentalmente vazios; essas variações revelam pressupostos ocultos do argumento oficial e suas alternativas reprimidas; como tal, podem gerar um poderoso efeito de verdade.

Outra possibilidade simétrica teria sido pegar o *Tristan* de Wagner e sua noção metafísica da *Liebestod* como o ponto de culminância de uma longa tradição operística. Afinal, o dueto dos amantes quando esperam o veredicto do Paxá Selim na *Seraglio,* de Mozart não é a premonição da cena wagneriana dos amantes aceitando a morte de bom grado? A etapa seguinte aqui é Beethoven: não *Fidelio,* mas *Leonora,* a primeira (1805) versão de *Fidelio,* em que o dueto "*O namenlose Freude*" de Florestan e Leonora novamente reunidos tem um papel muito diferente do que tem em *Fidelio.* O casal no calabouço ouve os sons zangados e ameaçadores da multidão acima; no entanto, sem saber que o ministro já está lá, eles interpretam erradamente esses gritos e brados e pensam que a multidão, instigada por Pizarro, está se preparando para linchá-los. Nessa situação, cantam o dueto, sinalizando sua disposição para aceitar a morte agora que estão novamente unidos. Em resumo, o que temos em *Leonora* é um tipo de *Liebestod avant la lettre,* apontando na direção de "*So sterben wir ungetrennt*", de *Tristan.* É apenas na retrabalhada *Fidelio* que esse mesmo dueto perde essa dimensão da *Liebestod* wagneriana, de voluptuosamente abraçar a morte, e em um caso exemplar do que Stephen Jay Gould chama de *ex-aptation (ex-aptação),* muda de função e passa a ser a expressão da simples alegria de estarem juntos novamente, triunfando sobre as forças do mal. No entanto, eu acho que é mais interessante e produtivo utilizar *Tristan* como ponto de partida e elaborar os múltiplos caminhos em que esse momento único, fantasmático, de satisfação completa é denunciado como uma fantasia e se desintegra em seus incoerentes ingredientes. Depois de lidar com as três óperas posteriores que podem ser interpretadas como versões alternativas de *Tristan,* eu voltarei à ópera *Tristan* e proporei uma quarta solução, uma nova redação de *Tristan.* Essas três óperas posteriores encenam os vários resultados da desintegração da impossível resolução wagneriana encenada em *Tristan: Der Rosenkavalier (O Cavaleiro da Rosa),* de Richard Strauss, *Lady Macbeth of the Mtsensk District,* de Shostakovich, e a menos conhecida das três, *Flammen,* de Erwin Schulhoff. *Rosenkavalier* restaura os direitos do dia, o mundo da etiqueta, das boas maneiras e das obrigações, contra a atração fatal da noite em *Tristan; Lady Macbeth* traduz a sexualidade crua não sublimada, privada de sua bagagem cósmico-metafísica; e, no que talvez seja o movimento mais subversivo, *Flammen* afirma a pulsão de morte em sua essência, em oposição ao princípio do nirvana.

Então, por que exatamente essas óperas? Por que não também, pelo menos, a *Salome* de Strauss e a *Lulu,* de Berg, as outras duas "óperas com sexo" pós Wagner? *Salome* não é outra versão do possível resultado de *Tristan?* E se, no final do Ato II, quando o rei Mark surpreende os amantes, ele explodisse em fúria e mandasse que a cabeça de Tristão fosse cortada? Uma Isolda desesperada então pegaria a cabeça do amante com as mãos e começaria a beijar seus lábios em uma *Liebestod* "salomeana". Há, não obstante, uma razão precisa para excluir *Salome* e *Lulu:* não são variações de hipertexto de *Tristan,* mas sim, claramente, de *Parsifal.* Salome é Kundry enlouquecida, mandando matar Parsifal e acariciando sua cabeça depois que ele rejeitou sua sedução; Lulu, por outro lado, é uma extraordinária e deturpada reencarnação do *próprio Parsifal* (como as referências irônicas diretas a *Parsifal* no libreto de *Lulu* indicam claramente).

Foi observado frequentemente que a cena final da *Salome* de Richard Strauss é baseada na *Liebestod* de Isolda; no entanto, o que a torna uma versão deturpada da *Liebestod* wagneriana é que o que Salomé exige, em um ato incondicional de capricho, é beijar os lábios de João Batista (chamado de Jokanaan na ópera); não é o contato com uma pessoa, mas com o objeto parcial. Salomé primeiro fica fascinada por outro objeto parcial, a voz de João (ao longo da maior parte da ópera, apenas o ouvimos cantar, e o primeiro comentário dela é: "De quem é essa voz?"). Desse modo, pode-se conceber a fixação de Salomé pela cabeça de João (mais precisamente, por seus lábios) como a fixação por um fragmento corporal que materializa a voz de João. Essa obsessão caprichosa é enfatizada quando, depois da famosa dança dos sete véus, Herodes fica horrorizado e rejeita a demanda de Salomé; ele oferece a ela todo tipo de riquezas e valores em troca, até mesmo a cortina do Santo Sacramento, mas ela teimosamente rejeita a substituição, insistindo em que seu desejo seja atendido, repetindo sete vezes "Eu exijo a cabeça de Jokanaan!" como um tipo de Antígona pervertida que não pode ser convencida a não enterrar adequadamente seu irmão. Essa demanda, embora formulada apenas depois de sua dança, ressoa em um motivo orquestral simples, feito de uma terça e um trítono, ouvidos pela primeira vez depois que Jokanaan rejeita bruscamente os avanços de Salomé e depois frequentemente repetido até que, trinta e quatro minutos após ter sido tocado por primeira vez pela orquestra, finalmente ganha um texto: "Eu exijo a cabeça de Jokanaan!". O desejo inconsciente finalmente explode em uma demanda clara.

Essa interpretação da demanda vingativa de Salomé para Herodes como uma mera sentença de morte está errada. O que ela pede é a cabeça dele em uma bandeja de prata, o objeto parcial que ela começa a beijar assim que o consegue. (É impossível não lembrar aqui da primeira frase do amargo conto kafkiano "The hand" (A mão), de Patrícia Highsmith, publicado em seu *Little*

Tales of Misogyny (Pequenas histórias de misoginia): "Um jovem pediu a um pai a mão de sua filha, e a recebeu em uma caixa: a mão esquerda" [1980: 7]). Devemos contrastar a dança dos setes véus com a imersão extática final de Salomé na *jouissance* do objeto parcial; o primeiro é o espetáculo encenado para o olhar masculino, o lento revelar do mistério feminino oculto sob os véus, enquanto que o segundo é o gozo da mulher, a versão pervertida de Ricardo II da *Liebestod* de Ricardo I. É isso o que tanto horroriza Herodes: seu prazer extático pelo objeto parcial (a cabeça), com a música traduzindo completamente seu fervor sexual. É a esse excesso que ele reage com sua ordem: "*Man töte dieses Weib*" (Essa mulher deve ser morta). (Significativamente, essa ordem é impessoal – o *Man* heideggeriano é usado aqui para evitar o direto "Eu ordeno que essa mulher seja morta!"). O homicídio de Salomé que se segue é ao mesmo tempo a morte de uma mulher e da música – em *Salome,* "Herodes tem a *palavra* final" (Leppert 1995: 150). O que se segue às palavras faladas de Herodes não é mais melodia, mas algo "*mais barulho do que música...* a tradicional inscrição sonora da autoridade masculina, os sons militares de metal e percussão, ritmicamente pontuados no volume mais alto possível" (150-151), como se a palavra masculina não fosse suficiente para sufocar o rompante de *jouissance* sexualizada musical da mulher, mas tivesse que ser sustentada pelo ataque violento do barulho estrondoso.

O desvio de Kundry para Salomé é claramente perceptível aqui: embora Kundry ainda jogue o jogo padrão da sedução corruptora, tudo o que Salomé quer é gozar de seu objeto parcial. Se estivesse no mesmo nível de *Salome,* Kundry teria que beijar e abraçar a ferida de Amfortas (adequadamente encenada por Syberberg como um objeto em formato de vagina, exposto em uma almofada carregada pelos pajens diante do Fisher King). Como tal, *Salome* se encaixa bastante bem em uma tríade com *Lulu* e, talvez, com a *Moses und Aaron* de Schönberg; tanto Salomé quanto Lulu são figuras ninfetas extremas nas quais a corrupção total se superpõe à inocência da juventude (o próprio Strauss enfatizou que Salomé não é uma ninfomaníaca, mas uma virgem casta). A característica óbvia compartilhada por *Moses* e *Lulu* é que são duas obras-primas inacabadas, as duas candidatas supremas ao título de "última (verdadeira) ópera". Por outro lado, tanto em *Moses* quanto em *Salome* o mundo masculino interrompe a orgia de imagens e de música (a dança do bezerro de ouro e a dos sete véus) [2].

E quanto, então, à terceira obra inacabada da década de 1920, *Turandot,* de Puccini, que se encaixa perfeitamente em nosso esquema? O empobrecido tártaro príncipe Calaf, acompanhado por Timur, seu pai cego e rei deposto, e pela fiel criada Liu, entra em Pequim para desafiar a princesa Turandot, filha do imperador. Turadot é uma mulher fatal fria como o gelo. Seus pretendentes devem responder três perguntas feitas por ela. Se as respostas forem corretas, eles conseguem sua mão, senão, são decapitados (e há uma longa fila de cabeças exibida no muro do seu palácio). Depois que Calaf responde corretamente, Turandot explode em uma fúria impotente e quer descumprir seus próprios termos; pra quebrar esse impasse dramático, Calaf se lembra de *Lohengrin* e faz uma oferta adicional à Turandot: se ela adivinhar seu nome até a manhã seguinte, pode decapitá-lo; caso contrário, terá que se casar com ele. Em desespero, Turandot manda que a fiel Liu (que foi vista com Calaf) seja torturada para que ela traia o competidor e revele seu nome. No entanto, Liu ama tanto Calaf que se esfaqueia mortalmente para não fornecer a informação. Embora o público ao redor fique chocado e sinta uma culpa terrível, Turandot continua fria; Calaf fica furioso com ela, mas a morte da fiel Liu faz com que ele deseje Turandot ainda mais, então simplesmente a agarra e a beija com violência. O toque masculino faz milagres: Turandot de repente se derrete, descobre sua ternura feminina e concorda em se casar com Calaf.

A história de Turandot tem, obviamente, suas raízes nos antigos contos asiáticos, com a exceção significativa da figura de Liu, que foi inventada por Puccini e seu libretista. Talvez o único modo de descrever o que acontece na última cena de *Turandot* é através da referência à noção freudiana de isolamento. Pode acontecer que a experiência traumática "não seja esquecida, mas, em vez disso, seja desprovida de sua emoção, e suas conexões associativas são suprimidas ou interrompidas, de modo que a experiência fica como se estivesse isolada e não é reproduzida no processo comum do pensamento" (Freud 1979: 276). Embora o suicídio de Liu não seja diretamente obliterado, tem que ser "desprovido de sua emoção" se vamos ter um final feliz, isto é, se Calaf vai insistir com Turandot *como se nada tivesse acontecido.* O contraponto a esse isolamento é o personagem estranho, não psicológico da própria Turandot; raramente encontramos a fantasia de uma mulher-coisa de forma tão pura. Turandot é pura fantasia "menos um personagem do que um complexo: a vagina-dentata" (Conrad 1987: 200). Não surpreende que seu símbolo seja a lua, descrita como uma amputada cabeça pálida, sem sangue, em trânsito pelo céu. O espectro monstruoso de um objeto parcial solto flutuando livremente. O libreto sugere que ela "existe apenas nas mentes atormentadas dos homens", que "não existe tal pessoa, que ela é apenas o vazio em que Calaf será aniquilado, ou a vacância em que ele se gasta sexualmente" (201). E essa não é uma definição sucinta da dama no amor cortês, desse "objeto feminino...esvaziado de toda substância real"(Lacan 1992: 149)? Esse personagem abstrato da dama não tem nada a ver com purificação espiritual, mais bem aponta na direção da abstração que se refere a um parceiro frio, distante, desumano – a dama não é de modo algum um semelhante compassivo, caloroso, compreensivo: "Como uma forma de sublimação específica da arte, a criação poética consiste em propor um objeto que só posso descrever como aterrorizante, um parceiro desumano... Ela é tão arbitrária quanto possível nas provas que impõe ao seu criado" (150). A relação do cavalheiro com a dama é a relação do sujeito-escravo, o vassalo, com seu senhor feudal, que o submete a provações caprichosas e frustrantes.

A dama está, desse modo, o mais distante possível de qualquer tipo de espiritualidade purificada; ela funciona como um parceiro desumano no sentido de uma Não identidade radical que é completamente incompatível com nossas necessidades e desejos. Como tal, ela é simultaneamente um tipo de autômato, uma máquina que profere demandas aleatórias e sem sentido. Essa coincidência da Não identidade absoluta, inescrutável e de pura máquina é o que outorga à dama seu caráter estranho, monstruoso: a dama *não* é nosso semelhante, e nenhuma relação de empatia é possível com ela – essa Não identidade traumática é o que Lacan nomeia através do termo freudiano *das Ding* (a coisa real). Uma outra coincidência de opostos caracteriza a dama: precisamente como uma parceira cruel, desumana, que não obedece a nenhuma regra, com quem nenhum acordo é possível, que ignora totalmente o sofrimento que causa, com quem não é possível nenhuma compaixão compartilhada, que nunca demonstra nenhuma consideração, cujos desejos são ordens incondicionais que, quanto mais ela insiste nelas, mais expressam seu puro capricho – em resumo, como uma versão monstruosamente pervertida de uma máquina ética kantiana, cuja mensagem para nós é "Você pode, porque você precisa!" – a dama é puramente fantasmática, uma entidade espectral sem substância, um espelho em que o sujeito projeta seu ideal narcísico. Em outras palavras (as de Christina Rosetti, cujo soneto "No estúdio de um artista" fala de relação de Dante Gabriel Rosetti com Elizabeth Siddal), a dama aparece "não como o que ela é, mas como ela preenche o sonho dele".

A contrapartida estrutural de Turandot, a mulher-coisa, é Liu, a mulher de carne e osso que sofre, a criada fiel e piedosa, a mediadora desaparecida cujo sacrifício torna possível o final feliz. É, porém, precisamente, esse final que é problemático: o que ele realmente significa? Vamos imaginar a mesma história em um cenário *noir* contemporâneo, com o herói dividido entre a mulher fatal de gelo e a amiga silenciosa e compassiva, cujo amor profundo e discreto ele não vê. A mulher piedosa se sacrifica pelo herói, torturada pelos cúmplices da mulher fatal, que obedecem a seu comando; depois de sua morte, o herói, embora chocado por esse ato de suma fidelidade, simplesmente parte para seduzir a frígida *femme fatale* (que decidiu se vingar de todos os homens em função de um trauma do passado: sua melhor amiga foi violentada e morta diante de seus olhos). Ele a abraça violentamente, quase a violenta e ela fica curada magicamente e se transforma em uma mulher calorosa e apaixonada – Kerman não está certo quando define *Turandot* como "depravada, e o adjetivo foi cuidadosamente escolhido" (1957: 205)? O problema que Puccini não conseguiu resolver foi este: como a coisa deveria se subjetivizar? Sua solução é sórdida: por baixo da aparência gélida, há uma mulher sentimental comum que se rende diante de potentes avanços masculinos: "A mensagem central ineludível da obra, então, é que a forma a proceder com uma beldade frígida é agarrá-la" (206).

Portanto, é fácil ridicularizar a estupidez do final de *Turandot,* assim como a total falta de justificativa da normalização final do personagem título; é muito mais difícil enfrentar o beco sem saída subjacente. O elemento surpreendente aqui é o próprio fato do final feliz. O que levou Puccini a optar por um desenlace tão pouco convincente, pelo pior caso de *deus ex machina*? Porque ele não era alheio a patéticos finais piegas (de *La Bohème* a *Tosca),* por que ele não escolheu uma das opções trágicas? A óbvia teria sido desintegrar o espectro de Turandot. Quando já fosse tarde demais, após a morte de Liu, um arrasado Calaf poderia ter percebido como ele já tinha em Liu o que andava buscando na elusiva Turandot. Ou talvez a dilacerante experiência da morte de Liu poderia ter dobrado Turandot, compelindo-a a redescobrir sua humanidade... ou após o suicídio de Liu, Calaf poderia ter explodido de raiva, matando Turandot e a si mesmo, de modo que no fim da ópera, Timur ficasse sozinho no palco, uma figura cega e amarga tirada de *Édipo em Colono.* Em resumo, a ópera deveria ter terminado com a *própria Turandot* cantando a patética ária de Liu *"Tu Che di gel sei cinta"*, que anuncia seu suicídio, assumindo essa designação de si mesma na primeira pessoa do singular ("Eu que fui feita de gelo...").

O problema musical-dramático de *Turandot* é que a cena do suicídio de Liu já é um *finale* Puccini com clímax. O que se segue é material sem valor, que nem sequer foi composto pelo próprio Puccini. Esse fracasso de *Turandot* é dramático ("O drama está inteiramente fora de questão", como coloca Kerman com sua crueldade habitual [1957: 207]) e também musical; para o ouvinte de hoje em dia, a combinação de um par de boas melodias super exploradas com material sem inventividade mecanicamente composto que apenas preenche os espaços entre os *hits,* mas que não consegue evocar o nome de Andrew Lloyd Weber. No entanto, o paradoxo primordial é que Puccini estava certo em abandonar o final trágico-patético que o serviu tão bem em suas obras anteriores. Não podemos esquecer que *Turandot* foi composta no começo dos anos 1920, quando Puccini já havia ouvido a música de Schönberg e de Stravinsky, quando as descobertas de Freud já estavam exercendo seu impacto. Dentro dessas coordenadas (que deixam seu rastro na própria figura de Turandot, porque não há lugar para uma *femme fatale* tão espantosa no desaparecido universo do Romantismo), o final Puccini padrão é estruturalmente impossível. A única forma de evitar o final feliz teria sido realizar a fatídica passagem para o apropriado universo pós-trágico moderno, um universo cujo horror deteriora a possibilidade da dignidade trágica e em que figuras monstruosas como Lulu e Salomé abundam. Era um passo que Puccini não estava preparado para dar.

O personagem não é algo que funcione sozinho na ópera; emergiu com Mozart e desapareceu com a onda modernista [4]. Essa é a razão pela qual uma figura como Turandot pertence ao espaço do modernismo: é quase uma entidade pós-psicológica. O status inacabado de *Turandot* obedece, pois, a uma necessidade mais profunda: a morte inesperada de Puccini foi uma benção dos céus que permitiu a ele salvar as aparências, ou seja, evitar a admissão de uma derrota humilhante, deixando seu pupilo Franco Alfano orquestrar a medíocre cena final. O final feliz de *Turandot* é ao mesmo tempo um sinal do fracasso artístico de Puccini e de sua integridade: o ridículo óbvio da última cena sinaliza que deveria haver algo mais ali, algo cujos limites Puccini não se atreveu a ultrapassar, mas cuja ausência ele foi, porém, honesto o suficiente para tornar palpável.

A manhã seguinte

Vamos começar com as variações apropriadas de *Tristan.* A primeira rachadura do edifício de *Tristan* se torna visível se simplesmente interpretamos *Tristan* junto com *Meistersinger*, seu contraponto (já indicado pelo fato de que no momento principal da ópera inteira, a explosão violenta da paixão verdadeira entre Hans Sachs e Eva, o próprio Sachs se refere à triste sina do rei Mark em *Tristan,* deixando implícito que ele quer evitar essa posição). A ópera que pôs em execução essa possibilidade é a *Rosenkavalier*, de Strauss, que mostra claros paralelos com *Meistersinger:* nos dois casos, temos uma renúncia após a explosão de amor incestuoso (costumam referir-se à *die Marschallin* como "a Sachs feminina"). Em um gesto final de sacrifício por amor, a figura mais velha (Hans Sachs, *die Marschallin)* cede seu parceiro mais jovem para outra pessoa; esse gesto é seguido pelo grande conjunto musical da reconciliação (o quinteto em *Meistersinger,* o trio em *Rosenkavalier*). E é crucial perceber como esse gesto tem a estrutura da escolha forçada; no fim de *Rosenkavalier,* quando a Marechala renuncia ao seu direito sobre Octavian, ela realiza o gesto vazio de escolher livremente o inevitável (a passagem do tempo).

Esses conjuntos de reconciliação fornecem os únicos verdadeiros momentos sublimes em Mozart, Beethoven, Wagner e até em Richard Strauss: os momentos em que o tempo parece alcançar um tipo de pausa transitória: o curso da ação é suspenso, os sujeitos desfrutam de um momento precioso, prolongado de um *stasis* intemporal que proporciona uma maravilhosa paz interior. Os relacionados a seguir são esses momentos (os mais chamativos), descritos melhor pelas palavras da *Fidelio,* de Beethoven, *"Welch'ein Augen-*

blick": Em Mozart, a súplica do conde por perdão e o conjunto que se segue no final de *Le nozze,* pouco antes das últimas notas alegres da ópera (*"Contessa, perdona"*), assim como o trio *"Soave il vento"*, de *Così; Fidelio* sozinha presume de três desses momentos, o quarteto cânone no Ato I, a repentina suspensão da ação frenética na cela subterrânea quando o trompete anuncia a chegada do ministro, e quando Leonora solta Florestan das correntes no final da ópera. Em Wagner, momentos semelhantes de tranquilidade indicam o repouso do herói e a reunião de forças antes da provação decisiva (o quinteto em *Meistersinger* antes do concurso de canções, os "murmúrios da floresta" em *Siegfried* antes da luta de Siegfried com o dragão Fafner, a música da Sexta-feira Santa em *Parsifal* antes da redenção de Amfortas por Parsifal e da revelação do Graal) [5]. E por fim há, naturalmente, o trio final na *Rosenkavalier* de Strauss. Esses momentos de mágica tranquilidade, cuja função é uma espécie de inversão do espelho da estranha necessidade que regula os repentinos e inesperados acessos de ação precipitada no palco antes do fim da *Tristan* de Wagner (a chegada dos dois navios, os assassinatos múltiplos) ou da *Trovatore* de Verdi (após perceber que Leonora se envenenou, traindo-o, o conde ordena a execução de Manrico, para descobrir imediatamente depois que Manrico é seu meio-irmão), não têm nada a ver com a paz feliz pela qual os heróis wagnerianos lutam. Fica-se quase tentado a afirmar que o que eles representam é seu exato oposto; a mágica tranquilidade traduz os preciosos momentos em que o sujeito é capaz de se retirar do louco movimento rotatório das pulsões que o (a) arrastam para a (auto-)aniquilação final, enquanto que a auto-obliteração extática wagneriana designa a rendição de bom grado para a atração do desejo de morte.

A ação de *Rosenkavalier* começa "na manhã seguinte", com o começo do dia depois de uma apaixonada noite de amor: um claro contramovimento em relação à *Tristan,* cujo fim finalmente conclui a completa imersão dentro da noite. Não surpreende, então, que assim como Hans Sachs em *Meistersinger,* a Marechala seja a figura da sabedoria sobre os efeitos inexoráveis da passagem do tempo e sobre como as necessidades comuns e as obrigações da vida diária terminam por vencer a incondicional, obscura paixão do amor. Esse impulso anti- (ou melhor, pós-) wagneriano é traduzido muito bem na oposição entre Octavian e a Marechala na primeira cena: enquanto, em um humor gozador wagneriano Octavian murmura sobre a dissolução da fronteira entre sujeito e objeto durante o sexo, sobre seu desejo de permanecer imerso na noite e evitar o dia ("O que 'tu' significa? O que 'tu e eu'? Faz algum sentido? /.../ Eu sou quem te deseja, mas o 'Eu' se perde no 'tu'... /.../ Por que é preciso haver o dia? Eu não quero nenhum dia! O que há de bom no dia? Aí, tu pertences a todos! Que fique escuro!"), a Marechala gentilmente o critica por suas maneiras e diz a ele para esconder-se atrás do biombo chinês quando ouvem a comoção do lado de fora. Voltamos ao universo rococó das confusões de amor e de esconde-esconde à moda Beaumarchais. Então, embora Strauss afirmasse que queria compor uma "ópera de Mozart" em *Rosenkavalier* e embora o começo de *Rosenkavalier* possa ser interpretado como uma versão da terceira parcela da trilogia de Fígaro, em que a condessa Rosina tem um caso com Cherubino, é um Mozart nostálgico que vem *depois de Wagner.* No universo mozartiano, uma referência tão direta ao ato sexual como a que nos chega nas primeiras linhas da ópera teria sido totalmente fora de lugar [6](*"Wie du warst! Wie du bist! Das weiss niemand, das ahnt keiner!"* – frase que significa simplesmente "Como você foi bom na cama!" – uma referência direta aos talentos primorosos na arte do amor da Marechala, apresentados musicalmente um minuto antes no prelúdio orquestral).

A característica que *Rosenkavalier* compartilha com Mozart, em claro contraste com Wagner, é o travestismo: o charme do trio final em *Rosenkavalier* não reside no fato de que temos um trio de *mulheres* cantando? A mensagem libidinal secreta é, portanto, a de uma comunidade feminina, uma extensão do famoso duo *"O rimembranza"* de *Norma.* É interessante observar como *Le nozze, Fidelio* e *Rosenkavalier* elevam o travestismo ao segundo poder; em *Le nozze* e *Rosenkavalier,* a mulher cantando como um homem (Cherubino, Octavian) teve, dentro do conteúdo narrativo, que se travestir de novo para esconder sua identidade aos intrusos, então nos deparamos com uma mulher representando um homem vestido de mulher. Mesmo em *Fidelio,* onde a situação é mais organizada (Fidelio realmente é Leonora, ou seja, os sexos da cantora e da pessoa narrativa coincidem) temos uma mulher interpretando uma mulher que se veste como homem. Talvez, nessa política de diferença sexual, valha a pena observar o desvio no título da ópera de Beethoven de *Leonora* para *Fidelio* – essa mudança não está de algum modo relacionada com a reestruturação do conteúdo, traduzida melhor pelo status modificado do dueto *"O namenlose Freude"*? Além disso, fica-se tentado a especular que em um nível libidinal mais profundo, Marzellina ama Fidelio porque ela é secretamente consciente de que "ele" na verdade é uma mulher. Tipicamente, Beethoven rejeita a ideia frívola de uma mulher cantando como um homem jovem e atraente: em sua ópera, o travestismo é completamente justificado pela necessidade narrativa (Leonora precisa se vestir como Fidelio para conseguir acesso até seu marido, que está preso); no entanto, o fato de que Mozart – e outros – estivessem fazendo o que Beethoven rejeitava, longe de ser algo frívolo, obedece a uma profunda necessidade libidinal: é possível imaginar um gesto mais vulgar do que a encenação lógica e realista do que teria sido o papel de Cherubino (ou Octavian) cantado por um jovem tenor?

A distância que não obstante separa Strauss de Mozart diz respeito ao status do ato sexual. Não é que as pessoas não façam amor em Mozart – ao contrário, todas as suas tramas giram ao redor disso – a questão é, mais bem, que a referência ao ato sexual em si é completamente abstrata, sem substância terrenal, de certo modo como o *fade in* depois do abraço do casal nos bons velhos tempos da Hollywood do Código de Produção. É somente com Wagner que a textura musical em si se torna diretamente sexualizada: a questão sobre a estrutura orgástica das aberturas de *Lohengrin* e *Tristan,* embora seja um lugar comum, acerta o alvo e efetivamente é possível afirmar que Wagner "investiga os segredos do orgasmo" (Conrad 1989: 181). No entanto, fica-se tentado aqui a argumentar que mesmo nessa interpretação da aceleração orgástica, Wagner é orientado de modo masculino. Como é notório, quando uma mulher está chegado ao orgasmo, a aceleração progride em duas etapas (dois saltos de quantidade em uma nova qualidade, para pôr a questão em termos de materialismo dialético). Primeiro, há o ponto sem volta, o movimento *rítmico* dos quadris, que sinaliza que a mulher não está mais no controle, que ela já está se deslizando (sendo puxada) na direção do clímax, e depois a chegada do clímax em si é anunciada pela interrupção desse ritmo regular e pelo começo de ataques irregulares. O que falta na interpretação musical wagneriana do orgasmo é esse último estágio de convulsões caóticas, desordenadas: de um modo tipicamente masculino, ele percebe (erroneamente) o orgasmo como um movimento gradual, linear até a conclusão.

Talvez, apesar de sua proverbial aversão à sexualidade grosseira, o elo perdido entre Mozart e Wagner seja o próprio Beethoven. Afinal, a distância entre o dueto *"O namenlose Freude"* e o final de *Fidelio,* normalmente preenchida pela abertura de Leonora (com, novamente, a dupla estrutura orgástica óbvia) não marca a não representada relação sexual apaixonada entre o casal que volta a se unir? O ato está inscrito aqui pela primeira vez, embora (para usar o velho jargão estruturalista) em modo de ausência, como uma fenda na textura musical – em Mozart, sua ausência nem sequer causa uma fenda. A *Lady Macbeth* de Shostakovich dá um radical passo adiante nessa representação musical gráfica do ato sexual. Em relação a essa representação, seria interessante comparar *Lady Macbeth* com *Tristan* e com *Rosenkavalier.* O que predomina em Wagner é o aumento da tensão interna e sua resolução orgástica (o final do Ato II tem o *coitus interruptus* mais chocante da história da ópera, enquanto que o *finale* finalmente traz a resolução orgástica); a característica mais notória da *Lady Macbeth* de Shostakovich é a representação gráfica orquestral do primeiro intercâmbio sexual violentamente apaixonado entre Katarina e Sergei no Ato III: a técnica externa "mickeymousing" (a imitação dos movimentos corporais feita pela música, como nos desenhos animados) das arfadas e investidas do ato da copulação, inclusive o uso do trombone fornecendo uma interpretação meio cômica do alívio pós-orgástico. O breve prelúdio orquestral de *Der Rosenkavalier* – que também apresenta uma cena de relação sexual exuberante, completada por uma imitação dos movimentos de investida, o clímax imitado pelos brados da trompa, a luxuriosa emoção posterior – está em algum lugar do meio do caminho, um ataque de crua paixão sexual amortecido pelas afetadas maneiras estilo rococó, de acordo com o modo meio imaginário, meio real da ópera em si.

Em que, então, esse encontro amoroso de abertura em *Rosenkavalier* é diferente da imersão dentro da noite de *Tristan?* Não é apenas que *Rosenkavalier* vá através do mesmo caminho de *Tristan,* por assim dizer, só que no sentido oposto, começando com a felicidade noturna do encontro amoroso e depois voltando para o universo do dia com suas obrigações sociais formais; não é apenas esse efeito da manhã seguinte que estraga a solução wagneriana; a imersão dentro da felicidade do ato sexual em si já foi perturbada. Enquanto a Marechala e Octavian conversam tomando chocolate quente de manhã, ela de passagem informa ao surpreso Ocatavian que enquanto estavam fazendo amor durante a noite, ela pensou no marechal, seu marido ausente que naquele momento estava caçando javalis na Croácia – a distância que separa o real do ato sexual de seu suporte fantasmático é confirmado desse modo (o ponto essencial de *Tristan* é que, no ponto alto da felicidade extática, essa distância é suspensa e o real e a fantasia coincidem). Para o zangado Octavian, que pergunta a ela: "Como pudeste sonhar com ele enquanto estávamos...", ela responde sem demora: "Eu não comando meus sonhos". Habitualmente, o alegado pansexualismo de Freud é interpretando para significar que "o que quer que estejamos fazendo e dizendo, em última análise sempre estamos pensando *naquilo*" – essa referência ao ato sexual é o último horizonte do significado. A noção freudiana de fantasia aponta exatamente nessa direção: o problema não é o que estamos pensando quando fazemos outras coisas comuns, mas o que estamos pensando (fantasiando) quando estamos realmente *fazendo* aquilo. A noção lacaniana de que "não há relação sexual" em última instância significa que enquanto estamos envolvidos no ato sexual, temos que pensar (fantasiar) sobre outra coisa. Não podemos simplesmente "imergir-nos completamente no prazer imediato do que estamos fazendo". Se fizermos isso, a tensão prazerosa se perde. Esse propósito fica claro em *Rosenkavalier:* não é que enquanto faz amor com seu enfadonho marido, a Marechala sonhe com o jovem, viril Octavian, mas ao contrário: enquanto faz amor com Octavian, o espectro do marido enfadonho e pomposo assombra sua imaginação.

"Grasna, pia, resfolega e arfa"

A passagem de *Rosenkavalier* para a *Lady Macbeth* de Shostakovich é a passagem da refinada etiqueta aristocrática para a vulgar realidade, na qual não apenas estamos tristemente conscientes de como as coisas se passam, mas na qual as pessoas realmente surram e se envenenam umas às outras – e copulam. O espírito dessa passagem foi agradavelmente capturado por Anthony Burgess que, em sua narração de *Rosenkavalier* como um romance, terminou assim: "Octavian perdeu uma perna e um olho na guerra da Sucessão Austríaca. Sophia morreu dando a luz ao segundo filho. A Marechala, após enviuvar, entrou para um convento. O barão Ochs casou com a herdeira mais rica da Áustria e morreu aos 91 anos em sua cama" (1982: 68). Em semelhante universo, obviamente, o sexo não é uma união mística nem um caso cintilante. Ouvindo a apresentação orquestral do ato sexual em *Lady Macbeth,* fica-se tentado a concordar com o camarada Stalin que, depois de sair do Teatro Bolshoi furioso, justamente depois desta cena, em sua sabedoria infinita mandou que o artigo anônimo "Confusão em vez de música" fosse publicado na edição do *Pravda* de 28 de janeiro de 1936. Como o artigo afirmava, "a música grasna, pia, resfolega e arfa para expressar as cenas de amor o mais naturalmente possível". O próprio Prokofiev designou ironicamente a música da *Macbeth* de Shostakovich como o próximo passo do progresso de monofonia para polifonia: "pornofonia". No entanto, a lição dessa "mickeymousing" é uma lição hegeliana: repetição tautológica pura é a maior contradição. Nós pensamos (erroneamente) que a música meramente segue os movimentos visuais, enquanto ela na verdade colore com força, chega até a distorcer, a nossa percepção visual, dando um toque cômico exagerado a gestos no palco (ou na tela). Todos estamos familiarizados com o efeito cômico produzido quando estamos vendo uma ópera na TV e o som é repentinamente cortado; desprovidos de seu suporte vocal, os gestos solenes dos cantores se tornam um gesticular ridículo. O que obtemos nas cenas sexuais de *Lady Macbeth* é o efeito obverso: a *adição* da música, embora apenas ecoe os gestos sexuais servilmente, transforma a apaixonada união quase animal em uma performance grotesca, transformando os amantes em marionetes que seguem cegamente o ritmo estabelecido pela música.

O fato de Shostakovich redimir os dois assassinatos cometidos por Katarina como sendo atos justificados de uma vítima da opressão patriarcal é efetivamente mais sinistro do que pode parecer; o preço para essa justificativa, o único modo de tornar os assassinatos palpáveis, é a derrogação, desumanização até, das vítimas (o pai do marido é retratado como um velho rufião libidinoso, enquanto que o filho é um covarde impotente sem nenhuma caracterização clara, uma omissão deliberada, porque apresentá-lo com mais clareza poderia despertar solidariedade por ele na cena do assassinato). De modo complementar, a própria Katarina é purificada de qualquer ambiguidade ética (não há sinais de luta interior enquanto ela comete os assassinatos, nem nenhuma crise de consciência depois); ela é retratada não tanto como uma lutadora pela liberdade pessoal e dignidade contra a opressão patriarcal, mas como uma mulher totalmente escravizada por sua paixão sexual, disposta a destruir implacavelmente tudo que impedir sua gratificação. Nesse sentido, ela também é desumanizada, de modo que, paradoxalmente, o único elemento humano na ópera é um elemento coletivo: o coro dos condenados com seus dois lamentos no ato final. Além disso, Taruskin estava certo em enfatizar o contexto histórico da ópera: os anos do terror implacável contra os *kulaks*: o pai e o filho assassinados não são dois *kulaks* exemplares? Nos primeiros dois anos do desempenho triunfante dessa ópera, antes do banimento por Stalin, era possível para o público não perceber como seu conteúdo violento era um eco da violência da "deskulakização"? A condena oficial da ópera não deveria nos cegar para o fato de que é uma profundamente perturbadora obra *stalinista* que serviu para legitimar a campanha assassina "anti-kulak". A conclusão de Taruskin é que *Lady Macbeth* é "uma obra de arte profundamente desumana": "Se alguma vez houve uma ópera que merecesse ser banida era esta, e o fato de que seu banimento real fosse por razões erradas e odiosas não muda nada" (1997: 509).

E o mesmo não vale para outra obra de arte soviética proibida (e neste caso, literalmente destruída), exatamente do mesmo período, a *Bezhin Meadow* de Sergei Eisenstein, de 1934-36, da qual até mesmo os negativos foram queimados, o verdadeiro elo perdido (ou melhor, mediador desaparecido) entre Eisenstein I (o da montagem intelectual e do uso dialético brilhante dos antagonismos formais) e Eisenstein II (de *Nevsky* e *Ivan,* da tradução patética de grandes frescos históricos em uma forma orgânica), que se baseava parcialmente na história de Pavlik Morozov, o jovem herói do interior que foi assassinado por seus parentes nos Urais setentrionais em 1932, porque havia denunciado o pai ao soviete da vila por especulação (após sua morte, Morozov foi elevado a uma figura de culto por toda a União Soviética). No filme, Stepok, um jovem camponês, organiza os Jovens Pioneiros locais para guardar a colheita da fazenda coletiva a cada noite, frustrando assim os planos do próprio pai de sabotar a fazenda. No clímax do filme – o confronto noturno entre pai e filho – o pai mata Stepok. Na manhã seguinte, uma típica sequência de Eisenstein celebrando a exuberante orgia da violência revolucionária (o que o próprio Eisenstein chamava de "um verdadeiro bacanal de destruição") ocorre, quando os Pioneiros frustrados forçam a entrada na igreja local e a profanam (lembremos da sequência parecida em *October [Outubro]*, em que os revolucionários vitoriosos, depois de invadir as adegas de vinho do Palácio de Inverno, se satisfazem rompendo milhares de garrafas de vinho caro): "Em um determinado nível, o público é encorajado a se solidarizar com os camponeses que roubam as relíquias da igreja, disputando ícones, experimentando vestimentas de forma sacrílega, rindo-se das estátuas de modo herético, enquanto que a profunda admiração de Eisenstein pela arte religiosa e seu conhecimento a respeito criam uma repulsa paralela diante do vandalismo. Uma jovem é enquadrada em um espelho como se fosse um retrato da Virgem Maria, uma criança é um querubim, uma estátua do Cristo crucificado está sendo segurada como em uma Pietà" (Bergan 1997: 287).

Quando Boris Shumayatsky, o líder oficial da indústria cinematográfica soviética (até que, apenas dois anos mais tarde, acusado de ser um espião inglês, seria preso e fuzilado), vetou o filme em 17 de março de 1937, ele explicou suas razões em um artigo interessante no *Pravda*. Sua principal crítica era que em vez de situar o conflito nas circunstâncias concretas da luta de classes na área rural (a "deskulakização"), Eisenstein encenou o conflito em um espaço mítico atemporal, quase bíblico. Stepok é apresentado em tons pálidos e luminosos, um garoto pálido em sua camisa branca, como se envolto em um halo, uma espécie de espectral santo inocente, cuja sorte já estava selada por um destino sobrenatural. (Na autocrítica que, naturalmente, se seguiu, o próprio Eisenstein afirmou que o assassinato do filho pelo pai era "rememorativo do sacrifício de Isaac por Abraão" [1997: 283]). Em conexão com essa crítica havia as acusações padrão de formalismo, de que ele se satisfez usando cortes, iluminação e enquadramentos excêntricos, em vez de apresentar a história de um modo direto, psicologicamente realista que permitisse ao espectador uma fácil identificação emocional. Visto da perspectiva de hoje, obviamente, (e tendo em mente o fascínio de Eisenstein pela psicanálise e seu conhecimento detalhado a respeito), é fácil identificar esse espaço mítico eterno como a sequência em que a economia libidinal subjacente do conflito pai/filho (o Édipo invertido em que o pai obsceno e corrupto mata o filho inocente, assexuado) se esgota. Longe de ser simplesmente intelectual demais e desse modo impedir a empatia do espectador,

Bezhin Meadow era tão perturbador porque seu excesso formalista permitia que essa tensão libidinal reprimida fosse articulada diretamente.

O filme teve que ser proibido porque uma tradução tão direta das tensões sexuais subjacentes, uma celebração tão direta da violência revolucionária sacrílega extática e destrutiva não era admissível sob as novas condições do chamado realismo socialista – e por que não? Porque a ideologia stalinista só funcionava sob a condição de que *não* exibisse diretamente essa economia libidinal oculta. (Não surpreende que Eisenstein fosse um entusiasta de *Happiness,* de Alexander Medvedkin, feito em 1935, em que obscenidades revolucionárias similares abundam: em um momento extraordinário, um padre imagina ver os seios de uma freira através do hábito dela). E, de volta a Shostakovich, e se sua *Lady Macbeth* também tivesse sido proibida por razões similares? Não por causa da sexualidade abertamente representada, mas também porque essa representação aberta, assim como o apoio aberto do assassinato dos opressores patriarcais kulaks, tinha que ser rejeitada publicamente. E isso também nos permite ver por que a acusação de Taruskin contra *Lady Macbeth* como uma legitimação do assassinato em massa dos kulaks, de sua "liquidação como classe" (como Stalin colocou), não capta a ideia: o aspecto diretamente violento *teve* que ser rejeitado publicamente, e é por isso que sua apresentação direta era inaceitável. A representação direta do sexo e da violência eram os dois lados da mesma moeda (que coincidem abertamente no caráter carregado eroticamente, orgástico da profanação da igreja em *Bezhin Meadow*).

É nesse ponto preciso, concernente ao terror político, que é possível localizar a distância que separa o leninismo do stalinismo [8]: no tempo de Lênin, o terror era admitido abertamente (Trotsky algumas vezes se vangloriava, de modo quase arrogante, sobre a natureza não democrática do regime bolchevique e do terror que usava), enquanto que no tempo de Stalin, o status simbólico do terror tinha se transformado perfeitamente no complemento não reconhecido publicamente do discurso oficial público. É significativo que o clímax do terror (1936-1937) tenha acontecido depois que a nova constituição foi aceita em 1935. Essa constituição deveria ter encerrado o estado de emergência e deveria ter marcado um retorno à normalidade: a suspensão dos direitos civis de todos os estratos da população (kulaks, ex-capitalistas) foi retirada, o direito a voto passava a ser universal e assim por diante. A ideia principal da constituição era que agora, depois da estabilização da ordem socialista e da aniquilação da classe inimiga, a União Soviética não era mais uma sociedade de classes; o sujeito do Estado não era mais a classe trabalhadora (trabalhadores e camponeses), mas o povo. No entanto, isso *não* significa que a constituição stalinista era uma mera hipocrisia ocultando a realidade social – a possibilidade do terror está inscrita em seu próprio núcleo: como se proclamava que a guerra de classes havia terminado e a União Soviética era concebida como o país sem classes, país do povo, aqueles que (se supunha que) ainda se opunham ao regime não eram mais meros inimigos de classe em um conflito que desgarra o corpo social, mas inimigos do povo, insetos, escória sem valor, que deviam ser excluídos da própria humanidade.

Katarina Izmajlova é uma espécie de Madame Bovary que enlouqueceu, reagindo ao casamento insatisfatório com uma explosão selvagem de violência assassina na longa tradição que vem desde o naturalismo de *Theresa Raquin,* de Zola ao filme *noir* americano (não tanto *Double Indemnity [Pacto de sangue]*, mas sim *The postman always rings twice [O destino bate à sua porta]).* Dentro dessa tradição, a misoginia está inextricavelmente ligada ao potencial feminista (é a desesperada condição patriarcal que leva a mulher a semelhante rompante de violência).

As chamas separadas

A próxima e última obra é *Flammen (Chamas),* obra de Erwin Schulhoff, semi-esquecida, mas excepcional, de 1931, uma moderna releitura do mito de Don Juan (agora disponível na série "Entartete Musik"). (Como curiosidade, vale lembrar que a outra grande obra desse seguidor de Schönberg é um oratório de grande envergadura baseado no texto do *Manifesto Comunista*). É apenas com Schulhoff que passamos para o expressionismo radical atonal. O que, exatamente, isso significa? Eis aqui a descrição perspícua de Charles Rosen do "segredo da contínua e violenta expressividade da música de Schönberg": "a força expressiva, não encontrando uma válvula de escape em uma longa estrutura harmônica 'homofônica', impregna a linha melódica de todos os diferentes instrumentos e vozes... Essa expressividade radical, compatível com o temperamento de Schönberg, e obviamente estreitamente relacionada com os movimentos de sua época em outras artes, portanto, é um desenvolvimento lógico de sua extensão da linguagem musical. Tecnicamente falando, pode ser descrita como um deslocamento da tensão harmônica para a linha melódica" (1976: 54).

Sendo assim, a conhecida observação sarcástica de Brecht de que a música atonal de Schönberg é "melódica demais" acerta o alvo inadvertidamente: a linha melódica tem que tomar para si o fardo da harmonia. Devemos dar a Brecht o crédito de que ele percebeu o erro da crítica habitual segundo a qual falta melodia à música atonal. Ocorre justamente o contrário, porque na música atonal, a melodia excessivamente expressiva paga o preço pelas limitadas possibilidades harmônicas, e é essa falta de harmonia que cria a experiência desagradável para o ouvinte comum [9]. A outra coisa a fazer aqui é introduzir o elo bastante óbvio entre harmonia e melodia e dois outros casais: espaço e tempo e sincronia e diacronia. Em Schönberg, a sincronia proibida (harmonia), volta em (é deslocada para) melodia diacrônica – ou o espaço volta em tempo (e é necessário acrescentar que o termo *deslocamento* (*Verschiebung*) adquire aqui seu peso freudiano?). Isso significa que para entender Schönberg corretamente, é preciso *temporalizar (traduzir em uma linha melódica) o próprio espaço*. Schönberg aqui é antimítico: se, como Levi-Strauss afirmou, a definição mais concisa do mito é a designação de Wagner para o domínio do Graal em *Parsifal* (*"Zu Raum wird hier die Zeit"* – Aqui o tempo se torna espaço), em Schönberg, o espaço se torna tempo. É aqui que o termo *expressionismo* adquire seu lugar correto; apenas quando a expressão direta, natural (harmoniosa), do sujeito é proibida, é que esse sujeito barrado pode efetivamente expressar-se em um gesto no qual a expressão está unida para sempre ao seu fracasso inerente. Em outras palavras, o paradoxo do expressionismo é o que emerge no ponto mesmo em que a expressão direta, orgânica, da essência interior do sujeito é barrada. Não surpreende que o ícone primordial do expressionismo na pintura seja *O grito*, de Munch, esse paradigma do indivíduo alienado incapaz de se conectar com o mundo.

Embora a referência óbvia e imediata de *Flammen* seja *Don Giovanni*, de Mozart, sua referência oculta à *Tristan* de Wagner é mais crucial. Schulhoff submete o mito de Don Juan a uma série de deslocamentos; seu herói não é apenas confrontado com a série de mulheres conquistadas – é central sua ligação mais fundamental com La Morte, uma mulher vestida como a morte. A verdadeira ligação que não pode ser consumada jamais é entre eles dois, e é por isso que os gritos de prazer apaixonado das mulheres seduzidas não conseguem satisfazê-lo. Quando a estátua do comendador aparece, condena Don Juan não à morte, mas à vida eterna. Eis aqui o diálogo crucial entre Don Juan e La Morte (e, a propósito, o libreto foi co-escrito por Max Brod!):

> DON JUAN (*em um paroxismo):* Que bonito, que atraente, sugar o amor de tuas órbitas vazias, a luxúria de teus lábios áridos e a fragrância balsâmica de teus seios sem carne!
>
> LA MORTE (*estende seus braços):* Não retrocedas, o único homem a suportar a prova!
>
> DON JUAN: E nenhum comendador do inferno pode me negar essa felicidade! Entrega-te agora, entrega-te completamente! Agora é o momento!
>
> *(Aqui a estátua aparece e levanta o punho contra Juan).*
>
> LA MORTE *(para Juan):* Inútil lutar, tu não podes te unir à dança da morte! Juan, não vês como o punho de pedra pronuncia uma sentença contra ti – sentença eterna. Tu es Juan, aquele que nunca poderá morrer.
>
> *(Juan pressiona uma Browning contra sua têmpora e dispara, mas volta a acordar imediatamente em um cabaré, com uma banda de jazz tocando).*
>
> DON JUAN: Tenho que ser assim para todo o sempre! (Schulhoff 1995, 54-55).

Então, embora tenhamos aqui a constelação edipiana, inclusive com o quarto parceiro impossível-real, a Morte, a função da figura paterna é proibir o contato com a Morte, ou mais precisamente: a consumação da *jouissance* na morte. Aqui estão as últimas frases da ópera:

> LA MORTE: Chamas de amor e morte, quando eles finalmente se unirão...

Sombras: Respiração ardente se intensificando... e luz vermelha na janela! Gemidos excitados!... A luz se apaga.

La morte: A estrela tão próxima, se afogando na noite, a que nos traria a salvação *[Erlösung]* está novamente tão distante, tão distante. (57-58).

Em resumo, o que é proibido aqui é precisamente a salvação com clímax da *Liebestod* wagneriana, a unidade das "chamas de amor e morte"; as duas dimensões, a das chamas imorredouras do desejo sexual que seguem Juan como o fogo que caminha junto com o personagem nos filmes de David Lynch e as chamas da paz final na morte permanecem para sempre separadas. Essa separação pode ser colocada em termos teóricos muito precisos como aquela entre a pulsão de morte propriamente dita (o nome freudiano para *imortalidade,* para a paixão imorredoura que persiste além do ciclo de vida e morte, de geração e corrupção) e o chamado nirvana, a extinção da pulsão de vida, a entrada na paz eterna. A separação dessas duas dimensões que foram confundidas não apenas por Wagner, mas também pelo próprio Freud.

Fica-se tentado a acrescentar aqui outra versão, um tipo de sub-espécie de Schulhoff, a versão representada em *The Makropulos Case,* de Leoš Janáček: e se apenas Tristão morrer, enquanto Isolda sobrevive e, para lidar com o trauma da morte de seu amor, se torna um monstro imorredouro, uma sedutora cínica, fria, que destrói a vida dos homens? *Makropulos* é uma comédia grotesca sobre Emilia Marty, a extraordinariamente bela diva da ópera e mulher fatal que, no final, se torna Elina Makropulos, de 337 anos de idade. A ação se desenvolve em Praga durante os anos 1920: tendo sobrevivido até esse ponto graças a um elixir da vida, Emilia entra em uma batalha legal para recuperar a fórmula secreta desse elixir, que se perdeu entre os papéis de um de seus parentes falecidos. ela precisa de mais elixir para continuar viva. No começo do último ato, nós a vemos junto com o Barão Prus, com quem ela passara a noite para conseguir dele a fórmula. Embora reclame de que a relação sexual foi fria e sem paixão, o barão cumpre sua parte da barganha e entrega a ela o envelope com a fórmula. Depois de obtê-la, Emilia finalmente conta toda sua história para os outros protagonistas. No entanto, ao contar sua história para a comunidade reunida ("o grande Outro"), ela percebe que viveu tempo demais, porque a vida é preciosa e significativa apenas quando é finita. Uma predadora cínica, que explorou e destruiu homens de modo implacável, agora ela está devastada pelo nojo de si mesma e gradualmente desliza para o desespero bêbado e o pânico diante da inexpressividade completa de sua vida. Finalmente, ela entrega a fórmula a sua jovem colega cantora Krista (que a queima imediatamente) e está pronta para aceitar calmamente e até receber de bom grado a morte como uma liberação do fardo intolerável da vida.

A última meia hora da ópera fornece um tipo de correlato negativo para a *Liebestod* de Wagner, em que Isolda também encontra a liberação na morte; exibe o doloroso processo da desintegração da exploradora à medida que ela passa pelo desprazer, desespero histérico e pânico total até que finalmente abraça a morte. Fica-se tentado a afirmar que esta é a verdade sobre a morte de Isolda reprimida por Wagner. A oposição entre *Flammen* e *Makropulos* (as duas óperas foram compostas na mesma década, na República Checa!) se estabelece pela linha da diferença sexual: Don Juan é condenado a viver eternamente, enquanto que Emilia encontra a paz na morte.

Chega de correr

Então, talvez, no futuro digitalizado, seja possível escolher entre diferentes finais de *Tristan* ou assisti-los consecutivamente: o final padrão de Wagner (primeiro Tristão morre e depois morre Isolda); depois *Tristan* traduzido em *Rosenkavalier* (Mark vem e perdoa os amantes pela traição, e seu perdão tem um efeito milagroso sobre a ferida de Tristão, e os três terminam como um trio resignado em que o velho Mark, como Sachs ou a Marechala, cita as mesmas palavras da Marechala: "Eu escolho amá-la do jeito certo, de modo que eu amaria até o amor dela por outro!" e entrega Isolda a Tristão, enquanto ambos cantam um elogio ao perdão benevolente de Mark e então ficam juntos, vivendo felizes para sempre); depois a versão *Lady Macbeth* (Tristão e Isolda conspiram para matar o rei Mark depois que são descobertos no final do Ato II – esse teria sido a autêntica *Tristan* versão *noir*); e finalmente, a versão *Flammen*: incapaz de morrer, Tristão, como uma nova encarnação do Holandês Errante, é condenado a vagar sem fim, procurando por Isolda.

Temos aqui quatro atitudes em relação ao amor sexual: a imersão letal wagneriana dentro da *jouissance* incessante da noite; a sabedoria resignada de *Meistersinger-Rosenkavalier*, a aceitação de que o tempo passa, apresentada em um modo mozartiano meio imaginário, meio real; o brutal naturalismo de Shostakovich sobre a vulgar vida diária (como o próprio Shostakovich definiu, de forma sarcástica: "apenas a história de uma simples família russa cujos membros se surram e se envenenam"); e finalmente, a afirmação de Schulhoff da compulsão espectral imorredoura como a dimensão final do amor sexual. No entanto, existe efetivamente um tipo de deslocamento interno em funcionamento em cada uma dessas quatro atitudes:

- Em sua luta para representar a imersão extática mortal, Wagner efetivamente recorre à etiqueta, a um ritual personalizado. Por exemplo, quando o dueto de amor no Ato II, depois das auto-ruminações psicológicas, se recupera para o final com coito, não é como se os dois cantores de repente deixassem de lado sua psicologia, mudassem para um modo declamatório, fosse tomados por uma compulsão ritualizada e cantassem/atuassem como marionetes automatizadas, sua paixão se tornando um mecanismo frio e autopropulsor?
- Em sua luta para representar o gentil mundo mozartiano da etiqueta, Strauss efetivamente traz à tona a insípida vida diária. Aí reside a tensão fundamental e o paradoxo de *Rosenkavalier*: a tentativa de representar a lição realista da vida diária (envelhecer e morrer) tem que ser feita no modo do idealizado mundo perdido da etiqueta da velha aristocracia.
- Enquanto tenta representar a vulgaridade opressiva da vida diária, a representação feita por Shostakovich da paixão incondicional de Katarina efetivamente gera o efeito sublime.
- Finalmente, Schulhoff, em sua guinada muito moderna, pós-wagneriana, para a banalidade dos clubes noturnos com bandas de jazz, destila erotismo puro, letal. O que muda de Shostakovich para Schulhoff é a natureza da pulsão sexual incondicional: não existe mais a pulsão erótica mundana restringida e pervertida pela tediosa vida provinciana, mas a paixão espectral, imorredoura.

Assim, nos deparamos aqui com uma tensão quádrupla: entre a mensagem da pulsão erótica letal para a auto-obliteração na profundidade da noite e seu modo ritualizado, declamatório; entre a mensagem da aceitação realista das obrigações da realidade diária comum e seu modo de expressão nostálgico e sonhador; entre a mensagem do horror da frustração tediosa da vida diária provinciana e o efeito da sublimidade que sua expressão engendra; entre a pulsão espectral decadente, imorredoura e seu correlato objetivo na vulgar vida noturna contemporânea. No entanto, fica claro que essas quatro atitudes não se movem no mesmo nível: *Tristan* é a exceção, o ponto de unidade fantasmática impossível, e as três outras óperas são o resultado da desintegração dessa unidade. Deveria-se então levantar aqui a questão reflexiva: como devemos reescrever a *Tristan* de Wagner para que possamos inscrevê-lo nessa série dos resultados de sua desintegração? Em linguagem hegeliana: onde e quando, nesta série, *Tristan* pode encontrar *a si mesma* em sua determinação oposicional?

É na encenação de Ponelle, que nós analisamos no primeiro capítulo, que conseguimos essa *Tristan* em sua determinação oposicional. Longe de ser culpada pela projeção retroativa dentro de Wagner, com sensibilidade contemporânea, a intervenção de Ponelle acerta o alvo, porque traz à tona uma certa distância que já está lá no primeiro grande diálogo de amor wagneriano, o diálogo entre o Holandês e Senta em *O Navio Fantasma:* os dois amantes parecem ignorar a presença física um do outro, um sequer olha para o rosto do outro, mas ambos simplesmente se envolvem em suas respectivas visões íntimas, fantasmáticas do outro: para os dois, o Outro que eles finalmente encontram é simplesmente a materialização da imagem do seu sonho (quando Senta encontra o Holandês pela primeira vez, é literalmente como se ele saísse de dentro do retrato que ela está admirando). Por essa razão, torna-se necessário o terceiro olhar para o qual o ato é encenado – que olhar? A maior parte dos filmes de James Bond termina com a mesma cena sexual estranhamente utópica, que é ao mesmo tempo íntima e uma experiência compartilhada coletivamente: enquanto Bond, finalmente sozinho e unido com a mulher, faz amor com ela, a atividade do casal é observada (ouvida ou registrada de algum outro modo, digital, por exemplo) pelo grande Outro, que aqui é personificado pela comunidade profissional de Bond (M, Moneypenny, Q, e assim por diante); em um dos filmes mais recentes de Bond, *The World is not Enough (O mundo não é o bastante)* (1999), esse ato é muito bem representado pela mancha quente na imagem de satélite. O substituto de Q (John Cleese) discretamente desconecta a tela do computador, impedindo que outros satisfaçam sua curiosidade. Esse mesmo terceiro olhar, para o qual Isolda apela em sua canção de morte, encontra sua culminância vulgar na grande quantidade recente dos chamados *reality shows* na televisão.

Nossa tese, portanto, é que a versão de Ponelle não é apenas uma na série de variações que representam a desintegração da resolução fantasmática impossível de Wagner; em vez disso, ela ocupa o lugar excepcional da verdade reprimida da *Tristan* de Wagner. Para colocar a questão com toda a ingenuidade, Ponelle encena o que efetivamente acontece na *Tristan* de Wagner, desmascarando a completa fusão entre realidade e fantasia no feliz encontro de amor como uma fantasia masculina. O caminho que percorremos é, por conseguinte, um tipo de tríade proto-hegeliana: primeiro a tese, a *Tristan* de Wagner; depois a antítese, a tríade subordinada de suas variações/negações; e, finalmente, a volta à *Tristan* de Wagner em si, transformada de modo reflexivo através de suas subsequentes variações de tal modo que o terceiro olhar fantasmático é diretamente representado como visível.

É possível escapar a esse olhar, suspender a necessidade dele? A história da música moderna proporciona uma resposta. Ou seja, por que Wagner ainda não é propriamente moderno? Para colocar a questão em termos dogmáticos lacanianos, ele não é, porque para ele o grande Outro ainda existe. Como já destacamos, em sua *Liebestod,* Isolda ainda se refere a esse Outro sob a forma da testemunha ideal que supostamente deve registrar o que está acontecendo ("Não vês que ele [Tristão] está sorrindo?"). Nem sequer Schönberg abandona totalmente essa referência: a verdadeira ruptura acontece entre Schönberg e Webern. Embora Schönberg, já totalmente resignado ao fato de que nenhum público real pode responder diretamente à sua obra, ainda contasse com a ficção simbólica de um ouvinte imaginado, puramente hipotético, que era necessário para que sua composição funcionasse corretamente, Webern renunciou até a essa suposição puramente teórica e aceitou completamente que não há nenhum grande Outro, nenhum ouvinte ideal para ele. Sibelius e Shostakovich foram incapazes de alcançar essa etapa. É significativo que os ataques de Shostakovich ao modernismo musical ocidental fossem mais ambíguos do que pareciam. Embora frequentemente fossem escritos sob a pressão da burocracia cultural oficial e, como tal, simplesmente expressassem a linha do partido, eles ao mesmo tempo, porém, davam voz, sem dúvida alguma, à convicção sincera de Shostakovich de que a música de hoje deve permanecer acessível, deve continuar a ter como objetivo gerar uma resposta do público. A necessidade da comunicação ao vivo com o público comum era uma constante na vida de Shostakovich.

Ouve-se frequentemente o clichê que diz que, antes mesmo do Holocausto, a música de Schönberg já havia expressado seu horror. Talvez devêssemos introduzir uma pequena mudança nesse clichê, substituindo Schönberg por Webern. Quer dizer, em seu clássico *If This is a Man (É isso um homem?),* Primo Levi lembra como ele descobriu com surpresa que a maior parte dos detentos em Auschwitz tinham o mesmo sonho: depois de sobreviver milagrosamente ao campo, eles estão em casa, descrevendo suas horríveis experiências para seus amigos e família quando, de repente, percebem que seus ouvintes estão ou completamente indiferentes, entediados, conversando entre eles como se o sobrevivente não estivesse ali ou simplesmente saem da mesa. Essa "cena sempre repetida da história que não é ouvida" (1987: 60) não expressa o fato de que o grande Outro não existe, de que não existe uma testemunha ideal para registrar nossa experiência? É interessante observar que no último parágrafo de *The Truce (A trégua),* Levi conta um sonho que o perseguiu muito tempo depois da guerra e que, embora comece com a mesma cena do sonho de Auschwitz (estar sentado em casa relatando suas experiências terríveis para amigos e família), segue por um caminho diferente. O que perturba essa cena de reconciliação não é a indiferença dos ouvintes, mas o surgimento de um sonho dentro do sonho: de repente, tudo começa a colapsar e a se desintegrar em volta dele, e ele fica sozinho no meio de um nada turvo e cinzento; ele está no campo de concentração mais uma vez, consciente de que a cena familiar havia sido um engodo, um sonho, e esperando ansiosamente pela voz do Kapo pronunciando a temida palavra estrangeira: "Wstawach!" (Levante-se!) (1987: 379-380). Isso é o que Lacan queria dizer quando afirmava que dentro de um sonho, o real aparece sob a forma de um sonho dentro do sonho. O elo entre os dois desenlaces é fácil de discernir: eles, em última análise, equivalem a duas versões do mesmo resultado: a voz obscena do supereu é precisamente o intruso estrangeiro que causa a desintegração do grande Outro [10].

Tamanha aceitação heróica da não existência do Outro é, talvez, a única postura *ética* inteiramente radical hoje, na arte assim como na vida real. Não apenas Wagner, mas também o próprio Nietzsche, seu crítico mais amargo, não foi capaz de perseverar nessa postura – a testemunha é sua loucura final, que é estrutural e estritamente homóloga à *passage a l'acte* suicida: nos dois casos, o sujeito *se oferece como o objeto para preencher a falta constitutiva da ordem simbólica da realidade,* em outras palavras, a falta do grande Outro. Ou seja, o enigma chave da loucura final de Nietzsche é este: por que Nietzsche teve que recorrer ao que só pode aparecer como uma auto-exaltação ridícula ("Por que eu sou tão brilhante?")? Esse é um impasse inerentemente filosófico que não tem nada a ver com qualquer patologia particular: sua inabilidade de aceitar a não existência do grande Outro. (Dentro dessas coordenadas, o suicídio ocorre quando o sujeito percebe que a solução megalomaníaca não funciona). E é apenas nesse horizonte que Isolda não mais precisará correr.

Notas

1. Quando, na obra *Mansfield Park,* de Jane Austen, Sir Thomas, o senhor da mansão, vai para a Índia Ocidental em uma viagem de trabalho (a referência sombria ao comércio de escravos que seria a fonte de sua riqueza), os jovens no castelo aproveitam a ausência do senhor para prepararem a apresentação teatral de *Lover's Vow (Promessa de amante),* uma peça maliciosa que, naturalmente, serve como uma espécie de tela virtual sobre a qual eles podem projetar e desse modo exteriorizar suas próprias implicações libidinais semi-ocultas. Esse é o dispositivo da virtualidade em sua essência: quando a presença paterna (que garante a fixação firme do sujeito na realidade) se retira, o espaço fica aberto para a transigência brincalhona em múltiplos cenários fantasmáticos. De repente, as fantasias reprimidas que rondavam sob a superfície explodem, transformando a realidade em um pátio para jogos obscenos.

2. Também não vou considerar outras paródias modernas de *Tristan,* como *Albert Herring,* de Benjamin Britten, a história de um inocente rapaz do interior aterrorizado por uma mãe protetora. Durante um festival da primavera, seus amigos mais experientes tentam iniciá-lo nos prazeres sensuais, com limonada batizada com rum representando a poção de amor de Wagner e assim por diante.
3. Para enfatizar a natureza não espiritual dessas provações, Lacan cita um poema sobre uma dama que solicitou que seu criado literalmente lhe lambesse o traseiro. O poema consiste nas reclamações do poeta sobre o mau cheiro que o espero lá embaixo (é sabido o triste estado da higiene pessoa na Idade Média) e sobre o perigo iminente de que, enquanto ele estiver cumprindo sua obrigação, a dama urine em sua cabeça: *isso* é sublimação em sua essência. Para um relato mais detalhado do papel da dama no amor cortês e suas vicissitudes posteriores, ver Capítulo 4 de Žižek 1995.
4. Por exemplo, naquela que se pode dizer que seja a realização suprema de Mozart (embora ser capaz de apreciá-la e desfrutá-la exija um gosto adquirido), o Ato II de *Così fan tutte,* o momento em que um personagem autenticamente psicológico emerge é a ária-rondó insuperável de Fiordiligi, *"Per pietà, ben mio, perdona"*, sua última tentativa desesperada de se defender contra o desejo que sente por Ferrando disfarçado de albanês. Duas características são cruciais aqui: primeiro, "*Per pietà*" é a *segunda* tentativa de Fiordiligi de afirmar sua posição firme contra a tentação. A primeira é *"Come scoglio"*, do Ato I, em que ela proclama sua intenção de permanecer firme como uma rocha fustigada por mares tempestuosos de sedução. O gênio de Mozart reside no modo como ele inverte a lógica padrão de repetição (primeiro a seriedade da tragédia, depois a comédia): a primeira ária ("*Come scoglio")* é um caso exemplar de exageração cômica de modo patético, enquanto que *"Per pietà"* apresenta uma autêntica tensão trágica. A segunda característica é que Fiordiligi se subjetiviza completamente, ou seja, emerge como um personagem completo, não ao diretamente assumir a paixão irresistível que já a consome, mas no curso de uma tentativa desesperada de suprimir sua explosão; a profundidade da subjetividade propriamente dita envolve uma tensão inerente, uma luta contra o desejo mais íntimo. Então, de certo modo, é justificado afirmar que Fiordiligi é o *único* personagem verdadeiro em *Così.* Todas as outras pessoas são apenas um grupo de estereótipos de uma só dimensão: Despina, a criada grosseira e oportunista;

Dorabella, a dama mimada e paqueradora; e assim por diante.

5. O paradoxo de *A Flauta Mágica* é que o *Augenblick*, o momento de pacífica suspensão do tempo que usualmente antecede o teste final, aqui coincide com o teste em si (água e fogo), apresentado como um momento de retirada pacífica.

6. Deve-se, obviamente, mencionar outra representação musical direta de Strauss do ato sexual: o estrondoso prelúdio que acompanha o defloramento de Zdenka por Matteo em *Arabella*.

7. E, a propósito, o sonho dela era muito freudiano: primeiro, incluía o barulho da realidade que ameaçava perturbar sua relação sexual (criados fazendo o seu trabalho do lado de fora do quarto), interpretando-o como o barulho causado pela volta inesperada do marido; segundo, no sonho, a Marechala repete uma cena prévia da vida real, já que ela insinua que seu marido uma vez voltou para casa inesperadamente quando ela estava com outro amante.

8. Fica-se tentado a questionar o próprio termo *leninismo*: não foi inventado sob Stalin? E a mesma coisa não vale para o marxismo (como escola de pensamento), que foi basicamente uma invenção leninista, de forma que o marxismo é uma noção leninista e o leninismo é uma noção stalinista?

9. Para um exemplo convincente dessa transposição de harmonia vertical em melodia horizontal (e vice-versa), ver o primeiro movimento ("*Mässig*") de *Three piano pieces* (Op. 11), de Schönberg, de 1909, que marca sua decisiva ruptura com a tonalidade.

10. Uma outra questão teórica difícil diz respeito à relação dessa ruptura modernista com a psicanálise. Por um lado, a conexão entre psicanálise e a ascensão do modernismo é evidente: é claramente mais do que uma coincidência que a *Erwartung* de Schönberg, a primeira verdadeira obra de arte da música atonal, tenha musicado o poema encomendado por Schönberg a Marie Pappenheim, uma poetisa menor que pertencia ao círculo íntimo de Freud (alguma conexão com Bertha Pappenheim?), e escrito seguindo as instruções detalhadas de Schönberg. Por outro lado, não apenas Schönberg era indiferente (se não diretamente contrário) à psicanálise, e – como Kandinsky –estava identificado com uma postura espiritual intensa; o próprio Freud não tinha um grande entendimento de arte moderna e limitava suas aventuras interpretativas no domínio artístico a obras tradicionalistas (da Vinci, Shakespeare, Goethe, Dostoyevsky), basicamente psicanalisando os personagens e os próprios autores. Talvez seja apenas com

Lacan que a psicanálise atinge o nível a partir do qual o acesso à arte moderna é possível. Pelo menos, provas circunstanciais para essa tese são proporcionadas pela confiança de Lacan na noção saussuriana puramente diferencial do significante (um significante não tem uma identidade substancial, sua identidade reside em *nada além* de suas diferenças de outros significantes); de modo não intencional, sem dúvida alguma, Schönberg recorreu precisamente aos mesmos termos quando afirmou que sua ruptura atonal se baseava na percepção de que cada tom nada mais é do que sua diferença dos outros tons.

Bibliografia

Adorno, Theodor W. *Einfuhrung in die Musiksoziologie,* Gesammelte Schriften 12. Frankfurt, Suhrkamp, 1986.

Aeschylus (Ésquilo). *The Oresteia.* Traduzido por Robert Fagles. Harmondsworth, Penguin Books, 1977.

Assoun, Paul-Laurent. "Présentation". Em La Mettrie, *L'homme-machine,* Paris, Denoël/Gonthier, 1981.

Baas, Bernard. *Le désir pur.* Leuven: Peeters, 1992.

Barbier, Patrick. *Histoire des cástrants.* Paris, Grasset, 1989.

Beaumarchais. *Le mariage de Figaro.* Paris, Bordas, 1985.

Benjamin, Walter. "The Work of Art in the Age of Mechanical Reproduction". Em *Iluminations.* Nova York, Schoken, 1969.

Bergan, Ronald. *Sergei Eisenstein: A Life in Conflict.* Londres, Warner Books, 1997.

Böll, Heinrich. *Irishes Tagebuch.* Colônia, Kiepenheuer & Witsch, 1957.

Böttinger, Peter. "Stets verwirrend neu: Zur musikalischen Gestaltung in Mozarts *Le Nozze di Figaro*". Em *Mozart – Die Da Ponte-Opern,* editado por Metzge and Riehn, 1991. Munique, edição text + kritik, 1991.

Bowie, Andrew. *Schelling and Modern European Philosophy.* Nova York e Londres, Routledge, 1993.

Braunstein, Nestor A. "Le désir de Scarpia", em *Analytica,* Volume 46. Paris, Navarin, 1986.

Brecht, Bertolt. *Die Mutter.* Frankfurt, Suhrkamp Verlag, 1980.

Bronfen, Elizabeth. "Kundry's Laughter", em *New German Critique 69,* 1996.

Brophy, Brigid. *Mozart the Dramatist.* Nova York, Da Capo Press, 1964 (reedição 1988).

Buck-Morss, Susan. *Dreamworld and Catastrophe.* Cambridge, MIT Press, 2000.

Burgess, Anthony. "The Cavalier of the Rose". Em Richard Strauss, *Der Rosenkavalier.* Boston, Little, Brown, 1982.

Butler, Judith. *Antigone's Claim.* Nova York, Columbia University Press, 2000.

Cerna, Jana. *Kafka's Milena.* Evanston, Northwestern University Press, 1993.

Chaouli, Michel. "Devouring Metaphor: Disgust and Taste in Kleist's *Penthesilea",* em *The German Quarterly* 69.2, 1996.

Chesterton, G.K. "A defense of Detective Stories". Em *The Art of the Mystery Story,* editado por H. Haycraft. Nova York, The Universal Library, 1946.

Clément, Catherine. *L'ópera ou la défaite des femmes.* Paris, Grasset, 1979.

Conrad, Peter. *A Song of Love and Death.* Londres, The Hogart Press, 1987.

Cooke, Deryck. *I saw the World End.* Oxford, Oxford University Press, 1979.

Cord, William O. *An Introduction to Richard Wagner's "Der Ring des Nibelungen".* Atenas, Ohio University Press, 1983.

Dahlhaus, Carl. *Richard Wagner's Music Dramas.* Cambridge, Cambridge University Press, 1979.

Dent, Edward. *Mozart's Operas.* Oxford, Oxford University Press, 1979.

De Rougement, Denis. *Love in the Western World.* Princeton, Princeton University Press, 1995 (reeditada).

Derrida, Jacques. *Adieu à Emmanuel Lévinas,* Paris, Galilée, 1997.

Dolar, Mladen. "The Object Voice", em *Gaze and Voice as Love Objects,* editado por Renata Salecl e Slavoj Žižek. Durham, Duke University Press, 1996.

Donington, Robert. *Wagner's "Ring" and Its Symbols.* Londres, Faber and Faber, 1990.

Einstein, Alfred. *Mozart: His character, His Work.* Londres, Granada, 1946 (edição repetida 1979).

Felman, Shoshana. *Le scandale du corps parlant.* Paris, Seuil, 1979.

Fichte, Johan Gottlieb. *Werke,* vol. 6. Berlim, de Gruyter, 1971.

Foucault, Michel. *Discipline and Punish,* Nova York, Vintage Books/Random House, 1975.

Freud, Sigmund. *The Interpretation of Dreams,* Pelican Freud Library, vol. 4. Harmondsworth, Penguin Books, 1976.

________. "Inhibitions, Symptoms and Anxiety", em *On Psychopathology,* Pelican Freud Library, vol. 10. Harmondsworth, Penguin Books, 1979.

Goethe, Johann Wolfgang. *Faust:* a Norton Critical Edition. Nova York, Norton, 1976.

________. *Berliner Ausgabe,* vol. 4. Berlim (RDA), Aufbau-Verlag, 1981.

Gould, Stephen Jay. *Wonderful Life.* Londres, Hutchinson Radius, 1989.

Grosrichard, Alain. *The Sultan's Court.* Londres, Verso Books, 1998.

Gulke, Peter. "Das schwierige Theaterspielwerk", em Metzger & Riehn, 1991.

Gutman, Robert. *Richard Wagner.* Nova York, Harcourt Brace Jovanovich, 1990.

Hegel, G.W.F.. *The Science of Logic.* Londres, George Allen & Unwin, 1969.

________. *Theorie Werkausgabe* I-XX. Frankfurt, Suhrkamp Verlag, 1970.

________. *Jenaer Systementwurfe* III, editada por R.-P. Horstmann & J.H. Trede. Dusseldorf, Rheinisch-Westfäliche Akademie der Wissenschaften, 1976.

________. *Phenomenology of Spirit.* Oxford, Oxford University Press, 1977.

Heidegger, Martin. *Sein und Zeit.* Tubingen, Max Niemeyer Verlag (14ª reedição, 1977).

Highsmith, Patrícia. "The Hand". Em *Little Tales of Misogyny.* Harmondsworth, Penguin Books, 1980.

Hildesheimer, Wolfgang. *Mozart.* Frankfurt, Suhrkamp Verlag, 1977.

Hodin, J.P. *Edvard Munch.* Londres, Thames and Hudson, 1972.

Holland, Dietmar. "Il resto nol dico". Em Metzger &Riehn, 1991.

Hughes, Spike. *Famous Mozart Operas.* Nova York, Dover, 1958 (reeditada em 1972).

Kafka, Franz. "A Country Doctor". Em *The Metamorphosis and Other Stories.* Nova York, Dover Publications, 1996.

Kant, Immanuel. "An answer to the Question: What is Enlightenment?" em *What is Enlightenment?*, editado por James Schmidt, Berkeley e Los Angeles, University of Califórnia Press, 1996.

________. *Metaphysical Elements of Justice.* Indianápolis, Hackett Publishing Company, 1999.

Kerman, Joseph. *Opera as Drama.* Londres, Oxford University Press, 1957.

________. *The Beethoven Quartets.* Nova York, Norton, 1966.

Kierkegaard, Søren. *Either/Or – A fragment of Life.* Londres, Penguin Books, 1992.

Kivy, Peter. *Osmin's Rage.* Ítaca, Cornell University Press, 1988.

Kloiber, Rudolf, & Konold, Wulf. *Handbuch der Oper.* 2 volumes. Munique/ Kassel, DTV/Bärenreiter, 1985.

Kunze, Stefan. *Mozarts Opern.* Stuttgart, Eugen Dietrichs Verlag, 1984.

Lacan, Jacques. *Encore* (Le séminaire, livre xx).

Paris, Seuil, 1975.

________. *The Ethics of Psychoanalysis (The Seminar, Book VII).* Londres, Routledge, 1992.

________. *On Feminine Sexuality (The Seminar, Book XX).* Nova York, Norton, 1998.

Laclos, Choderlos de. *Les liaisons dangereuses.* Harmondsworth, Penguin Books, 1961.

Lam, Basil. *Beethoven String Quartets.* Londres, BBC Publications, 1986.

La Mettrie. "Présentation". Em *L'homme-machine.* Paris, Denoel/Gonthier, 1981.

Lear, Jonathan. *Happiness, Death, and the Remainder of Life.* Cambridge, Harvard University Press, 2000.

Leppert, Richard. *The Sight of Sound.* Berkeley, University of California Press, 2000.

Levi, Primo. *If this is a Man. The Truce.* Londres, Abacus, 1987.

Lévi-Strauss, Claude. *Mythologiques I: Le cru et le cuit.* Paris, Plon, 1964.

________. *Tristes tropiques.* Nova York, Atheneum, 1971.

________. *Anthropologie structurale.* Paris, Plon, 1974.

Lindenberger, Herbert. *Opera in History.* Stanford, Stanford University Press, 1998.

Löwith, Karl. *Mein Leben in Deutschland vor und nach 1933.* Stuttgart, Cotta, 1986.

Lucie-Smith, Edward. *Joan of Arc.* Harmondsworth, Penguin Books, 2000.

Maar, Michael. "Deadly Potions", em *The New Left Review* 4, julho/agosto, 2000.

Mann, William. *The Operas of Mozart.* Londres, Cassell, 1977.

Mannoni, O. "Je sais bien, mais quand même...", em *Clefs pour l'imaginaire.* Paris, Editions du Seuil, 1969.

Marin, Louis. *Le portrait du roi.* Paris, Éditions du Minuit, 1987.

Marivaux, Pierre. *Théâtre choisi.* Paris, Robert Laffont, 1958.

Menninghaus, Winfried. *Ekel.* Frankfurt, Suhrkamp, 1999.

Metzger, Heinz-Klaus, e Riehn, Rainer, editores. *Ist die Zauberflöte ein Machwerk?* Musik-Konzepte 3. Munique, edição text + kritik, 1991.

Mezzacapo de Cenzo, Paolo, e MacGabham, Liam. "...vi voliamo davanti ed ai lati e dal retro..." Em Metzger & Riehn, 1991.

Montesquieu. De l'Esprit des lois, vol.1. Paris, Garnier, 1961.

Nagel, Ivan. *Autonomie und Gnade: Uber Mozarts Opern.* Munique/Viena, Carl Hanser Verlag, 1985.

Nietzsche, Friedrich. *Thus Spake Zarathustra.* Buffalo, Prometheus Books, 1993.

Noske, Frits. *The Signifier and the Signified: Studies in the Operas of Mozart and Verdi.* The Haghe, Martinus Nijhoff, 1977.

Ortkemper, Hubert. *Engel wider Willen.* Berlim, Henschel, 1993.

Osborne, Charles. *The Complete Operas of Mozart: A Critical Guide.* Londres, Victor Gollancz, 1978 (reedição 1986).

Pernaud, Régine, e Clin, Marie-Véronique, *Joan of Arc: Her Story.* Londres, Phoenix Press, 2000.

Pfaller, Robert. "Die Einbildung fur Andere", conferência no Kulturwissenschaftliches Institut em Essen, 29 de novembro de 2000.

Picardie, Ruth. *Before I say Goodbye: Recollections and Observations from One Woman's Final Year.* Nova York, Henry Holt, 2000.

Poizat, Michel. *L'opéra ou le cri de l'ange.* Paris, Éditions A.M. Métailié, 1986.

________. *Variations sur la voix.* Paris, Anthropos, 1998.

Rabinowitz, Nancy Sorkin. *Anxiety Veiled: Eurípides and the Traffic of Women.* Ítaca, Cornell University Press, 1993.

Riehn, Rainer. "Machwerk = Werk-Stuck – Stuck-Werk, oder Mozart, der dialektische Komponist." Em Metzger & Riehn, 1985.

Rosen, Charles. *The Classical Style.* Londres, *The Classical Style.* Londres, Faber and Faber, 1971.

________. *Schönberg.* Glasgow, Fontana/Collins, 1976.

Safranski, Rudiger. *Das Böse.* Frankfurt, Fischer Taschenbuch Verlag, 1999.

Salazar, Philippe-Joseph. *Idéologies de l'opéra.* Paris, Presses Universitaires de France, 1980.

Salecl, Renata, e Žižek, Slavoj. *Gaze and Voice as Love Objects.* SIC Series, Volume 1. Durham: Duke University Press, 1996.

Schelling, F.W.J. *Sämtliche Werke.* Stuttgart, Cotta, 1856 -1861.

________. *Die Weltalter: Fragmente. In den Urfassungen von 1811 und 1813*, editado por Manfred Schröter, Munique, Biederstein, 1946 (reedição de 1979).

________. "Philosophical Investigations into the Essence of Human Freedom and Related Matters". Em *Philosophy of German Idealism,* editado por Ernst Behler. Nova York, Continuum, 1987.

Schulhoff, Erwin. *Flammen,* cd 444 630-2. Nova York, Decca 1995.

Schulz, Nicolas. "Mozart oder die Intuition der Modernität". Em Metzger & Riehn, 1991.

Service, Robert. *Lenin.* Londres, Macmillan, 2000.

Singer, Peter. *The Essential Singer: Writings on an Ethical Life.* Nova York, Ecco Press, 2000.

Starobinski, Jean. *1789: Les emblémes de la raison.* Paris, Flammarion, 1979.

Sternfeld, F.W. *The Birth of Opera.* Oxford, Oxford University Press, 1993.

Stricker, Rémy. *Mozart et ses opéras: fiction et vérité.* Paris, Gallimard, 1980.

Tanner, Michael. *Wagner.* Londres, Flamingo, 1997.

Taruskin, Richard. *Defining Russia Musically.* Princeton, Princeton University Press, 1997.

Till, Nicholas. *Mozart and the Enlightnment.* Londres, Faber and Faber, 1992.

Tomlinson, Gary. *Monteverdi and the End of the Renaissance.* Oxford, Clarendon Press, 1987 (reeditado em 1990).

Vetter, Isolde. "Wagner in the History of Psychology". Em *Wagner Handbook,* editado por Ulrich muller e Peter Wapnewski. Cambridge, Harvard University Press, 1992.

Wagner, Richard. *Prose Works.* Londres, K. Paul, 1972.

________. *The Ring of the Nibelung.* Nova York, 1977.

Watson, Derek. *The Wordsworth Dictionary of Musical Quotations.* Edimburgo, Wordsworth, 1994.

Wawrzyn, Lienhard. *Der Automaten-Mensch.* Berlim, Wagenbach, 1978 (reeditado em 1990).

Wienold, Hanns, e Huppe, Eberhard. "'Così fan tutte' oder die hohe Kunst der Konvention". Em Metzger & Riehn, 1991.

Wolf, Christa. *Cassandra: A Novel and Four Essays.* Nova York, Farrar, Straus and Giroux, 1988.

Žižek, Slavoj. *The Sublime Object of Ideology.* Londres, Verso Books, 1989.

Este livro foi impresso nas oficinas gráficas da Editora Vozes Ltda.,
Rua Frei Luís, 100 – Petrópolis, RJ.